CHRISTINE FRANCE

SO GELINGT'S IN DER KÜCHE

Lebensmittel professionell einkaufen, richtig lagern und kreativ zubereiten

BELLAVISTA

Ein Dorling Kindersley Buch
www.dk.com

Originaltitel:
The Ultimate Book of Cooking Hints & Tips

Genehmigte Lizenzausgabe für
Bellavista, ein Imprint der
Verlag Karl Müller GmbH, Köln 2004
www.karl-mueller-verlag.de

Aus dem Englischen von
Dr. rer. nat. Gabriele Lehari

Druck und Bindung:
Mladinska Knjiga Tiskarna d.d.
Printed in Slovenia

ISBN: 3-89893-704-6

INHALT

EINFÜHRUNG 6

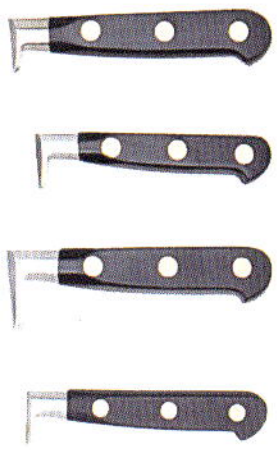

KÜCHENEINRICHTUNG 10

VORRATSHALTUNG 30

Frische Zutaten 44

Zutaten vorbereiten 58

Zubereitungstips

Gäste bewirten 118

Einführung

Geheimrezepte für gutes Kochen gibt es zwar nicht, die Tips, Tricks und Kniffe, die Sie in diesem Buch finden, werden Ihnen aber gewiß helfen, schmackhafte, gesunde Mahlzeiten in einer gut organisierten Küche erfolgreich vorzubereiten und zu kochen. Und das alles ohne allzu großen Zeitaufwand.

So benutzen Sie dieses Buch

Organisieren Sie Ihre Küche

In einer schönen Küche läßt es sich gut kochen. Das mag stimmen, doch worauf es hauptsächlich ankommt, nämlich auf eine gute Organsation und eine sinnvolle Einrichtung, erfahren Sie im Kapitel „Kücheneinrichtung". Dort wird beschrieben, wie man eine Küche plant und auswählt und die Geräte und das Zubehör am besten einsetzt. Das Kapitel „Vorratshaltung" hilft Zeit und Geld zu sparen. Darin wird erklärt, welche Grundnahrungsmittel und Fertigprodukte Sie immer im Haus haben sollten und wie sie sachgemäß gelagert werden. Und Sie finden viele Vorschläge, wie Sie aus dem Vorrat im Nu gesunde Mahlzeiten zubereiten können.

Trockenobst verfeinern
Wie man Trockenfrüchte in ein aromatisches und extravagantes Kompott verwandeln kann, erfahren Sie auf S. 36.

Fisch kühlen
Wie Sie mit diesem empfindlichen Nahrungsmittel umgehen sollten, lesen Sie auf Seite 54.

Frische Lebensmittel in der Küche

Gutes Kochen beginnt mit qualitätvollen Lebensmitteln. Um das Beste aus ihnen zu machen, muß man frische Zutaten richtig lagern und sorgfältig zubereiten Das Kapitel „Frische Zutaten" beschreibt alles Notwendige, was man über Auswahl, Kauf und Lagerung von gesunden, nahrhaften, frischen Lebensmitteln wissen muß. Hunderte bewährter und neuer „Zubereitungstips" sorgen dafür, daß Ihr Kochalltag zum Vergnügen wird und Sie virtuos das ganze Spektrum unserer Lebensmittel für einfache genauso wie für schwierige Gerichte einsetzen können.

Kochen für Ihre Gäste

Die Gäste können kommen. Mit dem umfassenden Kochwissen, das Ihnen dieses Buch vermittelt, wird Sie nichts mehr aus der Ruhe bringen. Für (fast) jedes Problem, sei es beim Zubereiten, Kochen, Backen, Grillen oder Einmachen findet sich eine patente Lösung. So macht es noch mehr Spaß, Freunde und liebe Verwandte mit tollen Gerichten und Getränken zu verwöhnen. Im Kapitel „Gäste bewirten“ wird erklärt, wie man für viele verschiedene Anlässe – formale oder ungezwungene – das Essen zeit- und kostengünstig plant, passende Gerichte auswählt, zubereitet und hübsch dekoriert serviert.

Garnieren mit Pfiff
Wie man Speisen wirkungsvoll garniert und ihnen den letzten Schliff gibt, erfahren Sie auf Seite 131.

Interessantes auf einen Blick

Besonders gestaltete Elemente vermitteln in diesem Buch die Informationen schnell und anschaulich. Dazu gehören die Inhaltsübersicht am Anfang eines jeden Kapitels, Fotoseiten mit Küchenutensilien und viele Kästen mit Tips und Sicherheitshinweisen.

Überblick

Die Übersicht am Kapitelanfang informiert Sie detailliert über den Inhalt

Solche Fotoseiten zeigen auf einen Blick nützliches Zubehör für die Küche

Materialien von Topfen und Pfannen

Gleichgültig, ob Sie einen Gasherd oder einen Elektroherd mit Kochplatten oder Kochfeld benutzen, achten Sie darauf, daß das Kochgeschirr einen plangedrehten Boden hat. Er nimmt die Wärme gut auf, wodurch die Wärmeenergie optimal genutzt wird. Kochgeschirr aus Glas oder Ton eignet sich besonders gut für Garvorgänge im Backofen. Auf der Kochstelle ist bei ihnen die Wärmeübertragung ungünstiger als bei Metallgeschirr.

Symbole

Die Hinweiskästen bieten unzählige Tips zu bewährten Zubereitungsmethoden, zum Geld- und Zeitsparen sowie viele neue Ideen, die helfen, noch besser und schmackhafter zu kochen.

- Geldspartip
- Gesundheitstip
- Bewährter Tip
- Gute Idee
- Zeitspartip

Gesundheitstips geben Rat und Anleitung für eine gesunde Ernährung

Gesundheitstip

Fettarme Füllung
200 Gramm Weichkäse aus entrahmter Milch mit zwei Eßlöffeln Honig vermischen. Dann mit geriebener Zitrusschale aromatisieren. Als Füllung oder Belag für einen Rühr- oder Biskuitkuchen als Alternative zu einem reichhaltigen Käse-Sahne-Überzug verwenden.

Sicherheit

- **Anleitung** Die Gebrauchsanleitung des Gerätes und die Zubereitungshinweise auf der Verpackung von Fertig- und Tiefkühlgerichten befolgen.
- **Verboten** Keine Metallteller, Teller mit Goldverzierungen oder Alufolie im Mikrowellengerät benutzen.
- **Aufpassen** Die Speisen niemals unbeaufsichtigt garen.
- **Vorsicht** Manche Einwegpackungen sind entflammbar. Bei Rauchentwicklung, Netzstecker ziehen.

Sicherheitshinweise helfen, Unfälle und gesundheitsbeitsschädliche Pannen in der Küche zu vermeiden

DIE KÜCHE – SICHER UND PRAKTISCH

In den meisten Küchen werden die Mahlzeiten nicht nur vorbereitet und gekocht, sondern auch gegessen. Nicht selten ist die Küche der beliebteste „Treffpunkt" der Familie, und auch liebe Gäste werden hier bewirtet. All dies sollte man berücksichtigen, wenn eine neue Küche geplant wird oder bei der vorhandenen Verbesserungen vorgenommen werden. Um unnötige Kosten oder Zeitverlust zu vermeiden, sollten Sie alle Anforderungen und Wünsche aufschreiben und eine Planskizze anfertigen. Denken Sie auch an arbeitssparende Geräte wie Küchenmaschinen oder ein Mikrowellengerät. Sorgen Sie durch regelmäßige Kontrolle dafür, daß alle Geräte in der Küche immer einwandfrei funktionieren. Dann haben Sie eine wunderbare Grundlage für das Kochen und Backen gesunder und nahrhafter Speisen.

Küchenmaschine
Wenn Sie eine Küchenmaschine häufig benutzen, kaufen Sie eine zweite Arbeitsschüssel, damit Sie mehrere Zutaten zur gleichen Zeit vorbereiten können.

Ordnung im Vorratsschrank
Damit in einem Vorratsschrank alles leicht zugänglich ist, stellen Sie kleine Gläser und häufig verwendete Behälter nach vorne und größere oder selten verwendete Lebensmittel nach hinten.

EINEN GESUNDEN VORRAT ANLEGEN

Es gibt heute eine so große Auswahl an Lebensmitteln, daß es kein Problem sein dürfte, einen geeigneten Vorrat an gesunden Lebensmitteln anzulegen. Sinnvoll ist es, stets einige gesunde Grundnahrungsmittel vorrätig zu haben, die als Basis für verschiedene Mahlzeiten dienen. Dazu gehören beispielsweise Vollkornmehl, Naturreis, Hülsenfrüchte oder Nudeln. Hilfreich für schnelle Mahlzeiten und die Bewirtung unerwarteter Gäste sind auch gute Konserven oder Fertiggerichte, die man rasch verfeinern kann. Tauschen Sie die Lebensmittel in Ihrem Vorratsschrank regelmäßig aus, damit sie jeweils vor dem Verfallsdatum verwendet werden. Vergessen Sie nicht, Ihr Gefriergerät das ganze Jahr über mit frischen Lebensmitteln der jeweiligen Saison zu bestücken, so daß es Ihnen als abwechslungsreicher Vorratsschrank für preiswertes Obst und Gemüse dienen kann.

Lebensmittel schonend zubereiten

Es ist gar nicht schwer, eine delikate, gesunde Mahlzeit zuzubereiten, wenn man erst einmal einige grundlegende Techniken der Vorbereitung und des Kochens beherrscht. Achten Sie bei Ihrem Einkauf darauf, daß frische Lebensmittel wirklich frisch und einwandfrei sind. Kaufen Sie Obst und Gemüse, die gerade Saison haben, dann sind sie nicht nur preiswert, sondern auch am nahrhaftesten. Wählen Sie möglichst fettarme Zubereitungsmethoden, und garen Sie Gemüse schonend, um Aroma und Nährstoffe zu erhalten.

Garen im Wok
Bei Verwendung eines Woks bleiben die Nährstoffe und das Aroma gut erhalten.

Abwechslungsreich kochen

Pesto als Überzug
Bevor Sie mageres Fleisch wie Truthahn oder Hähnchen grillen, bestreichen Sie es mit Pesto, damit es saftig bleibt.

Wenn man jeden Tag kocht, gehen einem mitunter die Ideen für einfache, schnelle und gesunde Mahlzeiten aus. Durch das vielfältige Angebot an Lebensmitteln und die reichhaltigen Anregungen für eine gesunde Ernährung, findet man dann doch immer wieder gute Möglichkeiten, die häufigsten Gerichte abzuwandeln. So läßt sich beispielsweise ein einfaches Brathähnchen verfeinern, indem man frische Kräuter unter die Haut steckt. Fleisch kann man mit aromatischen Marinaden einen besonders pikanten Geschmack verleihen. Mit schnell zubereiteten Teigen verwandeln Sie gedünstetes Obst in einen leckeren Kuchen.

Bewirtung ohne Stress

Gäste bewirten muß weder teuer noch stressig sein. Mit ein paar Handgriffen lassen sich einfache Lebensmittel in kleine Kunstwerke verwandeln. Große Feiern bereiten weniger Arbeit, wenn man mit der Planung und Vorbereitung rechtzeitig beginnt. Erstellen Sie Listen und Zeitpläne für die zu erledigenden Aufgaben, dann können Sie sich am Festtag mit Ihren Gästen entspannen. Es besteht keine Notwendigkeit, üppige Menüs zu kochen. Einfaches – gekonnt serviert und dekoriert – kommt meist bei den Gästen am besten an.

„Spiegelnde“ Häppchen
Die einfachsten Ideen sind häufig die wirkungsvollsten. Servieren Sie die Häppchen doch einmal auf einem größeren Spiegel.

KÜCHENEINRICHTUNG

GUT KOCHEN KANN MAN in der kleinsten Küche. Doch in einer gut organisierten, praktisch eingerichteten Küche spart man natürlich viel Zeit beim Vor- und Zubereiten der Speisen. Gleichgültig, ob Sie eine neue Küche kaufen wollen oder nur einige Veränderungen vornehmen möchten, lassen Sie sich für die Planung Zeit, und vergleichen Sie die Angebote. Fehlentscheidungen reißen schnell ein ziemliches Loch in Ihr Budget.

EINE KÜCHE PLANEN

Die Anzahl der Schränke und Geräte in einer Küche hängt nicht nur vom vorhandenen Platz ab, denn bei geschickter Planung können Sie fast jeden Küchenraum optimal ausstatten. Ziehen Sie bei der Neurichtung Ihrer Küche einen Küchenfachmann zu Rate.

PLANUNGSSCHRITTE

- **Planskizze** Zeichnen Sie Wände, Türen und Fenster maßstabgetreu auf Millimeterpapier. Schneiden Sie alle Küchenmöbel und Großgeräte (Herd, Kühlschrank usw.) maßstabgetreu aus Pappe aus. So kann man sie beliebig auf dem Papier verschieben.
- **Kosten** Schreiben Sie am besten gleich die ungefähren Preise auf die Planpappen neu anzuschaffender Einrichtungsgegenstände. Schließlich nützt der beste Plan nichts, wenn man seine Realisierung nicht bezahlen kann.
- **Grundform** Probieren Sie aus, welche Grundform – Küchenzeile, U- oder L-Form in dem vorhandenen Küchenraum Platz findet.
- **Arbeitsflächen** Planen Sie durchgehende Arbeitsflächen ein. Diese nahtlos zwischen den Küchengeräten eingebauten Flächen sparen Wege und erleichtern das Putzen.

ARBEITSERLEICHTERUNGEN SCHAFFEN

- **Kurze Wege** Die Entfernung zwischen der Spüle, den Lagerbereichen (z. B. Kühlschrank) und dem Herd sollte keinesfalls mehr als 7 m betragen, damit man beim Kochen nicht unnötig viel umherlaufen muß.
- **Arbeitsplatten** Die Flächen zwischen Geräten mit gut zu reinigenden Arbeitsplatten verbinden. Dadurch kann man Speisen direkt neben den jeweils benötigten Geräten vor- und zubereiten.

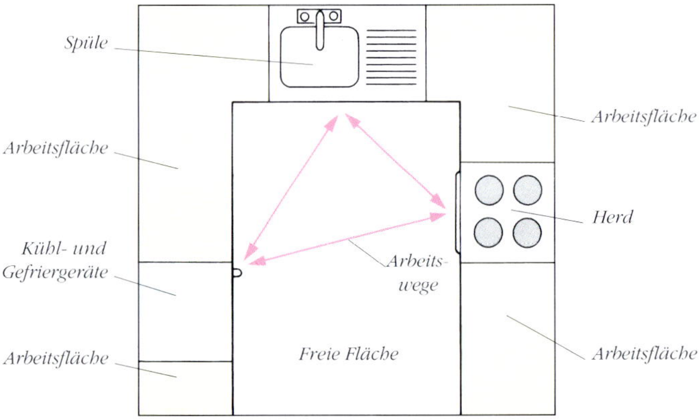

Ein Arbeitsdreieck schaffen
Wenn Sie Ihre Küche neu planen, sollten Sie die Geräte so positionieren, daß Sie Kühlschrank, Spüle und Herd in einem dreieckförmigen Arbeitsweg erreichen. Das erleichtert den Arbeitsablauf und erspart unnötige Wege in der Küche.

Die Küche besser organisieren

Eine vorhandene Küche läßt sich oft mit wenigen Mitteln nicht nur besser organisieren, sondern auch verschönern. Neue oder bunt angestrichene Schranktüren verleihen der Küche kostengünstig ein hübscheres Aussehen.

Arbeitsflächen

Für Arbeitsflächen gibt es eine Standardhöhe, die aber nicht für jeden geeignet ist. Lassen Sie die Arbeitsplatten so anbringen, daß Sie bequem daran arbeiten können, sonst stellen sich schnell Rückenschmerzen ein. Wählen Sie qualitätvolles Material, das sich gut pflegen läßt.

Zusätzliche Fläche

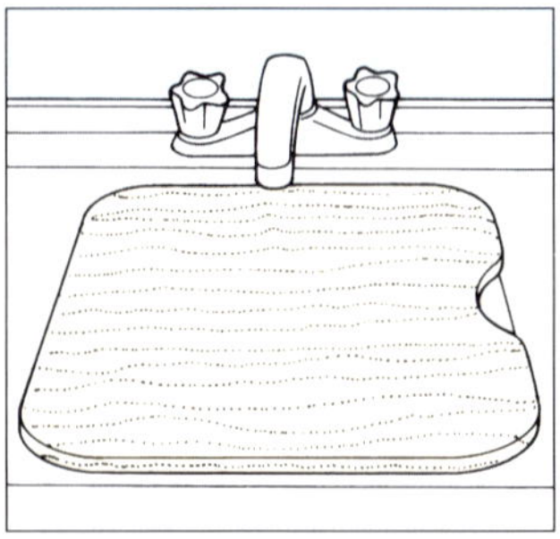

Die Spüle abdecken
Ein Brett so zuschneiden, daß es das Spülbecken abdeckt. Eine Grifföffnung ausschneiden, damit man bei Bedarf das Brett mühelos auflegen oder wegnehmen kann.

Untersetzer

Kacheln verwenden
Zwei stabile Kacheln neben das Kochfeld legen. So kann man dort heiße Pfannen oder Töpfe abstellen, ohne die Arbeitsplatte zu beschädigen.

Arbeitsflächen richtig beleuchten

- **Leuchtstoffröhren** Unter den Hängeschränken Leuchtstoffröhren anbringen. Sie leuchten die Arbeitsfläche gleichmäßig aus und strahlen kaum Wärme ab.
- **Strahler** Für eine punktuelle Beleuchtung Strahler verwenden, die sich leicht in jede Richtung drehen lassen. In gut erreichbarer Höhe befestigen.
- **Grelles Licht** Falls eine Lampe blendet, einen Diffusor anbringen (im Lampengeschäft erhältlich).

Geschickt einrichten

- **Abstellplatz** Neben der Küchentür sollte eine Arbeitsplatte angebracht sein, damit man Einkaufstüten oder das Obst und Gemüse aus dem Garten sofort abstellen kann.
- **Schneidefläche** Um eine Beschädigung der Arbeitsplatten zu vermeiden, sollte ein solides Schneidebrett oder eine Granitplatte vorhanden sein. Ideal ist es, die Schneidefläche in die Arbeitsplatte einzupassen.
- **Schmutzrillen** Fugen, die beim Einpassen von Schneideflächen entstehen, oder Verbindungsstellen von Arbeitsplatten müssen mit einem Dichtungsmittel versiegelt werden. Rillen, in denen sich Schmutz ansammeln kann, sind ein Gesundheitsrisiko!

Jede Ecke nutzen

- **Griffbereit** Die Ecken der Arbeitsflächen für das Aufbewahren von häufig verwendeten Kleingeräten nutzen.

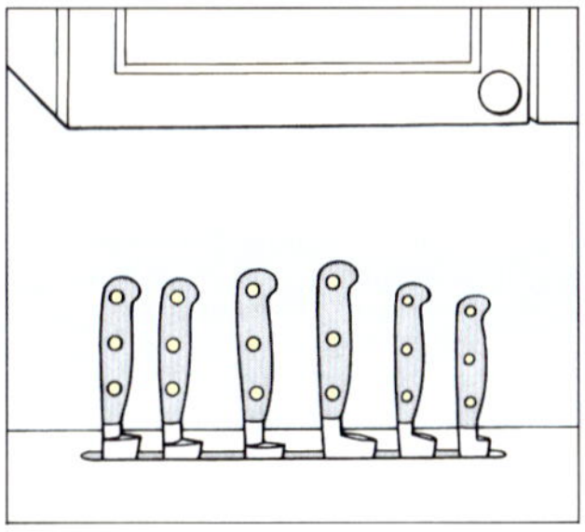

Messerhalter
Für die Aufbewahrung scharfer Messer in die Arbeitsplatte – hinter einer Schublade – einen Schlitz sägen. Vorher prüfen, ob die Messer später nicht die Schublade blockieren.

Platz sparen

- **Zum Wegklappen** Eine Tischplatte mit Scharnieren an der Wand befestigen. Eventuell einen Stützfuß anbringen.

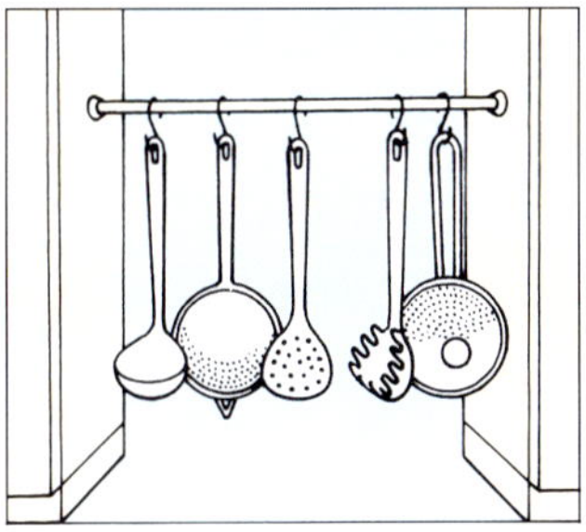

Stange anbringen
Eine Stange zwischen zwei Hängeschränken (oder darunter) befestigen, und die regelmäßig benötigten Utensilien an S-Haken daranhängen. Das spart Platz und schafft Ordnung.

Schränke und Regale

Küchenmöbel gibt es in den unterschiedlichsten Stilrichtungen, Farben und Materialien. Da die Einrichtung einer Küche nicht gerade billig ist, sollten Sie Möbel kaufen, die Ihnen auch noch nach Jahren gut gefallen. Und achten Sie auf pflegeleichte Oberflächen.

Sauberkeit unter dem Schrank

Kunststoffsockelleiste
Unter Schränken, die auf Füßen stehen, sammelt sich schnell Staub, der nur mühsam zu entfernen ist. Sauber unter dem Schrank bleibt es, wenn Sie einen Streifen eines biegsamen Bodenbelags an der Innenseite des Schranksockels befestigten.

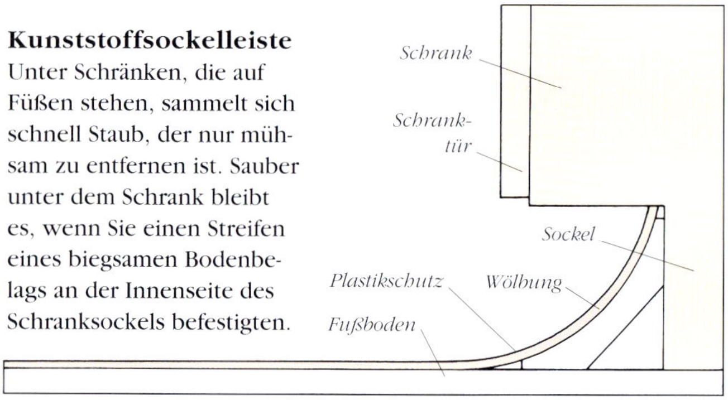

- **Holz versiegeln** Wer Naturholzmöbel mit einem strapazierfähigen, wasserabweisenden Anstrich versehen will, sollte sich unbedingt in einem Fachgeschäft für Naturfarben beraten lassen.
- **Pflegeleicht** Nur Schränke wählen, bei denen sich innen wie außen auch angeklebter Schmutz leicht entfernen läßt. Für Besteckschubladen herausnehmbare Kunststoffeinsätze verwenden.

Für Stauraum sorgen

- **Paßgenau** Schränke mit verstellbaren Regalbrettern wählen, damit man jedes Brett entsprechend der Höhe der unterzubringenden Gegenstände anbringen kann.
- **Ecken nutzen** Einen Eckschrank mit Drehregal aufstellen.
- **Abfalleimer** Im Schrank unter der Spüle einen Mülleimer mit Klappdeckel oder – zur Mülltrennung – ausziehbare bzw. herausschwenkbare Abfallsammler anbringen.
- **Arbeitsfläche freihalten** Küchenrollenhalter, Ständer oder Stangen für Küchenutensilien unter den Hängeschränken befestigen.

Schränke auswählen und anbringen

- **Vorratsschränke** Schränke, in denen Lebensmittel aufbewahrt werden, möglichst an einer kühlen Außenwand aufstellen. Ideal ist es, wenn man mit Lüftungsziegeln für Luftaustausch sorgen kann.
- **Tragfähigkeit** Vor dem Kauf der Möbel sicherstellen, ob die für Hängeschränke vorgesehenen Wände das Gewicht der Schränke samt Inhalt auch tragen können. Die sicherste Auskunft bekommt man von einem Statiker.
- **Raumteiler** Küchen- und Eßbereich im selben Raum mit Hilfe eines Raumteilers trennen. Dadurch ergibt sich zusätzlicher Stauraum.
- **Schranktüren** In einer engen Küche sind Schiebetüren oder Türen, die sich nach oben öffnen lassen, zu empfehlen. Bei Flügeltüren besteht die Gefahr, daß man sich heftig den Kopf stößt.
- **Weinflaschenlager** Aus einem Unterschrank die Regalbretter entfernen. Dann für die Flaschen ein X-förmiges Regal bauen, indem man zwei mit Schlitzen versehene Sperrholzplatten so zusammensetzt, daß sie in den Schrank von Ecke zu Ecke passen.

Tellerbord anbringen
Den Boden des Hängeschrankes über der Spüle entfernen, dann ein Abtropfregal anbringen. Nasses Geschirr kann über der Spüle abtropfen, und wenn man die Tür schließt, ist es verdeckt.

Saubere Regale

- **Rollo anbringen** Steht das Regal in einer Nische, hält ein feuerfestes Rollo Staub und Fett von dem Regalinhalt fern.
- **Offene Regale** Sie stauben sehr schnell ein, daher nur für Gegenstände verwenden, die sehr häufig benutzt und abgewaschen werden.

Sicherheit

- **Sichere Schränke** Spitze Ecken und ausladende Griffe können zu Verletzungen führen. Daher Schränke mit abgerundeten Ecken und versenkten Griffen wählen.
- **Verbrennungsgefahr** Über dem Herd nie einen Schrank anbringen. Der Griff in den Schrank über die heiße Herdplatte hinweg ist gefährlich.
- **Richtige Höhe** Hängeschränke so anbringen, daß man das oberste Brett ohne „Kletterpartie" erreichen kann.

PLATZSPARENDE VORRICHTUNGEN

Stauraum ist in kleineren Küchen oft nur begrenzt vorhanden. Eine geschickte Raumausnutzung schafft hier Abhilfe und sorgt für eine Verbesserung der Arbeitsabläufe in der Küche. So kann man Ecken für Regale nutzen und kleine Utensilien platzsparend aufhängen.

AUFHÄNGEN

Hängevorrichtung
Zwei Ketten mit einer Holz- oder Metallstange an der Küchendecke befestigen. Die Töpfe, Pfannen oder Siebe an Fleischerhaken daranhängen. Die Länge der Ketten so bemessen, daß das Kochgeschirr gut erreichbar ist.

LÜCKEN NUTZEN

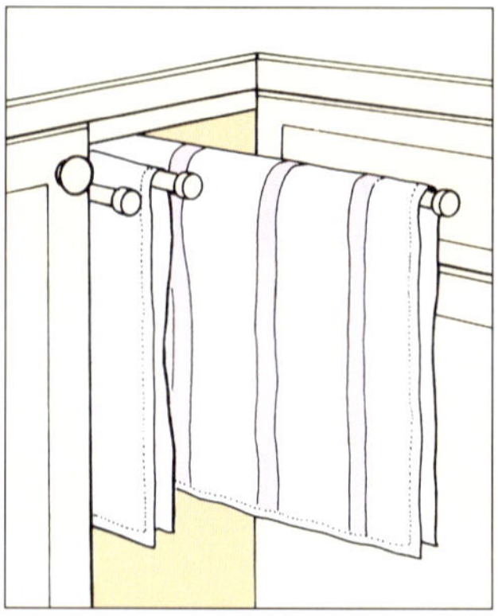

Zwischen Schränken
Einen herausziehbaren Handtuchhalter in einer Lücke zwischen zwei Küchenschränken anbringen. Hier kann man auch Backbleche und Tabletts, die im Schrank viel Platz wegnehmen, aufbewahren.

GUTE IDEE

Die Fensternische nutzen
Küchenfenster, die man nicht ständig zum Lüften öffnen muß, mit Glasböden versehen. Sie bieten viel Platz für dekorative Gläser, Zimmerpflanzen oder Töpfe mit frischen Kräutern.

KOCHBÜCHER UND REZEPTSAMMLUNGEN

Jeder, der gern kocht, besitzt Kochbücher und meist auch eine Menge loser, aus Zeitschriften ausgeschnittener Rezepte. Damit nicht bald Fettspritzer und andere Flecken diese unentbehrlichen Kochhelfer aus Papier zieren, sollte man sie „schmutzgeschützt" verwenden.

KOCHBÜCHER SCHÜTZEN UND AUFBEWAHREN

- **Schützende Hülle** Das geöffnete Kochbuch oder das Rezeptblatt in eine durchsichtige Plastiktüte stecken. Praktisch dafür sind die unterschiedlich großen Gefrierbeutel.
- **Lesepult** Ein Holzbrett am unteren Längsrand mit einer L-förmigen Leiste versehen, an der Wand über der Arbeitsfläche befestigen und als Rezept-Lesepult verwenden.
- **Bücher aufbewahren** Ein 20 cm tiefes Bücherregal auf einen Unterschrank stellen. Hier kann man Kochbücher und dekoratives Geschirr unterbringen, und man hat noch genügend Platz zum Arbeiten.

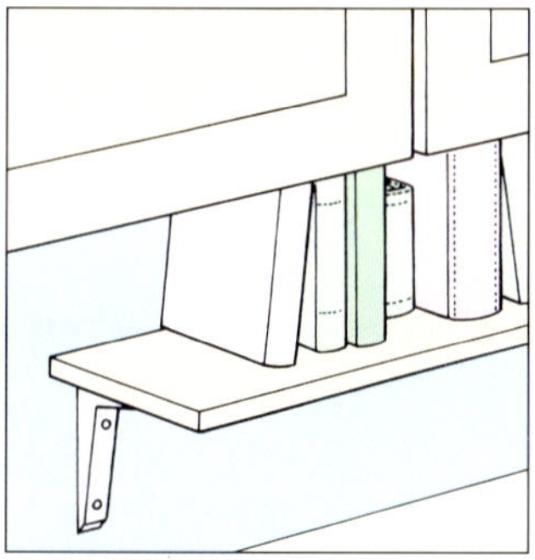

Kochbuchregal
Zwischen der Arbeitsfläche und dem Hängeschrank ein schmales Regalbrett an Winkelhaken befestigen. So stehen die Kochbücher stets griffbereit, und die Arbeitsfläche bleibt frei.

REZEPTE AUFBEWAHREN

- **Farbsystem** Lose Rezepte in farblich gekennzeichnete Sammmelalben oder Ordner einsortieren, z. B. Blau für Fischgerichte, Grün für Salate.
- **Verstärken** Auf dünnes Papier gedruckte Rezeptausschnitte in ein Sammelalbum kleben. Will man die Rezeptblätter lochen, dann gleich transparente Lochverstärkungsringe anbringen, so reißen sie auch bei häufiger Benutzung der Sammlung nicht aus.
- **Dekorativ** Lieblingsrezepte als Collage auf ein Brett oder Tablett aufkleben. Mit wasserfestem Klarlack überstreichen oder besprühen.

Küchenherde

Ein guter, praktischer Herd, der sich durch lange Lebensdauer auszeichnet, stellt immer eine größere finanzielle Investition dar. Man sollte ihn daher sorgfältig auswählen, damit er auch den eigenen Ansprüchen genügt.

Einen Herd auswählen

Heutzutage umfaßt ein Herd mehrere Komponenten. So unterscheidet man zwischen Kochmulden und Kochfeldern sowie unterschiedlichen Backofentypen. Unabhängig von allen technischen Raffinessen, sollten Sie darauf achten, daß die Geräte leicht zu reinigen sind.

Backofen auswählen

Neben den Standmodellen, die Kochfeld und Backofen in einem Gerät vereinigen, gibt es Einbaumodelle, die man unabhängig vom Kochfeld an beliebiger Stelle in Küchenmöbel einbauen kann, z. B. in Augenhöhe.

- **Beheizungsarten** Informieren Sie sich vor dem Kauf, welche Beheizungsart für Ihren Bedarf am günstigsten ist. Es gibt Öfen mit Unter- und Oberhitze, Umluft und Heißluft sowie diverse Kombinationsgeräte.
- **Selbstreinigungssysteme** Sie erhöhen zwar den Preis des Backofens, ersparen aber mit der Zeit viel Putzarbeit.

Kochfeld und Energieart

- **Kochfeld** Die klassischen Kochmulden aus Edelstahl oder Email mit den vier Kochplatten werden immer stärker von den glatten, bündig in die Arbeitsplatte eingelassenen Glaskeramikfeldern (Ceran-Flächen) verdrängt.
- **Kombinierte Energien** Die Profiköche schwören aufs Kochen mit Gas. Wenn ein Haus einen Gasanschluß, z. B. für die Gasheizung besitzt, kann man eine Gaskochstelle mit einem Elektrobackofen problemlos kombinieren.

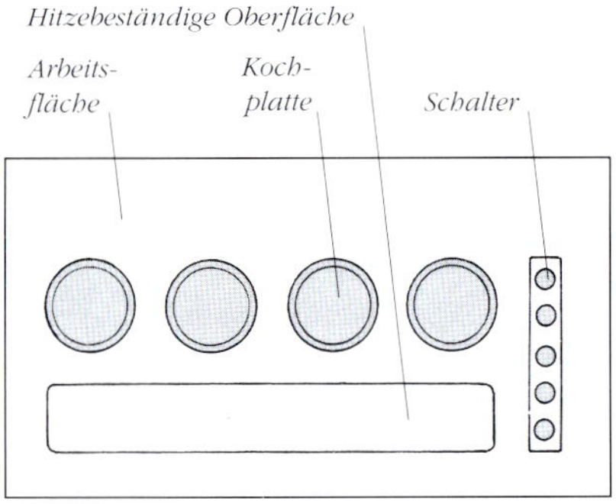

Sonderausstattung

Viel Bequemlichkeit bietet die Kochstelle mit den in einer Reihe angeordneten Kochplatten. Eine hitzebeständige Platte zum Abstellen heißer Töpfe und Platz für Zubereitungsarbeiten vervollkommnen den Komfort, der allerdings auch seinen Preis hat.

Wichtige Details

- **Energieverbrauch** Kann man der Produktbeschreibung des Herstellers oder dem Haftetikett auf dem Gerät entnehmen.
- **Backbleche** Falls die mitgelieferten Bleche für Ihren Bedarf nicht ausreichen, gleich weitere beim Ofenkauf mitbestellen. Passende Ersatzbleche sind oft schon nach zwei Jahren schwer zu bekommen.
- **Geräusche** Da ein Ventilator die heiße Luft im Backraum eines Umluftherdes ständig umwälzt, sind bei diesem Herdtyp während des Betriebs entsprechende Geräusche zu hören, die aber nicht sehr laut sind.

Backofentüren

Topf abstellen

Auf der Klapptür des Backofens kann man einen kleinen, heißen Topf abstellen. Sehr bequem zum Herausnehmen von Töpfen oder zum Begießen von Braten sind Öfen mit einem Backwagen.

Sicherheitshinweise

- **Herdanschluß** Ein Elektro- oder Gasherd darf nur von einem zugelassenen Installateur angeschlossen werden. Laienhaft ausgeführte Arbeiten sind lebensgefährlich!
- **Kinder** Wenn im Haushalt kleine Kinder leben, muß man eine Schutzvorrichtung am Herd anbringen, die verhindert, daß ein Kind einen heißen Topf vom Herd ziehen kann. Pfannenstiele in jedem Fall nach hinten drehen! Grundsätzlich sollten kleine Kinder nicht allein in der Küche bleiben, wenn der Herd in Betrieb ist.

Den Herd richtig nutzen

Bei einem einfachen Herd hat man die verfügbaren Funktionen schnell im Kopf. Je mehr ein Herd jedoch an Funktionen zu bieten hat, um so häufiger muß man wohl in die Gebrauchsanleitung schauen, um das komfortable Gerät optimal nutzen zu können.

Temperatur prüfen

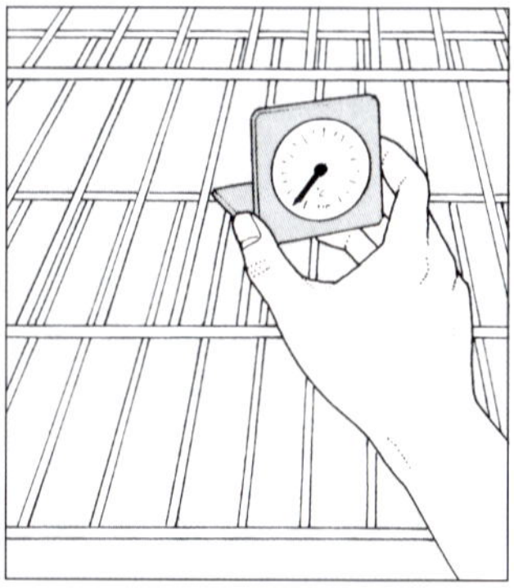

Mit einem Thermometer
Den Ofen ab und zu kontrollieren. Ein Backofenthermometer in die Ofenmitte legen. Den Ofen auf 180 °C aufheizen, dann vergleichen, ob diese Temperatur erreicht wurde.

Nützliche Handgriffe

- **Herunterschalten** Kochstellen rechtzeitig auf „weitergaren" schalten, damit die Speisen nicht überkochen oder anbrennen und nicht unnötig Energie verbraucht wird.
- **Abschalten** Kochstellen fünf bis zehn Minuten vor Ende der Gardauer abschalten, um die Nachwärme voll zu nutzen.
- **Nicht vorheizen** Viele Gerichte und Kuchen kann man in den kalten Ofen stellen, so wird die Energie voll genutzt.
- **Nicht öffnen** Die Ofentür nicht ständig öffnen, um zu prüfen, ob das Gericht gar ist, da hierdurch die Temperatur abfällt. Mit einer Zeitschaltuhr die Garzeit überwachen.

Energie sparen

Komplette Mahlzeit
Energie wirtschaftlich nutzen, indem eine vollständige Mahlzeit oder mehrere Kuchen gleichzeitig in den Ofen eingesetzt werden. In einem Umluftofen funktioniert dies besonders gut.

Einen Herd reinigen

Übergelaufenes oder verschüttete Zutaten sollte man sofort vom Kochfeld entfernen. Doch Vorsicht, man kann sich dabei leicht die Finger an heißen Töpfen oder Kochplatten verbrennen. Grundsätzlich auf die Reinigungsempfehlungen des Herdherstellers achten.

Reinigungstips

- **Weniger putzen** Kuchenformen und Kasserollen im Ofen auf ein Backblech stellen, um Spritzer aufzufangen.
- **Glaskeramikkochfeld** Obstsaft, Zucker und säurehaltige Spritzer sofort entfernen, da sie die Oberfläche des Kochfelds beschädigen können. Flecken oder Verfärbungen mit einem Spezialmittel gemäß Gebrauchsanleitung beseitigen. Immer mit klarem Wasser nachwischen.
- **Roste** Ofenroste noch feucht aus der Geschirrspülmaschine nehmen und mit einem Tuch abreiben. Oder die Roste in der Bade- oder Duschwanne in eine Spülmittellösung über Nacht einweichen, dann mit verseifter Stahlwolle reinigen.

Angebranntes

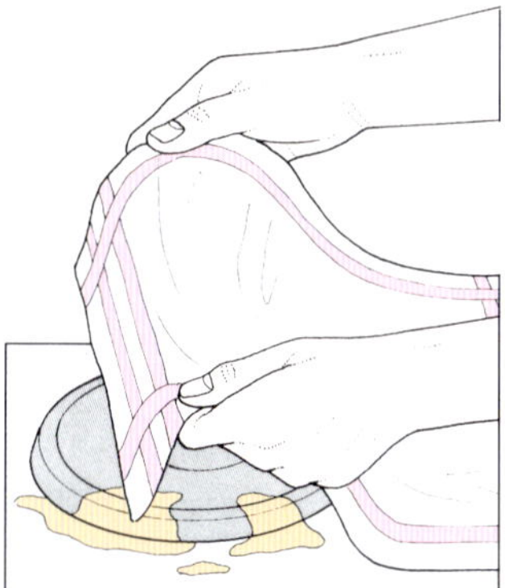

Einweichen
Wenn Essen auf der Herdplatte eingebrannt ist, auf die abgekühlte Platte ein Tuch legen, das in einer Spülmittellösung ausgewrungen wurde. Zwei Stunden liegen lassen, dann abwischen.

Geldspartip

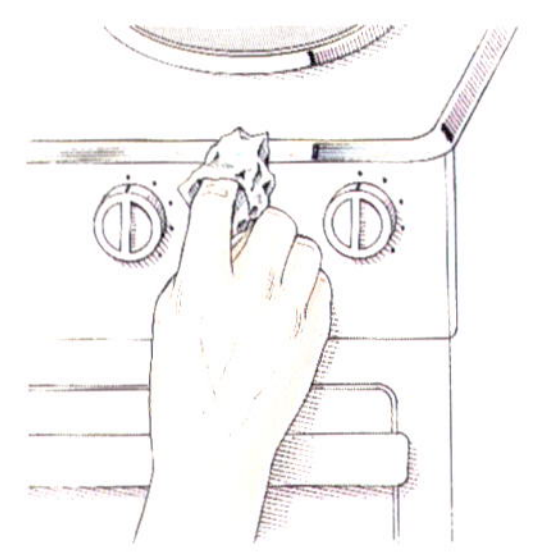

Chromleisten reinigen
Ein Stück Alufolie – glänzende Seite nach außen – um den Finger wickeln und damit die Leiste abreiben. Mit einem in Reinigungsalkohol getränkten Lappen nachpolieren.

MIKROWELLENGERÄTE

Kochen im Mikrowellengerät geht schnell, ist einfach und energiesparend. Wer bisher noch nicht in der „fixen Welle" gekocht hat, muß seine Kochmethoden daran anpassen. Doch angesichts der Arbeitserleichterung fällt das sicher keinem allzu schwer.

MIKROWELLENGERÄT AUSWÄHLEN

Prüfen Sie, wie groß das Mikrowellengerät für Ihren Bedarf sein muß. Für viele Haushalte genügt ein Kompaktgerät, das es mit und ohne Grill gibt.

- **Leistung** Kompaktgeräte bieten eine Mikrowellenabgabeleistung zwischen 700 und 900 Watt (Grilleistung 1000–1100 Watt).
- **Leistungsstufenregler** Damit kann man die Leistung stufenweise einstellen, z. B. 700 Watt fürs Garen und Erhitzen oder 350 Watt fürs schnelle Auftauen kleiner Portionen.
- **Automatik** Manche Geräte haben Automatikprogramme für Schnellgerichte, fürs Aufwärmen und Auftauen oder fürs Fortkochen.

PRAXISTIPS

- **Rezepte anpassen** Die in konventionellen Rezepten angegebenen Garzeiten verkürzen sich bei der Zubereitung im Mikrowellengerät um etwa zwei Drittel.
- **Nicht überschreiten** Wenn man die Garzeit nicht genau kennt, besser zunächst eine kürzere Zeit einstellen und dann später eventuell verlängern. Bei Überschreiten der Garzeit können Gerichte austrocknen oder verbrennen.
- **Flüssigkeiten** Stecken Sie einen Plastiklöffel oder ein Glasstäbchen in Flüssigkeiten, die Sie im Mikrowellengerät erhitzen wollen. So vermeiden Sie, daß die Flüssigkeit beim Herausnehmen des Gefäßes plötzlich aufschäumt. Diese physikalische Reaktion nennt man Siedeverzug.

GRÖSSERE KAPAZITÄT

- **Größere Gefäße** Den Drehteller entfernen und das Gefäß direkt in den Garraum stellen. Das Gargut nach der Hälfte der Garzeit umrühren, damit sich die Wärme gut verteilt.

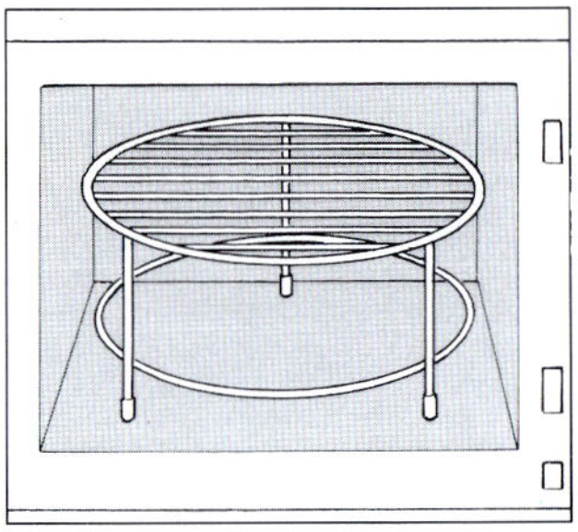

Doppelstöckig
In einem größeren Mikrowellengerät kann man mit Hilfe eines speziellen Ständers mehr als eine Speise gleichzeitig zubereiten. Auch fürs Grillen gibt es entsprechendes Zubehör.

MIT MIKROWELLEN SICHER KOCHEN

Handelsübliche Mikrowellengeräte der Markenhersteller erfüllen alle vorgeschriebenen Sicherheitsstandards. Wenn man das Gerät stets vorschriftsmäßig bedient, wird man lange Freude an diesem sehr praktischen und zeitsparenden Kochgerät haben.

RICHTIG GAREN

Speisen anordnen
Speisen sollten gut durchgegart sein: Gleichmäßig auf einem Teller verteilen und keilförmige Lebensmittel wie Birnen oder Fischfilets so anordnen, daß das schmale Ende zur Mitte weist.

GESCHIRR AUSWÄHLEN

Eignung prüfen
Eine Tasse mit kaltem Wasser und das zu prüfende Gefäß in den Garraum stellen. Knapp zwei Minuten auf höchster Stufe erhitzen. Bleibt das leere Geschirr kalt, ist es mikrowellengeeignet.

SICHERHEIT

- **Anleitung** Die Gebrauchsanleitung des Gerätes und die Zubereitungshinweise auf der Verpackung von Fertig- und Tiefkühlgerichten befolgen.
- **Verboten** Keine Metallteller, Teller mit Goldverzierungen oder Alufolie im Mikrowellengerät benutzen.
- **Aufpassen** Die Speisen niemals unbeaufsichtigt garen.
- **Vorsicht** Manche Einwegpackungen sind entflammbar. Bei Rauchentwicklung, Netzstecker ziehen, die Gerätetür nicht öffnen.

Kühlen und Gefrieren

Kühlschrank und Gefriergerät sind äußerst nützliche Küchenhelfer, auf die heute keiner mehr verzichten möchte. Beide Geräte gewährleisten, daß man frische Lebensmitteln rund ums Jahr zur Verfügung hat.

Geräte auswählen

Achten Sie bei der Wahl des Kühl- oder Gefriergerätes auf das benötigte Fassungsvermögen. Berücksichtigen Sie dabei den zur Verfügung stehenden Platz und die am häufigsten aufbewahrten Lebensmittel wie Gartenerzeugnisse oder Fertiggerichte.

Viel Stauraum

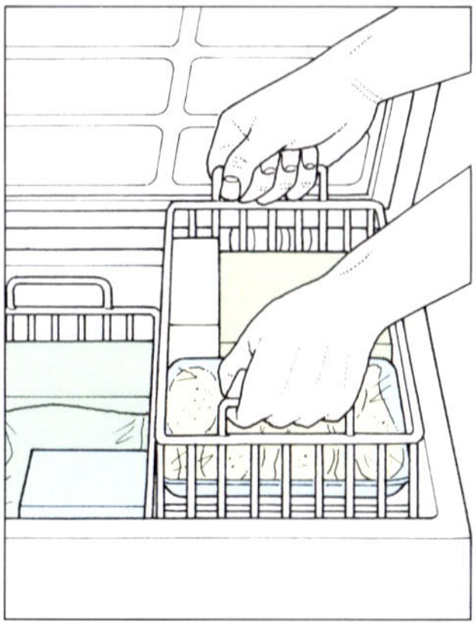

Körbe einsetzen
In eine Gefriertruhe Körbe einhängen. So lassen sich die eingefrorenen Sachen ordentlicher einsortieren und leichter finden. Zusätzliche Körbe kann man beim Händler bestellen.

Gute Übersicht

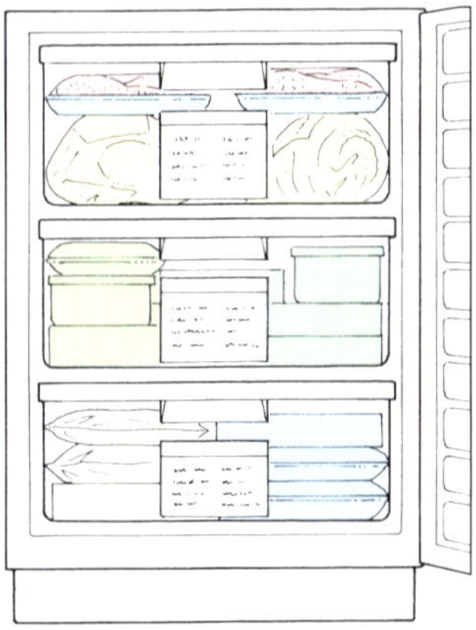

Schubladen beschriften
Bei einem Gefrierschrank, dessen Schubladen an der Vorderseite Beschriftungskarten besitzen, behält man ganz leicht den Überblick, was im Schrank gelagert ist.

Ausstattungstips

- **Kontrolle** Praktisch sind Geräte, bei denen die Temperaturanzeige und Warneinrichtung an der Außenseite angebracht sind. So läßt sich kontrollieren, ob das Gerät richtig arbeitet, ohne die Tür öffnen zu müssen.
- **Dicke Dämmung** Sie hilft Strom sparen. Günstig sind z. B. 8 cm dicke Wände.
- **Geräuschpegel** Darauf sollte man vor allem in offenen Küchen oder Wohnküchen achten. Hier sollten die Kühl- und Gefriergeräte, besonders leise (etwa mit 35 Dezibel) arbeiten.
- **Stromkosten** Vergleichen Sie vor dem Kauf anhand der Produktinformationsetiketten den Stromverbrauch.

Gefriergerät kaufen

- **Fassungsvermögen** Für jede Person im Haushalt sollte man rund 50 Liter Fassungsvermögen rechnen. Wenn man viel Besuch hat, noch weitere 50 Liter dazu zählen.
- **Platzsparend** Wenn der Platz knapp ist, einen Gefrierschrank kaufen. Er nimmt weniger Stellfäche weg als eine Gefriertruhe.
- **Platz** Prüfen, ob genug Platz vorhanden ist, um die Tür oder den Deckel so weit zu öffnen, daß man problemlos die Schubladen oder Körbe herausnehmen kann.

Kühlschrank kaufen

- **Fassungsvermögen** Für einen Haushalt, in dem regelmäßig gekocht wird, rechnet man für zwei Personen rund 200 Liter, für jede weitere Person zusätzlich 25 Liter.
- **Zeitersparnis** Einen Kühlschrank mit Abtauautomatik wählen. Zur regelmäßigen, gründlichen Reinigung sollte man das Gerät ausschalten.
- **Variable Platzeinteilung** Die Einlegeböden sollten versetzbar sein. Für die Aufbewahrung von Flaschen ist ein teilweise aufklappbarer Ablagerost nützlich.

Aufstelltips

- **Anleitung** Wenn das Gerät in Küchenmöbel eingebaut wird, beachten Sie genau die Installationsanweisung.
- **Luftzirkulation** Die Luft muß um das Gerät zirkulieren können, damit die Wärme abgeführt wird. Ungenügende Luftzirkulation kann Schäden am Gerät verursachen.
- **Auswaschen** Vor Inbetriebnahme eines neuen Gerätes den Innenraum mit lauwarmem Wasser und einem milden Reinigungsmittel auswaschen. Gut trockenreiben.

Kühl- und Gefriergeräte richtig nutzen

Verunreinigungen, beschädigte Türdichtungen, zu niedrige, aber auch zu hohe Temperaturen im Innenraum eines Kühl- oder Gefriergerätes können die Lebensmittel beeinträchtigen. Auch bei den Stromkosten machen sich solche Bedienungsfehler bemerkbar.

Gleich reinigen

- **Abwischen** Wenn Sie Gefäße in den Kühlschrank oder ins Gefriergerät stellen, prüfen ob der Gefäßboden sauber ist, falls nicht, gleich abwischen. So vermeiden Sie Verunreinigungen der Ablageflächen.

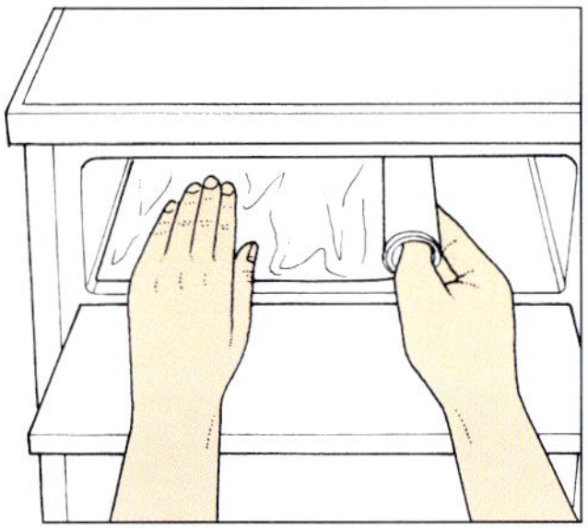

Mit Folie auslegen
Mögliche Verunreinigungen von gefrorenen Lebensmitteln frieren nicht am Boden der Fächer fest, wenn er mit Alufolie ausgelegt wird. Die Folie regelmäßig durch ein sauberes Stück ersetzen.

Temperaturen kontrollieren

Regelmäßige Temperaturkontrollen in Kühl- und Gefriergeräten sparen Strom und verhindern Beeinträchtigungen der Lebensmittel.

- **Im Kühlschrank** Das Gerät auf 5 °C oder weniger einstellen. Der kälteste Bereich sollte bei 1 °C liegen. Zur Kontrolle ein Thermometer über Nacht in die Mitte des obersten Bodens legen. Im Sommer den Thermostat des Kühlschranks neu einstellen.
- **Im Gerfriergerät** Das Gerät auf -18 °C oder – wenn nötig – tiefer einstellen. Die Temperatur kontrollieren, indem man ein Thermometer über Nacht ins oberste Fach legt.

Energie sparen

- **Stellplatz** Gefrier- und Kühlgeräte nicht dicht neben wärmeerzeugende Geräte oder in direktes Sonnenlicht stellen.

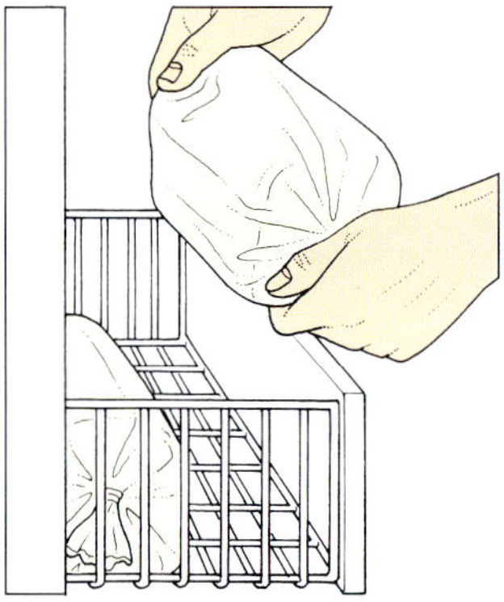

Lücken füllen
Den Gefrierschrank möglichst voll halten, da es Energieverschwendung ist, ihn halbleer laufen zu lassen. Große Lücken mit Brot oder anderen voluminösen Lebensmitteln füllen.

Probleme vermeiden

- **Markieren** Damit niemand aus Versehen den Netzstecker des Gefriergerätes zieht, den Stecker deutlich markieren oder beschriften.
- **Gerüche vermeiden** Unbenutzte Kühl- oder Gefriergeräte abschalten (Netzstecker ziehen!) und reinigen, dann die Tür mit einem Stück Holz, das mit Klebeband befestigt wird, offen halten.
- **Umzug** Kühl- oder Gefriergeräte 24 Stunden vor dem Transport ausschalten. Gründlich säubern und lose Teile entfernen. Die Geräte immer in aufrechter Position transportieren. Gefrorene Lebensmittel möglichst vorher verbrauchen. Angetautes nicht wieder einfrieren!

Einfriertips

- **Abkühlen lassen** Nie warme Speisen oder Getränke in das Kühl- oder Gefriergerät stellen. Um das Abkühlen zu beschleunigen, das Gefäß in kaltes Wasser stellen.
- **Kleine Mengen** Damit die Temperatur im Gefrierschrank nicht ansteigt, nicht mehr als ein Zehntel der Gesamtkapazität auf einmal einfrieren.

Lagern und verpacken

- **Kühlschrank** Die Lebensmittel nicht zu eng lagern, zur gleichmäßigen Kühlung muß die Luft im Kühlschrank stets gut zirkulieren können.
- **Gefriergerät** Lebensmittel vor dem Einfrieren luftdicht verschließen. Dadurch wird vermieden, daß den Lebensmitteln Feuchtigkeit entzogen wird, was zu Nährstoffverlust und Austrocknung führt.

Geldspartip

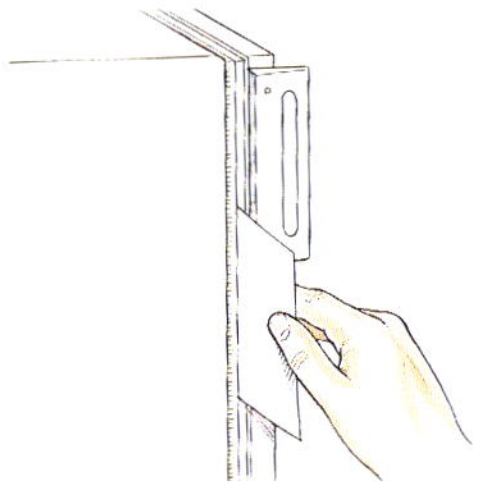

Türdichtung kontrollieren
Um zu prüfen, ob die Tür des Kühl- oder Gefriergerätes dicht ist, die Tür schließen und dabei ein Stück Papier dazwischen halten. Läßt es sich dann leicht herausziehen, ist die Dichtung verschlissen und sollte ersetzt werden.

Kühl- und Gefriergeräte reinigen

Aus hygienischen Gründen sollte der Innenraum von Kühl- und Gefriergeräten regelmäßig gereinigt werden. Verschüttetes oder frische Verschmutzungen wischt man besser sofort weg, damit nicht unbemerkt winzige, schädliche Schimmelrasen entstehen können.

Aussen reinigen

Gehäuse Die Außenwände von Kühl- und Gefriergeräten regelmäßig mit einer neutralen Spülmittellösung abwischen, dann trockenreiben. Zum Entfernen hartnäckiger Flecken, z. B. im Türgriffbereich, einen Tropfen Geschirrspülmittel auf ein weiches, feuchtes Tuch geben und damit die Stellen abreiben. Niemals Scheuersand dafür verwenden!

Geräterückseite Vor allem bei freistehenden Geräten von Zeit zu Zeit die Staubablagerungen mit einer Bürste oder dem Staubsauger entfernen. Das Gerät vorher ausschalten und den Netzstecker ziehen!

Kratzer reparieren

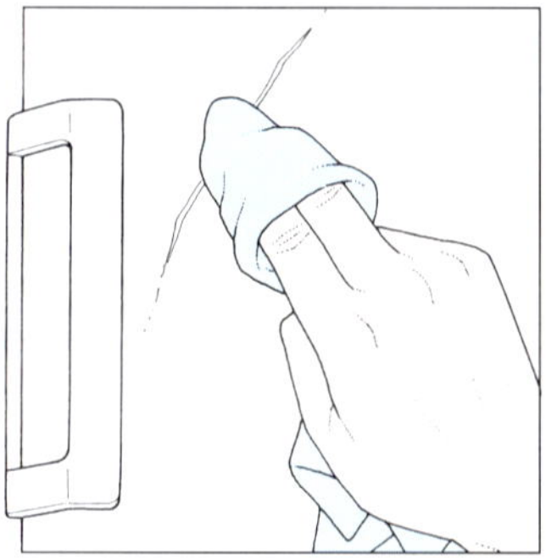

Mit Emailfarbe
Die verkratzte Stelle säubern und trockenwischen. Sie muß absolut fettfrei sein. Die Farbe an einer verdeckten Fläche ausprobieren, dann mit einem feinen Pinsel auf den Kratzer auftragen.

Innen reinigen

Gerüche Um hartnäckige Gerüche in Kühl- oder Gefriergeräten zu entfernen, 15 Milliliter Natron in einem Liter warmem Wasser auflösen und damit den Innenraum auswischen, dann trockenreiben.

Gerüche vermeiden Einen halben Apfel in den Kühlschrank legen. Er bindet Gerüche. Den Apfel jede Woche erneuern. Er ist nicht mehr zum Verzehr geeignet.

Abflußloch Mit einem feuchten Wattestäbchen regelmäßig das Abflußloch an der Rückwand des Innenraums reinigen, um Schmutzablagerungen zu vermeiden.

Gefriergeräte abtauen

Tauen Sie das Gefriergerät am besten dann ab, wenn sehr wenig Lebensmittel darin gelagert sind, beispielsweise nach Feiertagen, wenn die Vorräte abgenommen haben oder im Frühsommer, bevor man beginnt, die neue Ernte aus dem Garten einzufrieren.

Was tun, wenn das Gefriergerät versagt?

Wenn das Gefriergerät durch Bedienungsfehler, Stromausfall oder einen Defekt ausfällt, folgende Maßnahmen ergreifen:

Kundendienst Überprüfen Sie, ob Kabel, Stecker und Sicherung in Ordnung sind, bevor Sie einen (teuren) Techniker kommen lassen.

Geschlossen halten Das Gerät nicht öffnen. Wenn es voll ist, bleibt der Inhalt in der Regel mindestens zwölf Stunden lang gefroren.

Aufgetautes Einwandfreie Lebensmittel sofort verarbeiten oder verwenden. Nie nochmals einfrieren, da dann die Gefahr einer Lebensmittelvergiftung besteht.

Richtig abtauen

Eisplatten Sich lösendes Eis vorsichtig abheben, niemals abkratzen. Keine scharfen Gegenstände verwenden.

Aufsaugen Die meisten Gefriergeräte verfügen über eine Wasserablaufvorrichtung. Trotzdem vorsichtshalber Tücher oder Zeitungspapier vor bzw. unter das Gerät legen.

Reinigen Bevor das Gerät wieder eingeschaltet wird, den Innenraum mit einem neutralen Reinigungsmittel säubern und mit Essigwasser (beseitigt Gerüche) auswischen. Sorgfältig trockenreiben, da sich sonst durch die Restfeuchtigkeit sofort wieder Reif bildet.

Superfrost Die Lebensmittel erst einräumen, wenn im Gerät mindestens -18 °C herrschen.

Zeit sparen

Heißes Wasser Mehrere Gefäße mit heißem Wasser in das Gefriergerät stellen. Das Wasser mehrmals erneuern.

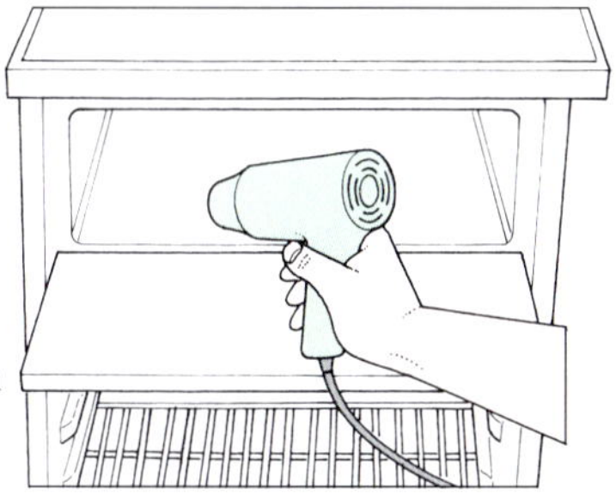

Schnell abtauen
Zum schnellen Abtauen eines kleinen Eisfaches kann man einen Fön benutzen. Den Fön stets bewegen, damit nicht ein Bereich überhitzt wird. Hände und Fön müssen dabei trocken bleiben.

Töpfe und Pfannen

Kochgeschirr und Kochstelle sollten aufeinander abgestimmt sein, das verkürzt die Ankochdauer und spart eine Menge Energie. Kaufen Sie besser weniger Töpfe und Pfannen, dafür aber die beste Qualität, die Sie sich leisten können.

Töpfe und Pfannen auswählen

Bestechendes Design garantiert nicht immer eine hohe Qualität. Achten Sie darauf, ob die Griffe hitzebeständig und nicht wärmeleitend sind, wenn Sie das Kochgeschirr auch fürs Garen im Backofen verwenden wollen. Griffe aus Holz z. B. sind nicht backofenfest.

Materialien von Töpfen und Pfannen

Gleichgültig, ob Sie einen Gasherd oder einen Elektroherd mit Kochplatten oder Kochfeld benutzen, achten Sie darauf, daß das Kochgeschirr einen plangedrehten Boden hat. Er nimmt die Wärme gut auf, wodurch die Wärmeenergie optimal genutzt wird. Kochgeschirr aus Glas oder Ton eignet sich besonders gut für Garvorgänge im Backofen. Auf der Kochstelle ist bei ihnen die Wärmeübertragung ungünstiger als bei Metallgeschirr.

Gußeisen

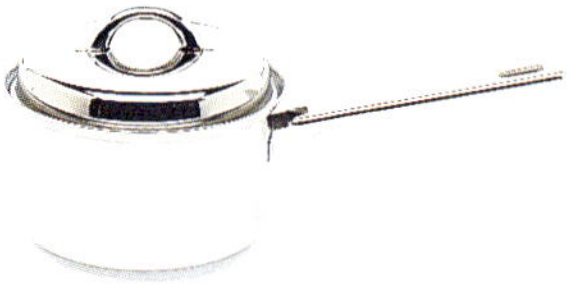
Edelstahl

Feuerfestes Glas

Emaillierter Stahl

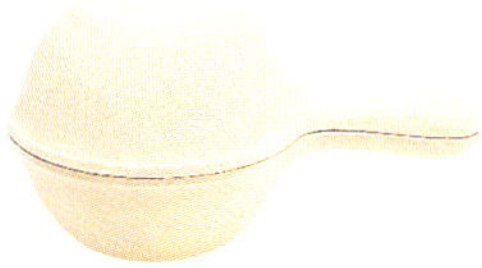
Tongeschirr

Kupferbeschichteter Stahl

Aluminium

Praxistips

- **Gußeisen** Ist sehr schwer, daher eine Pfanne mit zwei Griffen wählen. Sie läßt sich leichter und sicherer hochheben als eine Stielpfanne.
- **Beschichtetes Kochgeschirr** Darin kann man fettfrei garen. Die Reinigung ist problemlos. Niemals überhitzen! Die Beschichtung darf nicht, z. B. durch scharfe Küchenwerkzeuge, zerkratzt werden.
- **Schnellkochtopf** Mit einem Dampfdrucktopf lassen sich langkochende Gerichte oder größere Mengen zeit- und energiesparend zubereiten.

Ersatz für Spezialtöpfe

Gemüse dämpfen
Das Gemüse in ein Metallsieb geben. Das Sieb in einen Topf mit kochendem Wasser hängen. Das Gemüse soll mit dem Wasser nicht in Berührung kommen.

Spargel dämpfen
In einen hohen Topf einen Ring aus Alufolie einsetzen. Er sorgt dafür, daß die zarten Spargelspitzen sich während des Garens außerhalb des Wassers befinden.

Töpfe und Pfannen pflegen

Regelmäßige, sachgemäße Pflege erhöht die Lebensdauer Ihres Kochgeschirrs. Achten Sie auch darauf, daß die innere Oberfläche nicht durch scharfe Gegenstände beschädigt wird. In verkratzten Töpfen beispielsweise brennen manche Speisen sehr leicht an.

Neue Töpfe

● **Kupfer** Kochgeschirr aus Kupfer in kochendes Wasser legen. Darin abkühlen lassen.

● **Gußeisen** Mit Speiseöl einpinseln. Etwas mehr Öl hineingeben, dann eine Stunde lang auf kleiner Flamme erhitzen. Nach dem Abkühlen mit Küchenkrepp auswischen.

● **Anleitung** Die Gebrauchsanleitung des Herstellers aufmerksam lesen, um zu prüfen, ob vor dem ersten Gebrauch des neuen Topfes oder der neuen Pfanne eine besondere Maßnahme nötig ist.

Aufbewahren

Beschichtung schützen
Wenn Sie beschichtete Pfannen übereinanderstellen, immer ein Stück Küchenpapier dazwischen legen, damit die Beschichtung nicht verkratzt wird.

Gusseisen pflegen

Rost vorbeugen
Gußeisernes Kochgeschirr mit der Hand reinigen, nicht in der Geschirrspülmaschine. Immer gut abtrocknen und mit etwas Speiseöl einreiben.

Töpfe und Pfannen reinigen

Fast in jedem Haushalt bestehen die Pfannen und Töpfe aus unterschiedlichen Materialien. Um eine sachgemäße Pflege auch im Trubel des Alltags zu gewährleisten, sollte man die Pflegeempfehlungen des Herstellers griffbereit in der Küche aufbewahren.

Aluminium reinigen

● **Mit der Hand** Kochgeschirr aus Aluminium nicht in der Spülmaschine reinigen, da die Gefäße anlaufen. Abtrocknen verhindert Wasserflecken.

● **Starke Verschmutzungen** Mit einem feinen, verseiften Putzkissen vorsichtig entfernen.

Glänzendes Aluminium
Aluminiumgeschirr wird wieder blank, wenn man es mit Wasser füllt, den Saft einer Zitrone hinzugibt und das Ganze köcheln läßt, bis das Aluminium glänzt.

Kupfer reinigen

● **Mit Zitrone** Angelaufenes Kupfergeschirr wird wieder blank, wenn man die Schnittfläche einer halben Zitrone in Salz taucht und damit die fleckige Fläche abreibt. Das Gefäß vor dem Gebrauch abspülen und trockenreiben.

Mit Essigpaste
Essig und Mehl zu einer dicken Paste verrühren und mit einem weichen Tuch auf dem Kupfer verreiben, bis es sauber ist. Mit heißem Wasser abspülen.

Weitere Praxistips

● **Tongeschirr** Nur mit heißem Wasser reinigen, kein Spülmittel zusetzen oder Scheuersand verwenden, da diese Mittel in die Poren eindringen und beim nächsten Garvorgang in die Speisen gelangen können.

● **Holzgriffe** Pfannen mit Holzgriffen niemals im Wasser liegen lassen, da sich die Griffe vollsaugen und später dann mit Sicherheit reißen.

● **Edelstahl** Angebrannte Speisereste lassen sich leichter entfernen, wenn man in dem verschmutzten Topf Essig oder Zitronensaft aufkocht und über Nacht darin stehen läßt.

● **Reingungsmittel** Stahlputzmittel, Emailreiniger oder andere Spezialmittel nur entsprechend der Gebrauchsanweisung benutzen. Vor dem nächsten Gebrauch das Kochgeschirr gründlich abwaschen.

BACKFORMEN

WER GERN KUCHEN UND ANDERES GEBÄCK BACKT, sollte sich ein etwas größeres Sortiment an Backformen anschaffen, damit er für die unterschiedlichen Gebäckarten stets die geeignete Form zur Hand hat.

BACKFORMEN AUSWÄHLEN

Das klassische Material für Backformen ist Weiß- und Schwarzblech. Eine Grundausstattung aus diesen Materialien hat sich bestens bewährt. Es lohnt sich aber, für bestimmte Zwecke Formen aus anderen Materialien zu kaufen, um das Backergebnis zu optimieren.

BEWÄHRTE BACKFORMEN

Mit den abgebildeten Backformen und -blechen können Sie die gängigen Gebäckarten problemlos backen. Die Formen aus Weiß- und Schwarzblech sollte man nach dem Reinigen mit Wasser und Spülmittel gut abtrocknen, damit sie nicht rosten. Werden die Formen länger nicht benutzt, sollte man sie leicht mit Speiseeöl einfetten. Fest anhaftende Verschmutzungen lassen sich von noch warmen Formen oder Blechen mit Hilfe von Salz und Küchenpapier leicht abreiben. Keine scharfkantigen Gegenstände benutzen! Ein Kuchengitter ist wichtig, da Gebackenes stets auskühlen muß.

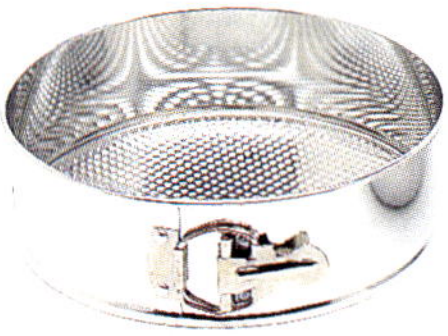
Springform

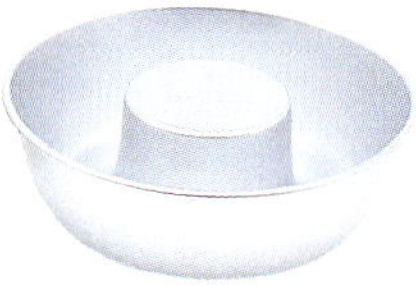
Napfkuchenform

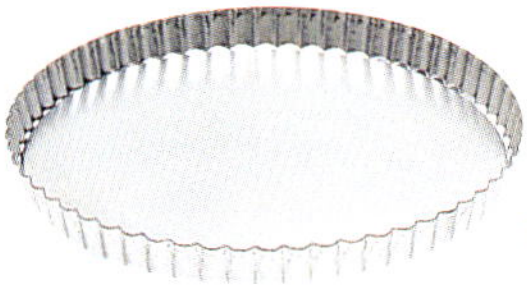
Tortenbodenform

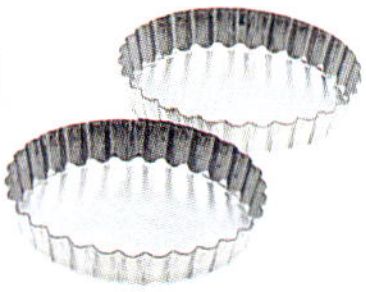
Tortelettförmchen

Tiefe Kuchenform

Kastenform

Pizzaform

Form für kleine Pasteten

Blech mit hohem Rand

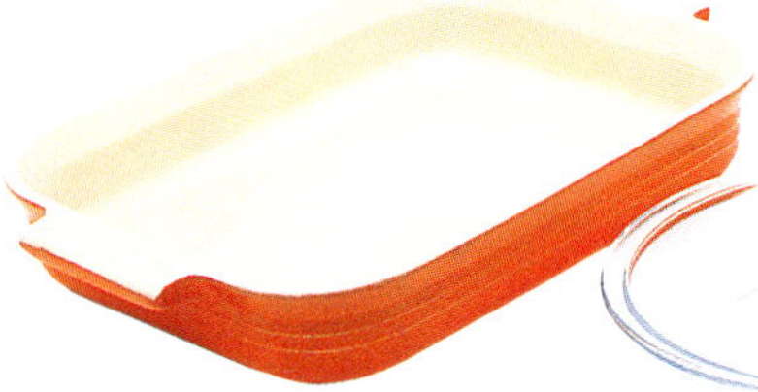
Feuerfeste Auflaufform

Mikrowellengeeignete Form

Flaches Kuchenblech

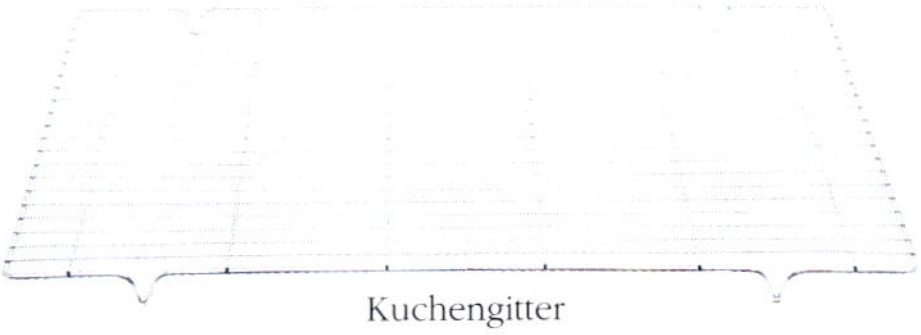
Kuchengitter

Küchenwerkzeuge

Damit die Küchenarbeit zügig vorangeht, sind einige Küchenwerkzeuge unentbehrlich. Viele dieser Utensilien können mehrere Funktionen erfüllen, so daß Sie als Grundausstattung lediglich einige hochwertige Geräte benötigen.

Messer auswählen

Nichts behindert beim Kochen mehr als ungeeignete oder stumpfe Messer. Kaufen Sie die bestmögliche Qualität. Ein hochwertiger Messersatz spart Zeit und Energie. Für den Anfang reicht ein Einsteigerset, spezielle Messer kann man dann bei Bedarf nachkaufen.

Gutes Material

- **Klingen** Gehärteter, rostfreier Stahl ist teuer, aber am besten zum Schneiden aller Arten von Lebensmitteln geeignet. Die Klingen lassen sich leicht immer wieder mit einem Wetzstahl schärfen.
- **Messergriffe** Massive, hitzebeständige, spülmaschinenfeste Kunststoffgriffe sind weitaus praktischer und pflegeleichter als Holzgriffe.

Gute, widerstandsfähige Klingen bestehen aus geschmiedetem Stahl

Kräftige Nieten sorgen für sicheren Halt

Finger gut geschützt
Bei hochwertigen Messern ist der Klingen- und Griffansatz so geformt, daß sie einen Fingerschutz bilden. Probieren Sie vor dem Kauf aus, ob die Messer gut in Ihrer Hand liegen.

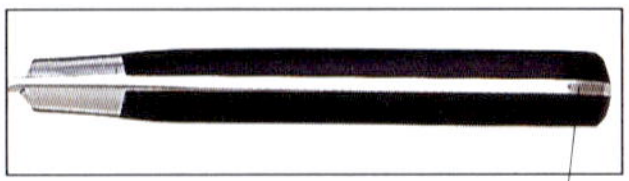

Der durchgehende Klingenstahl reicht bis zum Ende des Griffs

Die wichtigsten Küchenmesser

Um die Messer sicher und griffbereit aufzubewahren, kaufen Sie am besten einen Messerblock aus Holz oder Kunststoff.

- **Kochmesser** Ist unentbehrlich, weil es sehr vielseitig ist. Damit kann man genausogut Fleischstücke würfeln wie Gemüse, feine Kräuter oder Nüsse zerkleinern.
- **Abwaschen** Beachten Sie die Pflegehinweise des Herstellers. Nicht alle Messer sind spülmaschinenfest bzw. empfehlen manche Hersteller, die Messer mit der Hand abzuwaschen, um die Klingen optimal zu schonen und zu erhalten.
- **Kauftip** Messer zum Zerkleinern von Lebensmitteln sollten eine schwere Klinge haben. Je schwerer die Klinge, desto weniger Kraft muß man aufwenden. Man muß sie aber noch gut handhaben können.

Kleines Messer mit gerader Klinge

Gemüsemesser

Sehr scharfe, flexible Klinge, mindestens 18 cm lang

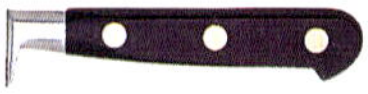

Filetiermesser

Kräftige, spitzzulaufende Klinge

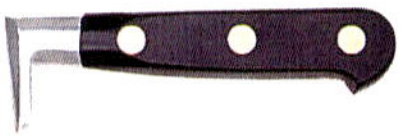

Kochmesser

Kräftige, breite, lange Klinge

Schinken- oder Tranchiermesser

Wellenschliff

Brotmesser

Fingerschutz

Wetzstahl

MESSER PFLEGEN

Gute Messer sind teuer, halten jedoch lange. Es lohnt sich also in jedem Fall pfleglich damit umzugehen. Dazu gehört, daß man sie klingenschonend reinigt und aufbewahrt. Aber auch die Sicherheit spielt beim Umgang mit Messern eine gewichtige Rolle.

SICHERHEIT

- **Tragen** Messer stets mit der Klinge nach unten und vom Körper wegweisend tragen.
- **Fallen lassen** Wenn ein Messer aus der Hand rutscht, einfach auf den Boden fallen lassen. Nie versuchen, es aufzufangen, denn dabei kann man sich schwere Schnittverletzungen zuziehen.
- **Schärfen** Messer sollten immer scharf sein, da stumpfe Messer viel eher abrutschen und Sie verletzen als scharfe.
- **Kinder** Unbedingt darauf achten, daß Kinder nicht an die Küchenmesser gelangen. Magnetleisten oder Schubladen sind vor allem bei kleinen Kindern, die gern klettern, kein sicherer Platz für Messer.

SPITZEN SCHÜTZEN

Die Messerspitze vorsichtig in den Korken stecken

Korken verwenden
Bewahrt man Messer in einer Besteckschublade auf, sollte man die feinen Spitzen von scharfen Messern vor Beschädigungen schützen, indem man auf jede Spitze einen Weinkorken steckt.

KLINGEN SCHÜTZEN

- **Schneideunterlage** Stets ein Holzbrett oder ein Schneidebrett aus speziellem Kunststoff verwenden, dann werden die Klingen nicht so rasch stumpf.
- **Nicht zweckentfremden** Mit guten Küchenmessern immer nur Lebensmittel verarbeiten. Weder Schnur noch Papier oder Plastik damit schneiden, das ruiniert die beste Klinge.
- **Abwaschen** Die Messer sofort nach Gebrauch unter fließendem Wasser abwaschen und dann abtrocknen, um Flecken zu vermeiden.
- **Flecken** Um hartnäckige Flecken zu entfernen, die Klinge mit einem angefeuchteten, in Scheuerpulver getauchten Korken abreiben.

MESSER SCHÄRFEN

Wenn Sie sich angewöhnen, Ihre Messer vor jedem Gebrauch drei- bis viermal über den Wetzstahl zu ziehen, funktionieren sie jahrelang einwandfrei. Zusätzlich sollten Sie die guten Messer alle zwei bis drei Jahre von einem Fachmann schleifen lassen.

SCHLEIFGERÄTE

- **Wetzstahl** Kaufen Sie den Wetzstahl in einem guten Haushaltswarengeschäft. Dort wird man Ihnen auch gern seinen Gebrauch zeigen.
- **Elektrische Schleifgeräte** Sie sind teuer (wenn sie gut sind) und lohnen sich für einen normalen Haushalt kaum. In der Regel reicht ein Wetzstahl.
- **Wellenschliff** Sägemesser nicht schärfen. Falls es einmal nötig sein sollte, das Messer nur vom Fachmann schleifen lassen, da der Wellenschliff beim Schärfen sehr leicht beschädigt werden kann.
- **Fachgeschäft** Dort werden Ihre teuren Messer garantiert fachgerecht geschliffen.

PROVISORISCHE METHODEN ZUM SCHÄRFEN

Die Tasse gut festhalten und von der Hand weg schleifen

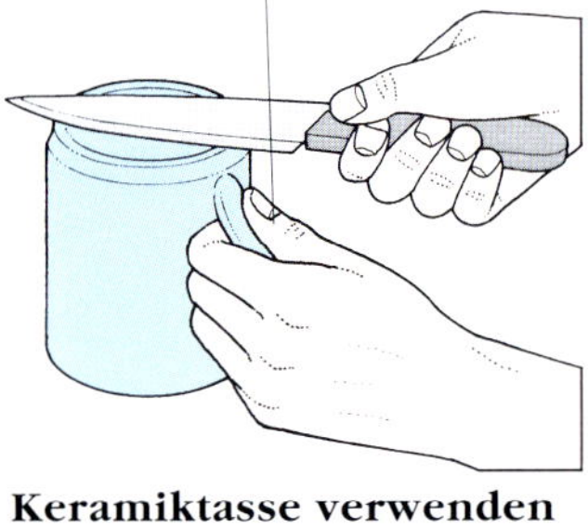

Keramiktasse verwenden
An dem unglasierten Rand der Standfläche einer Keramiktasse kann man ein Messer provisorisch wetzen. Dafür die Klinge fest im leichten Winkel mehrmals in derselben Richtung darüberziehen.

Das Schleifpapier mit Nägelchen am Holz befestigen

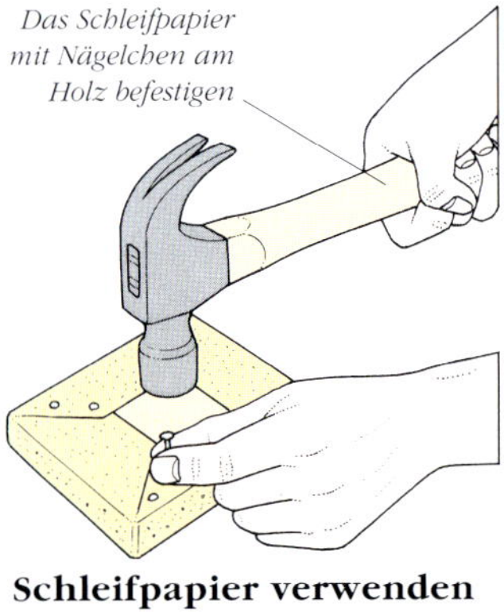

Schleifpapier verwenden
Ein Stück Holz in feines Schleifpapier einschlagen, und das Papier mit Nägeln befestigen. Das Messer mehrmals fest über die Papieroberfläche ziehen, um die Klinge zu schärfen.

Nützliche Utensilien

Haushaltswarengeschäfte bieten eine ganze Reihe kleiner, nützlicher Küchenhelfer an. Das Angebot reicht von der Vielzweckschere über Kartoffelschäler bis hin zum Kugelausstecher. Prüfen Sie, welche dieser Utensilien Sie wirklich in Ihrem Haushalt häufig brauchen.

Grundausstattung

- **Sparschäler** Damit kann man Kartoffeln schälen, aber auch Gemüse und Obst. Mit diesem Gerät lassen sich zur Dekoration auch Locken von frischem Parmesan oder aus frischen Kokosnüssen formen.
- **Fischvorlegemesser** Sind praktisch. Damit können Sie Speisen anheben, ohne sie zu zerbrechen. Um Quiches oder Torten unversehrt auf eine Servierplatte zu legen, schieben Sie rechts und links je ein Messer unter das Gebackene.
- **Küchenschere** Wählen Sie das solideste Modell, das Sie finden können. Eine gute Schere ist das ideale Allzweckwerkzeug für die Küche.
- **Schneebesen** Ist vielfältig einsetzbar, nicht nur zum Eischneeschlagen, sondern auch zum Glattrühren von Saucen oder Cremespeisen.

Vielseitige Küchenhelfer

- **Zestenschäler** Damit können Sie die Schale von ungespritzten Zitrusfrüchten fein und spiralförmig abschälen, um sie als Dekoration für hohe Gläser mit frischen Sommerdrinks zu verwenden.
- **Kugelausstecher** Eine dekorative Beilage erhalten Sie, indem Sie aus geschälten, rohen Kartoffeln Kugeln ausstechen und diese unter mehrmaligem Wenden in Butter dünsten oder in heißem Fett fritieren.

Kartoffel mit Bauchbinde
Mit dem Sparschäler um die Mitte von neuen Kartoffeln fahren, bevor sie in der Schale gekocht werden. Das verhindert ein Aufplatzen der Schale und verschönert das Aussehen.

Artischocke putzen
Mit dem Kugelausstecher läßt sich das ungenießbare „Heu" (das fädige Innere) aus einer gekochten Artischocke vor dem Servieren oder Füllen ganz leicht und sauber herauskratzen.

Tomaten zerkleinern

Mit der Küchenschere
Ganze Tomaten in der Dose können Sie sauber und schnell zerkleinern, indem Sie die Tomaten in der geöffneten Dose mit einer scharfen Küchenschere in Stückchen schneiden.

Improvisieren

- **Nüsse knacken** Das funktioniert auch ausgezeichnet mit der Kombizange.
- **Nüsse zerkleinern** Die geschälten Nüsse in einen Gefrierbeutel füllen, die Luft herausstreichen, und den Beutel gut verschließen. Dann mit der Teigrolle kräftig über die Nüsse walzen.
- **Scheiben schneiden** Mit dem Eischneider kann man Champignons in gleichmäßig dicke Scheiben schneiden.
- **Zwiebelringe schneiden** Das geht am schnellsten, wenn man die Zwiebel auf einem Gurkenhobel reibt. Den Fingerschutz dabei benutzen!
- **Konservieren** Küchenkräuter lassen sich gut im Mikrowellenherd trocknen.

Gute Idee

Arbeitsplatte säubern
Teigreste, die nach dem Teigausrollen auf der Arbeitsfläche kleben, mit der Kante eines Pfannenwenders entfernen. Mehrmals mit der Kante über die Fläche fahren, um hartnäckige Reste zu beseitigen. Bei empfindlichen Platten besser einen Teigschaber oder Teigspatel aus Kunststoff nehmen.

PRAKTISCHE KÜCHENHELFER

Beim Kochen und Backen bringt es nicht unbedingt eine Arbeitserleichterung, wenn man wahre Mengen an Küchenutensilien besitzt. Wenige Gerätschaften genügen, wenn man sie geschickt einsetzt und dabei ein paar bewährte Tricks und Kniffe anwendet.

KÜCHENSIEBE

Früchte passieren
Zum Passieren von stark säurehaltigen Früchten, z. B. Himbeeren, sollte man ein Kunststoffsieb verwenden. Manche Metalle können eine Verfärbung des Fruchtpürees verursachen.

BACKHILFEN

- **Minikuchen** Aluminiumbehälter, z. B. von Fertiggerichten, gründlich säubern und aufheben. Darin kann man gut kleine Kuchen für Partys backen oder Teigreste verwerten. Praktisch dafür sind auch die unterschiedlich großen Papierbackformen.
- **Glasurmesser** Auch Palette genannt. Damit lassen sich Creme, Kuvertüre oder Zuckerguß gleichmäßig und glatt auf der Torte verstreichen.

PRAKTISCHE SCHÜSSELN

- **Hitzebeständig** Ein Satz mit drei oder vier Schüsseln aus Edelstahl ist vielseitiger zu verwenden als jede Kunststoffschüssel. Man kann in hitzebeständigen Metallschüsseln Teig rühren, sie aber auch für ein Wasserbad verwenden.
- **Rutschsicher** Während des Teigrührens die Schüssel auf ein feuchtes Tuch stellen.

UTENSILIEN MARKIEREN

Farbige Kennzeichnung
Holz nimmt den Geschmack von Speisen an, deshalb sollte man nicht denselben Kochlöffel für Zwiebeln und Obst nehmen. Eine Markierung mit Emailfarben vermeidet Verwechslungen.

BACKPINSEL

- **Mehrere kaufen** Den Pinsel fürs Einfetten von Backformen nicht für Glasuren verwenden. Auch für Fleisch einen eigenen Pinsel nehmen. Die Pinsel farbig markieren (siehe oben).

Immer griffbereit
In den Deckel eines nicht zu großen Schraubglases ein passendes Loch schneiden, so daß der Pinsel fest darin steckt. In dem Glas sollte sich immer etwas Öl befinden.

PRAXISTIPS

- **Schaumlöffel** Obst, das man blanchieren und unversehrt zum Dekorieren verwenden will, auf den Schaumlöffel legen und kurz ins siedende Wasser tauchen.
- **Litermaß** Hat man keinen Meßbecher zur Hand, kann man Flüssigkeiten in der Babyflasche abmessen.
- **Küchensieb** Ein gutes Edelstahlsieb anschaffen. In einen Topf gehängt, kann man darin Gemüse und Obst nährstoffschonend dämpfen.
- **Rettichschneider** Damit können Sie jedes längliche Gemüse, z. B. Zucchini oder Rote Bete, schnell in dekorative Spiralen schneiden.

BRATHILFEN

- **Küchenzange** Während des Garens das Fleisch mit einer Zange anheben und wenden. Sticht man mit einem Messer oder einer Gabel in das Fleisch, verliert es zuviel Saft.
- **Fleisch klopfen** Das Fleischstück in einen Gefrierbeutel stecken, dann werden die Fasern weniger zerstört, und das Fleisch bleibt saftiger.

Brandmuster
Ein dekoratives Brandmuster auf gegrilltem Geflügel oder Fleisch erhält man, indem man einen Metallspieß in einer Gasflamme erhitzt, bis er rot glüht, und dann auf das Fleisch drückt.

KÜCHENUTENSILIEN PFLEGEN

Wenn Sie Ihre Küchenutensilien gut pflegen, leisten sie viele Jahre lang gute Dienste. Gegenstände aus Kunststoff sind sehr pflegeleicht. Der Pflege von Holzgerätschaften muß man etwas mehr Aufmerksamkeit schenken, damit sie keine Risse bekommen.

GEWUSST WIE

- **Verklemmte Backformen** Die Formen in heißes Wasser stellen, und die obere Form mit Eiswürfeln füllen. Nach einer Weile lassen sich die Formen auseinanderziehen. Diese Methode funktioniert auch bei verklemmten Schüsseln und Gläsern.
- **Kupfer blank putzen** Ein weiches, fusselfreies Tuch mit Essig tränken, auswringen, in Salz tauchen, und damit den Kupfergegenstand abreiben.
- **Holzgegenstände** Immer nur von Hand unter fließendem Wasser reinigen. An der Luft trocknen lassen, nicht in die Sonne oder auf die Heizung legen, sonst reißt das Holz.

GERÜCHE ENTFERNEN

Mit Zitrone abreiben
Wenn Sie stark riechende Lebensmittel (Fisch, Zwiebeln) auf einem Holzbrett vorbereiten, das Brett nach Gebrauch abwaschen und mit einer halbierten Zitrone abreiben. So läßt sich auch Geruch von den Händen entfernen.

PRESSEN REINIGEN

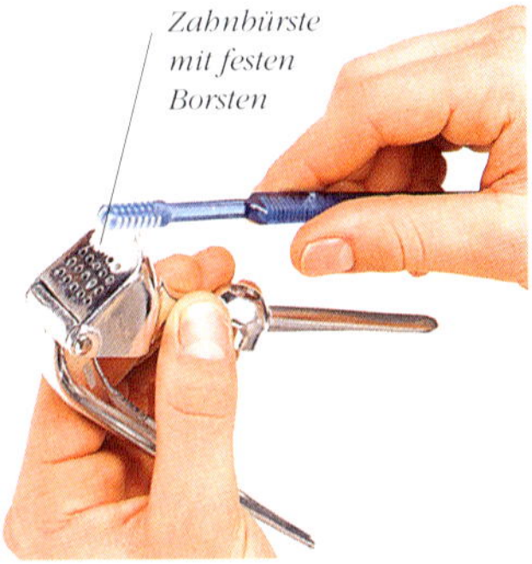

Mit einer Zahnbürste
Die Knoblauchpresse am besten sofort nach Gebrauch abspülen. Verstopfte Löcher mit einer Zahnbürste reinigen. Es lohnt sich, für diese und andere Reinigungszwecke eine Zahnbürste immer griffbereit zu haben.

IMPROVISIEREN

Nicht immer hat man für jeden Arbeitsvorgang das passende Gerät zur Hand. In manchen Haushalten werden ganz spezielle Hilfsmittel so selten gebraucht, daß man sie vernünftigerweise erst gar nicht anschafft, sondern dann bei Bedarf einfach geschickt improvisiert.

TEIG AUSROLLEN

- **Bestäuben** Um die Arbeitsfläche mit Mehl zu bestäuben, muß man keinen Mehlstreuer besitzen, ein Kaffeesieb reicht.

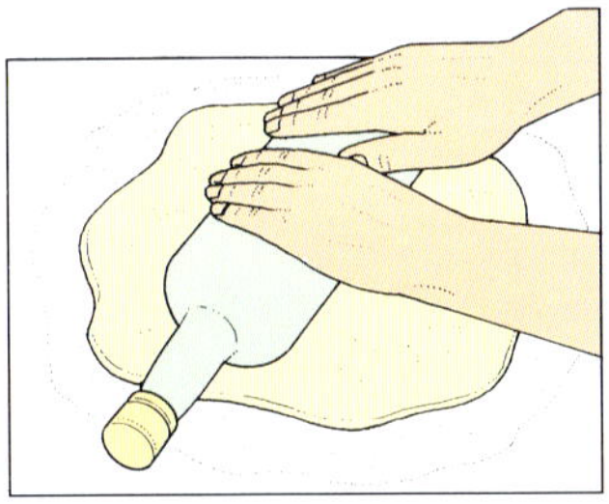

Mit der Flasche rollen
Statt Teigrolle eine zylindrisch geformte Flasche verwenden. Man kann sie sogar dem Teig entsprechend temperieren: Für Mürbeteig mit kaltem Wasser füllen, für Hefeteig mit warmem.

ERSATZTRICHTER

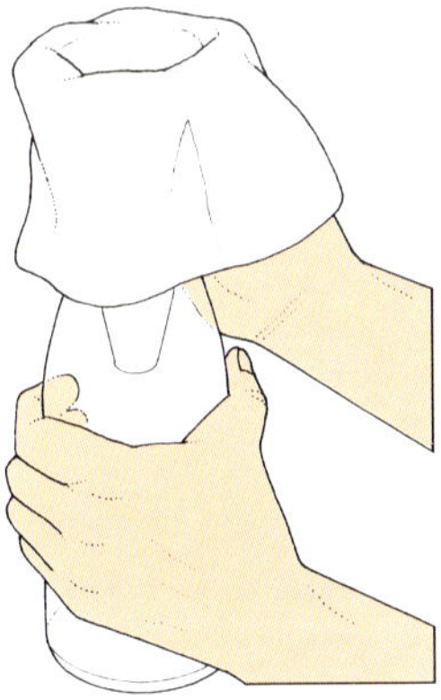

Mit Spritztüte
Zum Einfüllen von Flüssig iten das untere Drittel einer Spri tüte in die Flasche stecken, die Tüte umschlagen und mit einem Gummiband befestigen. Die Flüssigkeit langsam einfüllen.

HILFSMITTEL ERFINDEN

- **Backformen** Viele Kuchen gelingen auch in einer gut eingefetteten Bratpfanne, die man in den Backofen schiebt. Oder man stellt aus extrastarker Alufolie eine passende Kuchenform her.
- **Zusätzliche Arbeitsfläche** Ein großes Schneidebrett auf eine herausgezogene Schublade legen. Aber Vorsicht, das Brett nicht zu stark belasten! Nichts Schweres daraufstellen.
- **Deckelersatz** Auf große Bräter oder Kasserollen, die auf dem Herd stehen, ein Backblech legen. Pfannen mit einem Stück extrastarker Alufolie abdecken, die Ränder etwas einknüllen und am Pfannenrand festdrücken.

ELEKTRO-KLEINGERÄTE

ELEKTRISCHE KÜCHENMASCHINEN können bei den täglichen Arbeiten in der Küche viel Zeit und Energie sparen. Achten Sie beim Kauf darauf, daß sich die Geräte ohne große Vorbereitungen benutzen und danach leicht reinigen lassen.

DIE GERÄTE RICHTIG NUTZEN

Lesen Sie aufmerksam die Gebrauchsanleitung der Küchengeräte, damit Sie wissen, welche Aufgaben das Gerät meistern kann und wie man es am besten ausnutzt. Regelmäßig benutzte Geräte wie Toaster sollten stets griffbereit in der Nähe der Arbeitsfläche stehen.

TIPS FÜR DIE AUSWAHL

- **Reinigung** Man spart viel Zeit, wenn man Geräte kauft, die sich einfach und schnell auseinandernehmen lassen und spülmaschinengeeignet sind.
- **Kabel** Vor allem wenn das Gerät ständig auf der Arbeitsfläche stehen soll, sollte das Stromkabel im oder am Gerät verstaut werden können. Herumliegende Kabel sind nicht nur lästig, sondern verschmutzen auch schnell.
- **Großeinsatz** Wer häufig große Mengen mit der Küchenmaschine verarbeitet, z. B. gern Kuchen backt, sollte sich für eines der hochwertigen Kompaktmodelle entscheiden, die allerdings nicht ganz billig sind.

SICHERHEIT

- **Netzstecker ziehen** Bevor elektrische Geräte gereinigt, geölt oder gewartet werden, unbedingt den Stecker aus der Steckdose ziehen.
- **Nässe und Strom** Nur mit trockenen Händen Schalter oder Stecker anfassen, um einen Stromschlag zu vermeiden.
- **Verletzungsgefahr** Schneidwerke von Küchenmaschinen oder Mixern vorsichtig mit einer Bürste reinigen. Mit den Fingern nicht an die Schneidkanten kommen. Die Messer nie im Wasser liegen lassen.

MIXER VERWENDEN

Für heiße Speisen
Heiße Speisen vor dem Mixen einige Minuten abkühlen lassen. Während des Mixens den Deckel mit einem zusammengefalteten Tuch festhalten für den Fall, daß der Dampf ihn hochdrückt.

ELEKTROQUIRL

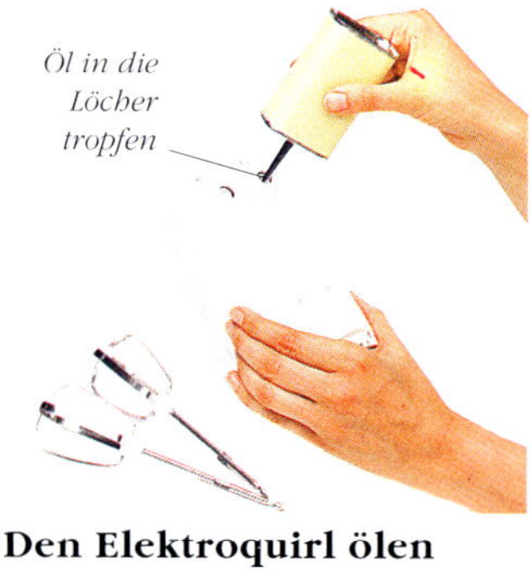

Den Elektroquirl ölen
Wenn sich die Rühreinsätze nur schwer herausnehmen lassen, in jedes Einsteckloch einen Tropfen Leichtöl (Nähmaschinenöl) träufeln. Die Einsätze einstecken, und das Gerät anschalten.

KÜCHENMASCHINE

Zweite Schüssel
Wer seine Küchenmaschine sehr häufig benutzt, sollte eine zusätzliche Schüssel anschaffen, damit unterschiedliche Speisen ohne Abwasch schnell hintereinander zubereitet werden können.

PRAXISTIPS

- **„Lärmschutz“** Die Küchenmaschine auf eine Kunststoffmatte, z. B. eine Schreibtischunterlage, stellen. Das dämpft den Lärm und verhindert außerdem, daß die Maschine auf einer glatten Arbeitsfläche „umherwandert“.
- **Gerteidemühle** Um zu vermeiden, daß das Mahlgut aus einer offenen Auffangschüssel herausstaubt, ein Geschirrtuch über die Schüssel legen.
- **Eischnee** Die Quirle des Handrührgeräts und die Rührschüssel müssen absolut fettfrei sein, sonst wird der Eischnee nicht steif genug.

DIE GERÄTE PFLEGEN

Elektrogeräte für die Küche sind für eine haushaltsübliche Nutzung ausgelegt. Für gewerbliche Zwecke sind sie nicht geeignet. Pflegt und wartet man die Geräte (samt Kabel) regelmäßig und sorgfältig, arbeiten hochwertige Elektrogeräte lange Zeit einwandfrei.

NICHT ÜBERLASTEN

- **Handrührgeräte** Elektroquirle sind nicht für den Dauereinsatz geeignet. Rührt man einen Teig damit, das Gerät nach etwa zehn Minuten ausschalten und erst nach ein paar Minuten weiterrühren. Der Motor darf nicht heiß werden.
- **Fehlfunktionen** Wenn die Küchenmaschine plötzlich anhält, das Gerät ausschalten und prüfen, ob etwas das Rührwerk blockiert. Einige Minuten warten, dann wieder anstellen, vielleicht hat eine Überlastung den Sicherungsschalter ausgelöst. Stoppt das Gerät erneut, sollte man es vom Fachmann überprüfen lassen.

DECKEL ÖLEN

Leichtgängiger Deckel
Den Innenrand des Deckels einer Küchenmaschine mit Speiseöl besprühen, damit sich der Deckel leichter vom Schüsselrand lösen läßt. Das Öl sollte nicht in die Schüssel gelangen.

AUFBEWAHRUNGSTIPS

- **An Haken hängen** Die Knethaken und Quirle des Handrührgeräts an Haken hängen, dann hat man sie immer schnell zur Hand.
- **Messerschutz** Bei guten Küchenmaschinen wird ein Messerschutz mitgeliefert. Falls nicht vorhanden, die Schneidemesser in einer verschließbaren Schachtel aufbewahren, niemals mit anderen Utensilien zusammen in eine Schublade legen.
- **Staubschutz** Steht die Küchenmaschine ständig auf der Arbeitsfläche, sollte man sie mit einer hübschen Abdeckung vor Staub schützen.

DIE GERÄTE REINIGEN

Lesen Sie in der Gebrauchsanleitung nach, wie Ihre elektrischen Küchengeräte sachgemäß gereinigt werden sollen. Bevor Sie ein Elektrogerät säubern, müssen Sie immer den Netzstecker ziehen. Den Motorteil dürfen Sie niemals in Wasser tauchen!

TOASTER REINIGEN

- **Holzlöffel** Festgeklemmte Brotscheiben kann man mit einem Holzlöffel oder zwei Eßstäbchen vorsichtig lösen.

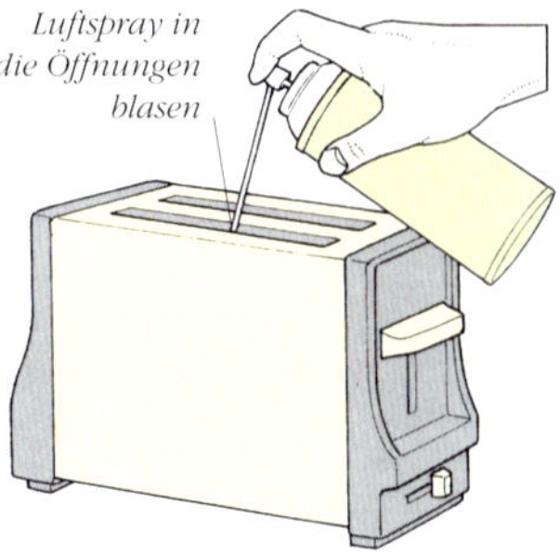

Krümel entfernen
Mit komprimiertem Luftspray Krümel durch den Boden des Toasters hinausblasen. Diese Sprays gibt es in Fachgeschäften für Fotozubehör. Vor dem Reinigen den Toaster ausstecken.

ABLAGERUNGEN LÖSEN

- **Wasserkocher** Um einen elektrischen Wasserkocher zu entkalken, in den Topf eine Lösung aus gleichen Teilen Essig und Wasser füllen. Aufkochen, über Nacht stehen lassen, dann sehr gründlich ausspülen.
- **Kaffeemaschine** Kalk und andere Ablagerungen lassen sich leicht und gründlich entfernen, wenn man in einem halben Liter Obstessig drei Eßlöffel Zitronensäure (aus der Apotheke) auflöst und in den Wassertank füllt. Nach dem Durchlaufen der Lösung zwei- oder dreimal klares Wasser durchlaufen lassen.
- **Getreidemühle** Das Mahlwerk mit einer Bürste oder einem Pinsel reinigen.

KAFFEEMÜHLE REINIGEN

Brot verwenden
Wenn eine Kaffeemühle zum Zerkleinern von Gewürzen benutzt wurde, werden alle Aromen und Gerüche, die den Kaffee verderben, entfernt, indem man trockene Brotstücke darin mahlt.

Vorratshaltung

Überblick

Grundnahrungsmittel wie Mehl, Zucker, Reis oder Nudeln lassen sich ohne besonderen Aufwand lagern. Überlegen Sie, welche lagerfähigen Nahrungsmittel Sie häufig in Ihrem Haushalt verwenden, und legen Sie davon einen Vorrat an. So haben Sie immer die Zutaten zur Hand, um eine Mahlzeit in Minutenschnelle zu improvisieren. Eine gut organisierte, vielseitige Vorratshaltung spart viel Zeit und letztlich auch viel Geld.

Vorratsschränke

Gleichgültig, wo Sie trockene Nahrungsmittel oder Konserven lagern, der Platz sollte kühl, trocken und möglichst auch dunkel sein. Für die Lagerung ist ein Schrank in einem kühlen Bereich der Küche genausogut geeignet wie ein Regal in einem frostfreien, aber kühlen Keller.

Vorräte griffbereit unterbringen

Große Kunststoffdosen oder Keksdosen eignen sich für viele Lebensmittel

Schmale Regalbretter sorgen für Übersichtlichkeit

Schraubgläser lassen sich luftdicht verschließen

Große Flaschen nach hinten stellen

Schwere oder häufig benutzte Gläser griffbereit auf das am besten zugängliche Brett stellen

Planungstips

- **Standort** Der Platz, an dem Sie Vorräte lagern, sollte möglichst kühl und trocken sein. Eine kalte Außenwand ist besser als eine Innenwand. Ideal ist eine Temperatur von etwa 10 °C.
- **Regalbretter** Wenn möglich, die Lebensmittel auf schmalen Regalbrettern lagern, damit man die Vorräte übersichtlich stellen und bequem erreichen kann. Praktisch sind Bretter, die zwischen 12 und 20 cm tief sind.
- **Auslegen** Die Böden mit einem abwaschbaren bzw. schnell austauschbaren Material wie Wachs- oder Aluminiumfolie auslegen.

Vorräte einsortieren

Große, leichte Nahrungsmittel wie Müsli oder Frühstücksflocken auf das obere Regalbrett stellen. Schwere Flaschen und Dosen sollten auf einem der unteren Böden stehen. Dabei unbedingt auf die Belastbarkeit der Bretter achten!

Tips fürs Lagern

Durch unsachgemässe Lagerung können auch lang haltbare Lebensmittel rasch verderben. Neben dem trockenen, kühlen Platz sind auch geeignete Behälter wichtig, und die müssen nicht unbedingt in einem Schrank stehen.

Vorratsbehälter

Durchforsten Sie Ihre Wohnung nach bereits vorhandenen Aufbewahrungsmöglichkeiten, bevor Sie teure Regale oder kunstvolle Vorratsbehälter kaufen. Kaffeedosen, Marmeladengläser und vieles mehr geben preiswerte und hygienische Vorratsbehälter ab.

Vorräte platzsparend aufbewahren

- **Stapelbare Behälter** Wenn der Platz knapp ist, sollten stapelbare Vorratsbehälter verwendet werden, um den Raum zwischen den Böden besser auszunutzen. Die Behälter aber möglichst nur in zwei Schichten anordnen.

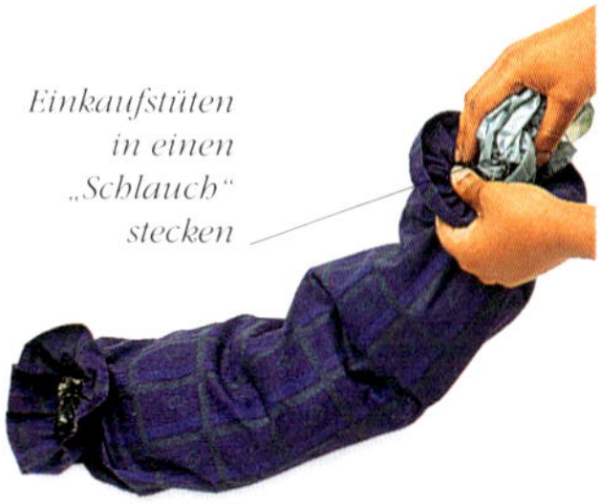

Einkaufstüten in einen „Schlauch" stecken

Tragetaschen griffbereit
Für die Aufbewahrung von Kunststofftragetaschen einen Stoffschlauch von 20 x 50 cm nähen. An beiden Enden ein Gummiband durchziehen. Den Schlauch an einen Haken hängen.

„Hängeschrank"
Für kleine Packungen einen Schuhsack mit durchsichtigen Taschen verwenden. Man kann ihn an die Wand oder an die Innenseite der Tür des Vorratsschrankes hängen.

Gitterwand
Häufig benutzte Lebensmittel sind immer griffbereit, wenn man sie in Körbchen, die in eine Gitterwand eingehängt werden, stellt. Gewürzzöpfe oder -bündel an Fleischerhaken hängen.

Stauraum besser nutzen

In der Höhe verstellbare Böden sind praktisch

Zusätzliche Regalböden
Tiefe Regale kann man besser nutzen, wenn man zwischen zwei Böden ein schmales Regalbrett setzt. Dort lassen sich gut kleinere Behälter unterbringen. Die einfachste Lösung ist, ein schmales Holzbrett auf zwei leere, gleich große Dosen oder Gläser zu legen. Das Brett sollte so lang wie das Regal bzw. der Schrank sein. Auch saubere Ziegelsteine lassen sich für diesen Zweck gut verwenden.

Luftdicht

- **Schraubgläser** Trockene Nahrungsmittel wie Nudeln oder Reis am besten in luftdicht schließenden Behältern aufbewahren.
- **Zukleben** Bei Behältern, die nicht luftdicht schließen, einen Streifen Klebeband um die Deckel wickeln.
- **Einfüllen** Die Vorratsbehälter müssen absolut trocken sein, bevor man trockene Nahrungsmittel einfüllt, sonst verderben die Lebensmittel.

Behälter reinigen und beschriften

Ein wenig Organisation ist bei der Vorratshaltung nötig. Schreiben Sie auf alle Vorratsbehälter das Haltbarkeitsdatum. Machen Sie immer erst einen Behälter leer, und reinigen Sie ihn, bevor er neu aufgefüllt wird, um nicht alte und neue Lebensmittel zu vermischen.

Gefässe reinigen

- **Gerüche beseitigen** Das Gefäß mit heißem Wasser füllen und einen Teelöffel Backpulver dazugeben. Über Nacht stehen lassen, dann ausspülen. Gut trocknen lassen.

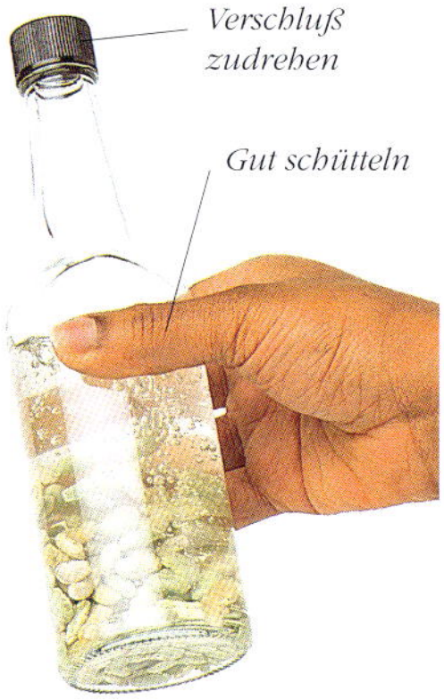

Flaschen reinigen
Die Flasche zu zwei Drittel mit einer warmen Spülmittellösung füllen. Reis oder getrocknete Bohnen dazugeben. Die Flasche verschließen und gut schütteln.

Behälter beschriften

- **Aufkleben** Wenn Nahrungsmittel aus der Packung in ein Gefäß gefüllt werden, Namen und Zubereitungshinweise von der Packung ausschneiden und auf das Gefäß kleben.

Farbige Kennzeichnung der Behälter
Man kann verschiedenfarbige Deckel verwenden, z. B. Blau für Hülsenfrüchte und Grün für Trockenobst. Einfacher und billiger ist es, die Gefäße mit Farbmarken mittels wasserfesten Filzschreibern oder farbigen Etiketten zu versehen.

Schraubverschlüsse von Flaschen und Gläsern öffnen

Schraubverschlüsse lassen sich oft schwer öffnen. Es gibt einige Tricks, wie das Öffnen ohne großen Kraftaufwand gelingt.

- **Metalldeckel** Wenn der Inhalt des Glases sofort verbraucht wird, den Deckel unter heißes Wasser halten, damit sich das Metall ausdehnt. Falls das Glas gekühlt war, mit lauwarmem Wasser beginnen und die Temperatur allmählich erhöhen, damit das Glas nicht platzt.
- **Vorbeugen** Bevor ein Glas oder eine Flasche mit klebrigem Inhalt wieder verschlossen wird, den Rand und den Deckel mit heißem Wasser und Küchenpapier abwischen.

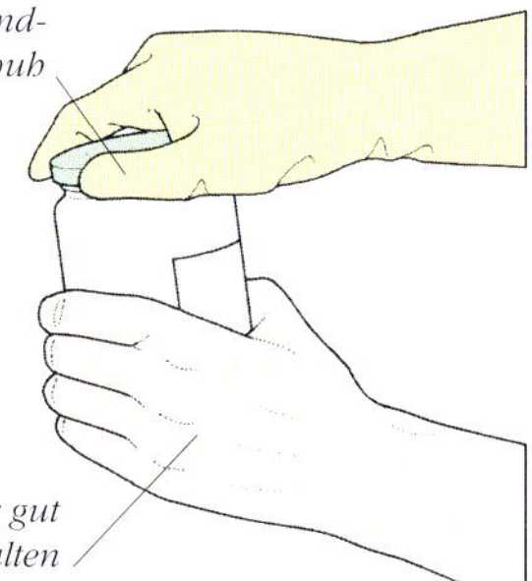

Twist-off-Verschluß öffnen
Einen Gummihandschuh anziehen oder ein feuchtes Küchenhandtuch nehmen, um besseren Halt zu bekommen. Glas und Deckel gleichzeitig in entgegengesetzter Richtung drehen.

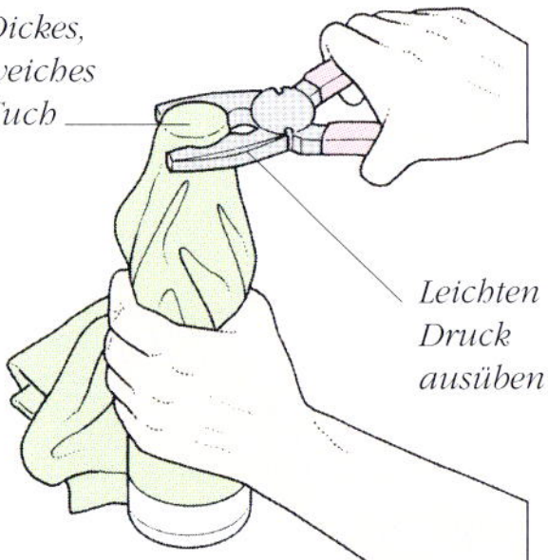

Mit der Zange öffnen
Um einen festsitzenden Deckel einer Flasche zu lockern, eine Kombizange oder einen Nußknacker verwenden, aber nicht zu viel Druck ausüben. Den Verschluß mit einem Tuch schützen.

GRUNDNAHRUNGSMITTEL

KEIN VORRAT IST VOLLSTÄNDIG ohne Grundnahrungsmittel wie Nudeln, Reis, Mehl, Zucker, Essig, Öl und Gewürze. Sie sind die Grundlage für fast jede Zubereitungsmethode, und sie passen gut zu frischen Lebensmitteln.

NUDELN, PASTA

Es gibt zahlreiche, unterschiedliche Nudelformen, die in trockenem Zustand angeboten werden. Die meisten sind für eine ganze Reihe von Gerichten geeignet, aber viele Formen sind für eine bestimmte Sauce oder für spezielle Gerichte gedacht.

NUDELFORMEN UND IHRE VERWENDUNG		
GRUNDFORMEN	**BEISPIELE**	**ZUBEREITUNG**
LANG UND RUND 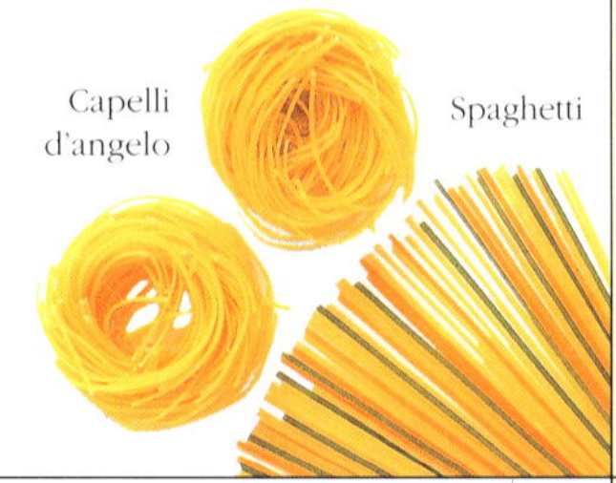 	Lange, runde Nudeln gibt es in vielen Stärken. Hierzu gehören die allbekannten Spaghetti sowie die hohlen, dickeren Typen Makkaroni. Vermicelli (in Süditalien versteht man darunter auch Spaghetti). Capellini und Capelli d'angelo sind sehr dünne Nudeln, die traditionell in Knäueln getrocknet und abgepackt werden, die ein wenig an Vogelnester erinnern.	● Für feste Nudeln, die nicht von der Sauce zusammengedrückt werden, z. B. Spaghetti und Makkaroni, kann man dicke Tomaten-, Käse- und Fleischsaucen verwenden. ● Für feine Nudeln vom Vermicelli-Typ eignen sich leichte Tomaten-, Butter- oder Sahnesaucen besser, weil darin die zarten Fäden heil bleiben.
LANG UND FLACH  	Lasagne sind sehr breite, flache Nudeln mit glattem, gewelltem oder gezacktem Rand. Lasagnette ist eine schmale, etwa 18 mm lange Bandnudel mit gewelltem Rand. Tagliatelle sind flache, 6 mm breite Nudeln, bei Tagliatelle verdi (grün) wird in den Teig pürierter Spinat gegeben. Tagliarini, Linguine und Trenette sind schmalere Versionen. Pappardelle sind etwa 2 cm breite Bandnudeln.	● Trockene Lasagne, die überbacken wird, muß nicht vorgekocht werden. Wenn das Rezept frische Nudeln vorsieht, man aber stattdessen getrocknete nimmt, muß die Flüssigkeitsmenge erhöht werden. ● Für Carbonara-Sauce mit Ei dicke Bandnudeln verwenden. ● Tagliatelle sofort nach dem Kochen in Sauce oder Öl schwenken, damit sie nicht zusammenkleben.
KURZ UND GEFORMT  	Die Auswahl an geformten Nudeln ist groß. Dazu gehören z. B.: Penne (Füller oder Feder), Farfalle (Schmetterling oder Schleife), Fusilli und Fusilli Bucati (Spiralen), Conchiglie (Muscheln), Orecchiette (Ohren) und Ditali (Handschuhfinger oder Fingerhut). Pastina ist der Oberbegriff für winzige Nudelformen wie Farfallini, Ruotini Lumachine und Ditalini.	● Penne, Fusilli, Lumache und Conchiglie passen besonders gut zu dicken Tomaten- oder Fleischsaucen und Ragouts, da sich in ihren Hohlräumen die Sauce „sammelt". ● Aus den Resten gekochter, Nudeln kann man schnell einen Auflauf zubereiten. ● Pastina werden in der Suppe (in brodo) serviert. Erst gegen Ende der Kochzeit dazugeben, sonst werden sie zu weich.

Nudeln lagern und zubereiten

Getrocknete Nudeln sind fast unbegrenzt haltbar, so daß man ganz unterschiedliche Sorten dieser gesunden Teigwaren lagern kann, auch wenn eine Sorte mal nicht so häufig gebraucht wird. Vollkornnudeln enthalten mehr Ballast- und Nährstoffe als „weiße" Nudeln.

Nudeln aufbewahren

- **Lange Nudeln** Wenn man viele lange Sorten in einem Gefäß aufbewahrt, jede Sorte mit Bast zusammenbinden, damit sie sich nicht vermischen.

Nudelreste verwerten

- **Aufbrauchen** Wenn nur eine kleine Menge Nudeln einer Packung übrig ist, alle Nudeln kochen und die Reste für Salate oder Suppen verwenden.

Kochtip

- **Sprudelnd** Bißfeste Pasta und Nudeln erhält man leichter, wenn man sie in reichlich Salzwasser sprudelnd kocht. Nicht bei schwacher Hitze köcheln.

Behälter mit einem Fön trocknen

Nudeldosen trocknen

Behälter für Nudeln müssen sauber und absolut trocken sein. Deshalb vor dem Befüllen in einer Spülmittellösung reinigen, dann das Innere mit Hilfe eines Föns gründlich trocknen.

Nudeln mischen

Nudelmischung

Reste von verschiedenen Nudelsorten, die ähnliche Garzeiten haben (wie Farfalle, Fusilli und Conchiglie) kann man zusammen in einen Behälter geben und später als Beilage verwenden.

Gesundheitstip

Vollkornnudeln

Vollkornnudeln für eine ballaststoffreiche, gesunde Ernährung auswählen. Falls Ihnen Vollkornnudeln zu schwer verdaulich erscheinen, zur Hälfte mit normalen Nudeln vermischen.

Asiatische Nudeltypen

Reisnudeln

Reisnudeln werden aus Reismehl und Wasser unter Einwirkung von Dampf hergestellt. Es gibt sie getrocknet in unterschiedlichen Formen. Man verwendet sie für Suppen, Salate und Pfannengerichte.

Glasnudeln

Sie werden aus Mungobohnen hergestellt. Die dünnen, weißen Nudeln sind getrocknet erhältlich. Für Salate mit kochendem Wasser übergießen, in Suppen oder Chinagerichten mit den anderen Zutaten garen.

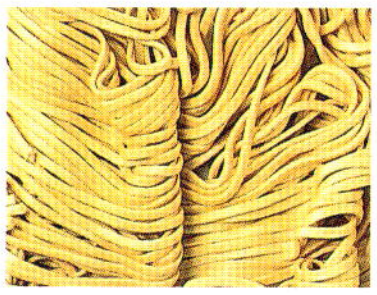

Weizen- und Eiernudeln

Weizennudeln (weiße Nudeln) werden aus Weizengrieß, Salz und Wasser hergestellt. Bei Eiernudeln werden je Kilogramm Weizengrieß eine bestimmte Anzahl (produktabhängig) Hühnereier hinzugefügt.

Zubereitungstips

- **Verfeinern** Feinfädige asiatische Nudeln verleihen Fisch- und Krabbensalaten mehr Substanz. Die Nudeln mit kochendem Wasser übergießen, nach fünf bis zehn Minuten abgießen, abtropfen lassen und unter den Salat mischen.
- **Braten** Glasnudeln aus dem Päckchen direkt in heißes Öl geben und braten, bis sie knusprig sind.
- **Kochanweisung** Vor allem bei asiatischen Nudeln die Anweisungen auf der Packung beachten. Manche Nudelsorten müssen vor der Verwendung gewässert werden.
- **Instantnudeln** In warmem Wasser ziehen lassen.

Getreide lagern und verwenden

Getreide zählt weltweit zu den nährstoffhaltigsten Grundnahrungsmitteln. Es ist ein guter Eiweiß- und Kohlenhydratlieferant und enthält wertvolle Mineralstoffe. In einem gut sortierten Vorratsschrank sollten immer unterschiedliche Getreidesorten vorhanden sein.

Getreide lagern

- **Getreide** Wird am besten in Leinensäckchen aufbewahrt, die man an einen trockenen, luftigen, kühlen Ort hängt. Durch Einwirkung von Wärme, Licht und Feuchtigkeit verdirbt Getreide schneller.
- **Vollkorngetreide** Nicht länger als sechs Monate lagern. Danach kann es ranzig werden.
- **Getreideflocken** Auf das Verfallsdatum, das auf der Packung steht, achten.
- **Reis** Weißen Reis in einem luftdichten Behälter an einem kühlen, dunklen Ort aufbewahren. Dort hält er sich ausnehmend lange.
- **Reismischung** Brauner Reis und Wildreis können problemlos zusammen gelagert und gekocht werden.

Reis abmessen und lagern

Gleich portionieren

Besitzt der Vorratsbehälter eine Maßeinteilung kann zum Kochen mühelos gleich die richtige Menge entnommen werden. Wird Reis als Beilage gereicht, rechnet man pro Person etwa 50 Gramm, das entspricht einem Volumen von 75 Milliliter.

Eine Portion abmessen

Behälter mit Schraubverschluß können zur Aufbewahrung von Reis oder anderem Getreide verwendet werden. Ein Gefäß auswählen, dessen Deckel etwa 50 Gramm faßt, so daß man damit schnell die Portionen abmessen kann.

Häufige Getreidesorten

Getreide ist die Grundlage für viele Hauptgerichte und kann als nährstoffreiche Beilage verwendet werden.

- **Langkornreis** Besitzt lange, schlanke Körner. Dazu zählt Patna- und Karolinareis.
- **Milchreis** Rundkornreis, der vor allem für Süßspeisen verwendet wird.
- **Basmatireis** Sehr aromatisch schmeckender, polierter Langkornreis.
- **Klebereis** Stärkehaltiger Mittelkornreis, der hauptsächlich für chinesische und japanische Gerichte verwendet wird.
- **Arborio** Italienischer Risottoreis mit sehr großen Körnern.
- **Wildreis** Samen einer Wasserpflanze (*Zizania aquatica*).
- **Bulgur** Geschroteter, vorgekochter Weizen.
- **Couscous** Zu Kügelchen verarbeiteter Weizengrieß.

Langkornreis

Brauner Reis

Milchreis

Basmatireis

Klebereis

Arborio

Wildreis

Bulgur

Couscous

MEHL

Solange der Vorratsschrank sauber, luftig und kühl ist, dürfte die Lagerung von Mehl und anderen Getreideprodukten kein Problem sein. Den Inhalt angebrochener Packungen füllt man am besten in saubere, absolut trockene, luftdicht schließende Behälter um.

MEHLSTREUER

Glas mit Deckel
Einen Mehlstreuer kann man leicht selbst herstellen, indem man in den Metallschraubdeckel eines Glases Löcher stanzt. Zum Durchlöchern den Deckel auf ein altes Brett legen.

MEHL LAGERN

- **Frisch halten** Weizenmehl hält sich an einem dunklen, kühlen, trockenen Ort etwa sechs Monate, Backmischungen bis zu drei Monate. Vollkornmehl und braunes Mehl hat einen höheren Fettgehalt, daher nur kleine Mengen kaufen und innerhalb von zwei Monaten verbrauchen. Auf das Verfallsdatum achten.
- **Backtip** Wenn Mehl kühl gelagert wurde, muß man es rechtzeitig vor dem Backen in die Küche stellen, um es auf Zimmertemperatur zu bringen, sonst kann es sein, daß der Kuchen oder die Plätzchen nicht gelingen.

VERWENDUNGSTIPS

Im Haushalt werden häufig mehrere Mehlsorten verwendet, die unterschiedliche Eigenschaften besitzen.

- **Mehltypen** Je höher die Typenzahl, desto höher ist der Anteil an wertvollen Ballast- und Mineralstoffen sowie Vitaminen. Vollkornmehl z. B. trägt die Typenzahl 1700.
- **Hafer** Verleiht Brot mehr Struktur und Aroma. Etwa ein Drittel des Weizenmehls durch gemahlenen Hafer ersetzen.
- **Vollkornmehl** Ersetzt man normales Mehl durch Vollkornmehl muß man die Flüssigkeitsmenge erhöhen.

TROCKENOBST UND NÜSSE

Trockenobst und Nüsse, die sehr wertvolle Nährstoffe enthalten, können in der Küche vielseitig eingesetzt werden. Ein kleiner Vorrat lohnt sich. Er darf aber nicht zu lange lagern, da Trockenfrüchte recht schnell austrocknen und Nüsse leicht ranzig werden.

NÜSSE LAGERN

- **Frische Nüsse** Ungeschälte Nüsse kaufen. Wenn sie beim Kauf frisch sind, halten sie doppelt so lange wie geschälte.
- **Prüfen** Keine geschälten Nüsse kaufen, die schrumpelig oder verfärbt sind. Wenn die Nüsse in einer Plastiktüte sind, eine Nuß in der Verpackung durchbrechen. Ist sie frisch, bricht sie auseinander, anstatt sich zu biegen.
- **Kühl lagern** Frische Nüsse in versiegelten Tüten halten sich im Gefrierschrank bis zu acht Monate, im Kühlschrank etwa halb so lange.
- **Reste** Nüsse aus angebrochenen Packungen in ein gut verschließbares Gefäß umfüllen und innerhalb von zwei Wochen verbrauchen.

IN ALKOHOL LAGERN

Trockenobst konservieren
Ein Einweckglas mit getrockneten Früchten wie Backpflaumen, Aprikosen, Bananen und Feigen füllen und mit Weinbrand oder Likör bedecken. Diese Früchte eignen sich gut für Desserts.

HASELNUSSBLÄTTCHEN

Mit der Küchenmaschine
Mit dem Hobelzusatz Ihrer Küchenmaschine können Sie Haselnußblättchen herstellen, z. B. als Ersatz für Mandelblättchen. Ganze, geschälte, enthäutete Haselnüssse nehmen.

Hülsenfrüchte

Bohnen, Erbsen und Linsen sind hervorragende Eiweiß-, Mineralstoff- und Kohlenhydratquellen. Diese gesunden Lebensmittel können als Beilage, für Salate, Suppen und Dips verwendet werden. Hülsenfrüchte sind preiswert und lassen sich recht gut lagern.

Getrocknete Hülsenfrüchte lagern

● **In Gläsern** Hülsenfrüchte in luftdichten Gläsern aufbewahren. Einweich- und Kochzeiten sowie Kaufdatum auf dem Deckel notieren.

● **Vorrat erneuern** Gelagerte Hülsenfrüchte nicht mit neu gekauften mischen. Die Kochzeit kann zwischen den alten und neuen variieren.

Kleine weiße und rote Bohnenkerne mischen

Bohnenmischung

Unterschiedlich gefärbte Bohnenkerne mit derselben Kochzeit können Sie mischen. Gerichte aus solch einer bunten Mischung sehen besonders appetitlich aus.

Chillischoten ins Glas legen

Schädlinge fernhalten

Um gelagerte Hülsenfrüchte vor Schäden durch Insekten zu schützen, einige getrocknete Chillischoten in die Gläser legen. Den Deckel fest verschließen.

Gekochte Bohnen

● **Aufbewahren** Zugedeckt halten sich gekochte Bohnen im Kühlschrank einige Tage. Friert man sie ein, können sie bis zu drei Monate im Gefriergerät lagern

Bewährter Tip

Frische prüfen

Getrocknete Bohnen in eine Schüssel mit kaltem Wasser geben. Alle wegwerfen, die an der Oberfläche schwimmen, da diese nicht mehr gut sind.

Linsensorten

Linsen sind eiweißreicher als andere Hülsenfrüchte, eine Ausnahme sind Sojabohnen. Linsen muß man vor dem Kochen nicht einweichen.

● **Braune Tellerlinsen** Je länger sie gelagert waren, desto länger brauchen sie zum Weichwerden (45 Minuten bis eine Stunde).

● **Rote, geschälte Linsen** Sind nach 15 Minuten Kochzeit weich und noch in Form, danach werden sie zu Mus, aus dem man z. B. eine Cremesuppe herstellen kann.

● **Puy-Linsen** Passen gut zu geräuchertem Fleisch. Kochzeit 30 bis 45 Minuten.

● **Gelbe Linsen** Eignen sich gut für indische Gerichte.

Kontrollieren

● **Vor der Lagerung** Hülsenfrüchte auf Anzeichen von Schädlingsbefall untersuchen. Alle, die verschrumpelt, verfärbt oder anderweitig beschädigt sind, wegwerfen.

Sorgfältig sortieren

Aussortieren

Vor allem lose gekaufte Hülsenfrüchte vor der Verwendung in eine flache Schale schütten, verteilen, eventuelle Steinchen und beschädigte Kerne entfernen.

Verwendungstips

● **Trockenerbsen** Polierte, gespaltene Erbsen sind schneller gar als ganze Erbsen.

● **Kombinieren** Bohnen oder Linsen mit Reis oder Nudeln mischen. Diese Kombinationen bieten vom Nährstoffgehalt her eine vollständige und sättigende Mahlzeit.

● **Einfrieren** Eine größere Menge Bohnen kochen als benötigt. Den Rest einfrieren, das spart Zeit und Energie.

● **Blindbacken** Getrocknete Bohnen, die überlagert, aber sonst noch einwandfrei sind, zum Blindbacken für Kuchen verwenden. Die Bohnen in einem gesonderten Glas aufbewahren. Dieses deutlich kennzeichnen, da die Bohnen nicht mehr genießbar sind.

STOFFE ZUM SÜSSEN

ZUM SÜSSEN WIRD ÜBERWIEGEND ZUCKER VERWENDET. Es gibt aber noch eine Reihe anderer Stoffe, die – wie Zucker – Speisen und Getränken einen süßen Geschmack, Struktur und mitunter ein spezielles Aussehen verleihen.

ZUCKER

Weiße und braune Zuckersorten unterscheiden sich im Aroma, ihr Kaloriengehalt jedoch ist gleich. Manche der dunklen Sorten geben sowohl süßen als auch pikanten Gerichten oder Gebäckstücken ein besonders intensives Aroma und eine schöne Farbe.

BRAUNEN ZUCKER SCHMELZEN UND LAGERN

In der Mikrowelle
Zum Schmelzen braunen Zucker in eine Schüssel geben, ein Stück Apfel dazulegen. Dicht abdecken. Das Gerät 30 Sekunden auf höchster Stufe laufen lassen.

Braunen Zucker lagern
Braunen Zucker in ein luftdichtes Gefäß füllen. Zwei Apfelstücke, eine ganze Zitrusfrucht oder ein Stück frisches Brot dazulegen. So bleibt der Zucker körnig.

BEWÄHRTER TIP

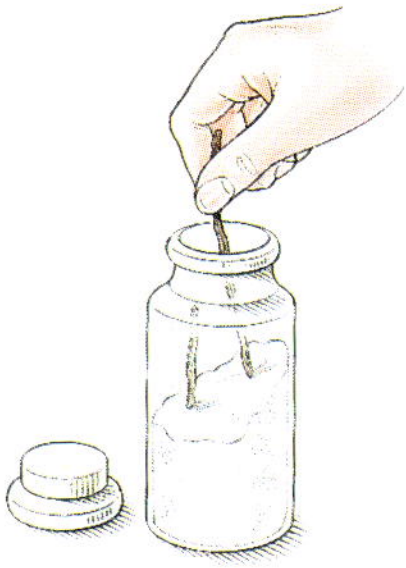

Vanillezucker herstellen
Zwei Vanillestangen in ein dicht schließendes Glas mit Zucker stecken. Mindestens eine Woche darin belassen. Gelegentlich umrühren.

ZUCKER AROMATISIEREN

Schalen in dünnen, langen Streifen abschälen

Zitrusaroma
Aromatisierter Zucker verleiht Süßspeisen und Gebäck ein feines Aroma. Die Schale einer Orange, Zitrone oder Limette in langen, dünnen Streifen abschälen. Die Streifen in einen Behälter mit Zucker stecken. Mindestens bis drei Tage vor der Verwendung darin belassen.

- **Duftender Zucker** Zwei kleine Zweige frischen Lavendel oder Rosmarin in ein Gefäß mit Zucker geben, gut schütteln. Nach 24 Stunden erneut schütteln, dann eine Woche ruhen lassen. Eignet sich gut für Pudding und Obstsalat.

VERWENDUNGSTIPS

- **Puderzucker** Falls der Puderzucker einmal ausgegangen ist, kann man Ersatz schaffen, indem man einfachen Haushaltszucker in die Küchenmaschine mit Metallschneidewerk oder in den Mixer gibt. Nach wenigen Sekunden hat der Kristallzucker eine feine pudrige Konsistenz.
- **Thermosgefäße** Damit sich in leeren Thermosflaschen oder Thermoskannen nicht ein muffiger Geruch entwickelt, in das trockene, leere Gefäß ein Stück Würfelzucker oder einen Teelöffel weißen Zucker geben.

Honig, Sirup, Marmelade und Gelee

Licht, Wärme und Temperaturschwankungen beeinträchtigen Honig, Sirupe, Marmeladen und Gelees. Angebrochene Gläser sollte man daher im Kühlschrank aufbewahren. An Stelle von Zucker läßt sich Honig besonders gut zum Süßen von Süßspeisen und Gebäck verwenden.

Verfestigter Honig

Wieder verflüssigen
Wenn klarer Honig während der Lagerung kristallisiert ist, zum Verflüssigen das geschlossene Glas fünf Minuten in eine Schüssel mit heißem Wasser stellen. Dann das Glas schwenken, bis der Honig klar und flüssig wird.

Praxistips

- **Abmessen** Will man Honig oder Sirup genau abmessen, einen Metallöffel verwenden, der in heißes Wasser getaucht wurde. An dem erhitzten Löffel bleibt nichts kleben.
- **Gemischter Honig** Zum Kochen Mischsorten von Honig verwenden, da sie ein robustes Aroma besitzen. Das zarte Aroma der Blütenhonige wird durch die Hitze zerstört.

Ersatzstoffe

- **Sirup** Honig und Sirup enthalten etwa 20 Prozent Wasser. Wenn man sie statt Zucker verwendet, muß man die im Rezept angegebene Flüssigkeitsmenge vermindern.

Marmeladen

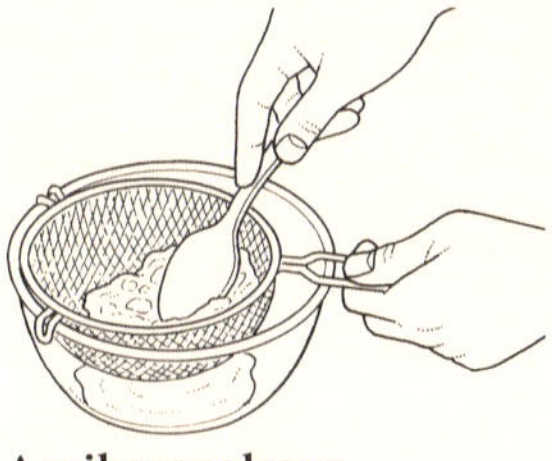

Aprikosenglasur
Aprikosenmarmelade mit etwas Zitronensaft erwärmen und durch ein Sieb streichen. In einem Schraubglas im Kühlschrank aufbewahren.

- **Länger haltbar** Marmeladen mit einem Zuckergehalt von mindestens 60 Prozent schimmeln nicht so schnell wie die mit geringerem Anteil.

Schokolade

Das Aroma der teureren Qualitätsschokoladen ist in der Regel besser als das von Billigschokoladen, die weniger Kakaobestandteile und mehr Zucker erhalten. Schokolade wird durch Feuchtigkeit und Wärme geschädigt und muß daher sorgfältig gelagert werden.

Schokoraspeln lagern

Schokoraspeln einfrieren
Die Schokoladentafel eine halbe Stunde ins Gefriergerät legen, dann raspeln. Die Schokoraspeln in eine Gefrierdose füllen, aus der man bequem Portionen entnehmen kann. Im Gefriergerät lagern.

Schokolade lagern

- **Frisch halten** Schokolade gut einpacken und bei niedrigen Temperaturen (möglichst um 15 °C) aufbewahren.
- **Aroma bewahren** Die Schokolade erst in Pergamentpapier, dann in Alufolie einwickeln.
- **Schokoladenstreusel** Sie enthalten weniger Kakao und sind daher weniger temperaturempfindlich als andere Schokoladensorten. In einem luftdichten Glas aufbewahren.
- **Schmelzen und Verzieren** Schokoladenstücke in einen Gefrierbeutel geben, diesen dicht verschließen und in kochendes Wasser legen. Schneidet man dann eine winzige Ecke des Beutels ab, hat man gleich eine Spritztüte.

Gute Idee

Fleischgerichte verfeinern
Mit dunkler Schokolade läßt sich das Aroma von würzigen Fleischgerichten (z. B. Chilli con carne) oder Wildragouts verfeinern. Ein Stück Schokolade pro Portion während des Kochens hinzufügen.

Kräuter und Gewürze

Eine gute Auswahl an getrockneten Kräutern und Gewürzen sollte in keiner Küche fehlen. Viele getrocknete Kräuter haben allerdings eine begrenzte Lagerzeit und müssen innerhalb von sechs Monaten verbraucht werden.

Getrocknete Kräuter

Die meisten Kräuter lassen sich gut in getrockneter Form aufbewahren. Bei gefriergetrockneten Kräutern bleibt die Farbe weitgehend erhalten. Sie sind zwar etwas teurer, aber optisch attraktiver als die auf herkömmliche Art getrockneten Kräuter.

Kräuter kaufen

- **Kräutergläser** Nur Kräuter in Gläsern kaufen, bei denen der Deckel luftdicht schließt. Darin bleibt das Aroma der Kräuter am besten erhalten. Schraub- oder Schnappdeckel schließen luftdichter ab als Korkdeckel.
- **Nicht zerkleinert** Gerebelte oder gemahlene Kräuter oder Gewürze verlieren ihr Aroma schneller als unzerkleinerte. Deshalb z. B. Rosmarin, Lorbeer, Koriander oder Pfeffer, Kümmel, Nelken, Muskatnuß immer unzerkleinert kaufen.

Kräuter und Gewürze griffbereit

Die Gläser hinlegen, damit der Inhalt gut sichtbar ist

Schubladen nutzen
Mit den passenden Gefäßen können Sie eine Küchenschublade optimal für die Aufbewahrung von Kräutern und Gewürzen nutzen. Die Gläser flach hinlegen so sieht man alle Etiketten oder Inhalte auf einen Blick.

Kräuter trocknen und aufbewahren

1 Beim Trocknen von Kräutern wie Salbei oder Thymian die Blätter an den Stengeln lassen, bis sie trocken sind. Dann die Blätter mit den Fingerspitzen entfernen. Die Stengel zum Aromatisieren von Brühen verwenden.

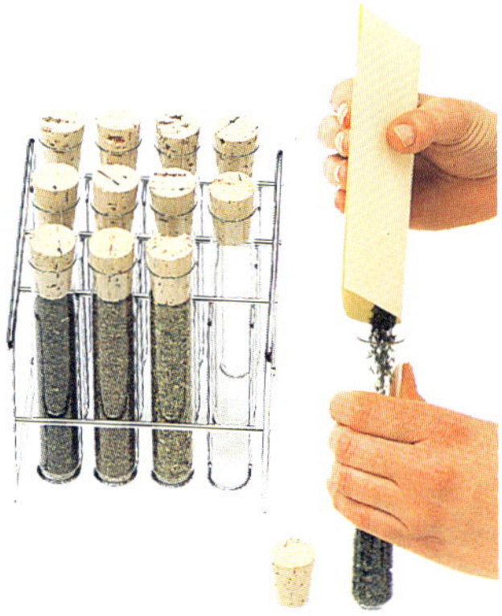

2 Für den täglichen Bedarf Kräuter in kleine Behälter, z. B. Reagenzgläser, geben. Mit einem zum Trichter gefalteten Papier lassen sie sich leicht einfüllen. Alle restlichen Kräuter in größeren Gefäßen dunkel und trocken lagern.

Aufbewahrungstips

- **Dunkel** Getrocknete Kräuter in luftdichten Gefäßen und möglichst an einem dunklen Ort aufbewahren.
- **Haltbarkeit** Um die Haltbarkeit getrockneter Kräuter zu verlängern, die Kräuter in Gefrierbeutel verpacken. Im Kühlschrank halten sie sich dann drei Monate, im Gefriergerät bis zu sechs Monate.
- **„Buchführung“** Das Kauf- oder Verfallsdatum getrockneter Kräuter auf ein Stück Klebeband schreiben. Dieses auf den Boden der Behälter kleben. Oder mit einem wasserfesten Stift das Datum auf die Gläser schreiben.
- **Schnell finden** Bei einer großen Auswahl an Kräutern, die Gefäße in alphabetischer Reihenfolge ordnen.

GEWÜRZE

Gewürze dürfen wie Kräuter nicht Licht und Wärme ausgesetzt werden, da beides deren Haltbarkeit beeinträchtigt. Gewürze behalten ihr Aroma am besten, wenn sie unzerkleinert gelagert werden. Daher zerkleinert man sie erst bei Bedarf, oder man kauft nur kleine Mengen.

NÜTZLICHE GEWÜRZE

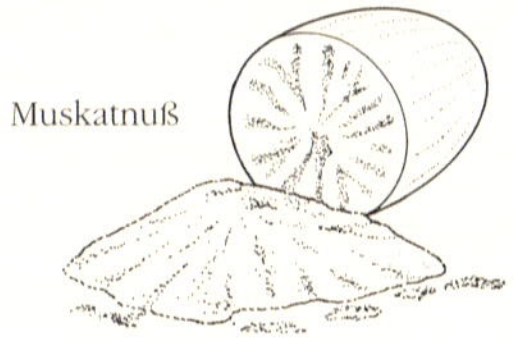

Für bestimmte Speisen sind Gewürze wichtig wie:

- **Schwarze Pfefferkörner** Grob mahlen für würzige Marinaden.
- **Muskatnuß** Immer frisch reiben, geeignet für Gemüsesuppen und Kartoffelklöße.
- **Kardamom** Gemahlen für Sauerbraten, Pilaws und Weihnachtsgebäck.
- **Koriander** Ganz oder gemahlen für Brot und Gebäck.

GEWÜRZE KAUFEN

- **Duft** Gewürze sollen den jeweils typischen Duft verströmen. Riechen sie irgendwie anders, nicht kaufen.
- **Kardamom** Ganze Hülsen kaufen, die blaßgrün, fleischig und unbeschädigt sind. Die Samen im Innern sollten schwarz oder braun und leicht klebrig sein.
- **Zimtstangen** Schlanke Stangen mit gleichmäßiger, blasser, zartbrauner Farbe wählen.
- **Nelken** Auf ganze Nelke achten, die groß, fleischig und ölig sind sowie eine warme, rötlichbraune Farbe besitzen.
- **Vanille** Die Frische testen, indem man die Vanilleschoten biegt. Sie sollten elastisch und federnd sein.

SENF VERWENDEN

- **Senfpulver** Etwas Senfpulver an Mayonnaisen oder andere Salatsaucen geben, da es deren Haltbarkeit verlängert und diesen Dressings ein pikanteres Aroma verleiht.

Senf herstellen
Weiße und schwarze Senfkörner mahlen und mit weißem Essig zu einer Paste verarbeiten. Mit Honig und Chilli abschmecken. Im Schraubglas aufbewahren.

GEWÜRZE MISCHEN

- **Zimtzucker** 225 Gramm Puderzucker mit einem Teelöffel Zimt vermischen. In einem Streuer aufbewahren. Auf gebutterten Toast streuen.

Mischungen herstellen
Stellen Sie Ihre eigene Gewürzmischung her, z. B. zum Backen. Dafür Zimtstangen, Muskatnuß und Nelken oder Piment mit etwas Ingwer vermahlen. Die Mischung in einem Glas mit Schraubverschluß aufbewahren.

GEWÜRZE MAHLEN

In der Kaffeemühle
Ganze Gewürzkörner können Sie in einer Kaffeemühle mahlen. Die Mühle sofort nach Gebrauch gründlich mit einem Backpinsel reinigen oder Weißbrotstücke darin mahlen, um das Gewürzaroma zu entfernen.

GEWÜRZAROMA

- **Verbrauchen** Gemahlene Gewürze verlieren schnell ihr Aroma, daher nur kleine Mengen auf einmal kaufen und möglichst innerhalb von sechs Monaten aufbrauchen.
- **Meerrettich** Getrocknet und gemahlen ist Meerrettich weniger scharf als frisch. Saucen lassen sich damit fein abschmecken. Das körnige Pulver vor der Verwendung einweichen.
- **Rösten** Um ein möglichst intensives Aroma zu erhalten, kann man Gewürze in einer schweren, trockenen Pfanne anrösten. Die Pfanne auf sehr heißer Flamme für ein bis zwei Minuten schütteln. Dann die Gewürze sofort im Ganzen oder gemahlen verwenden.
- **Kreuzkümmel** Hat einen durchdringenderen und schärferen Geschmack als der Gemeine Kümmel.

Essig und Öl

Essig und Öl zählen heute zu den feinen und raffinierten Würzen, da sie in zahlreichen Geschmacksvarianten und Sorten angeboten. Zum Standardvorrat gehören Wein- und Obstessig sowie sehr gutes Öl für Dressings und zum Braten.

Essig und Öl aromatisieren

Einzigartiges Aroma schaffen
Zum Aromatisieren von Öl oder Essig saubere, frische Kräuter, Gewürze, Früchte oder duftende Blüten mit Öl oder Essig in sterilisierte Flaschen mit Schraub- oder Korkverschluß füllen. Zwei Wochen lang kühl stellen.

Aroma verleihen

- **Zerdrücken** Frische Kräuter, Knoblauchzehen oder Schalotten leicht zerdrücken, bevor sie in Essig gelegt werden, damit das Aroma besser abgegeben wird.
- **Schnell aromatisieren** Damit Essig das Aroma schnell annimmt, ihn vorsichtig erwärmen, bis er fast kocht. Über die vorgesehenen Gewürze gießen, abkühlen lassen und in Flaschen füllen.
- **Mit Früchten** Mit frischen Himbeeren, Erdbeeren, Schwarzen Johannisbeeren oder Zitronenscheiben lassen sich Essige mit zartem Fruchtaroma herstellen, die pikanten Speisen und Getränken ein liebliches Aroma verleihen. Will man den Fruchtessig länger als eine Woche aufbewahren, den Essig abseihen, in saubere Flaschen abfüllen, und die Früchte wegwerfen.

Verwendungstips

- **Nußöl** Öle aus Nüssen wie Walnüssen oder Haselnüssen besitzen ein intensives Aroma und sind ideal für Salate oder zum Aromatisieren von pikanten Gerichten. Nach dem Öffnen im Kühlschrank aufbewahren, da sie sich rasch zersetzen.
- **Olivenöl** Gutes Olivenöl ist blaßgelb und geruchlos. Es stammt aus der ersten Kaltpressung der frischen reifen Früchte. Ist ideal für leichte Gerichte und Salate. Zu große Hitze zerstört das feine Aroma des Öls.
- **Maisöl** Das Öl mit mehrfach ungesättigten Fettsäuren ist in der Diätküche beliebt und außerdem ein gutes Bratöl.

Öl aufbewahren

Ölflaschen
Damit der Schrank sauber bleibt, die Ölflaschen auf ein Tablett stellen, das leicht abgewischt werden kann. Auf das Haltbarkeitsdatum achten, denn ranziges Öl verdirbt jede Speise.

Bewährter Tip

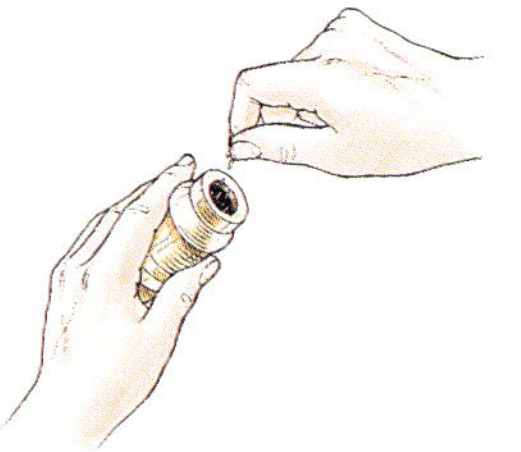

Salz streufähig halten
Damit Salz trocken bleibt und leicht aus dem Salzstreuer rieselt, einige Reiskörner in das Salz geben. Den Reis alle paar Monate ersetzen – nicht jedesmal, wenn der Streuer neu gefüllt wird.

Fertiggerichte

Die meisten Menschen greifen zu Fertiggerichten, wenn sie keine Zeit haben, frische Zutaten einzukaufen und zuzubereiten. Die Auswahl an Schnellgerichten unterschiedlichster Art und Qualität ist sehr groß.

Vorrats- und Verwendungstips		
Gerichtetyp	**Beispiele**	**Verwendung**
Konserven, pikante Nahrungsmittel	Ganze und zerkleinerte Tomaten, Hülsenfrüchte, Grüne Bohnen, Mais und Spargel, Thunfisch, Kochschinken, pikante Kuchenfüllungen, Fertigsuppen.	● Zerkleinerte Tomaten für Saucen und als Pizzabelag verwenden. ● In Spargelcremesuppe Spargelstücke aus der Dose zugeben.
Konserven, süße Nahrungsmittel	Dosenfrüchte wie Ananas und Pfirsich, exotische Früchte wie Litschis und Guaven, Füllungen für Obstkuchen, fertige Vanillesauce, Milchreis.	● Früchte und Milchreis in hohe Gläser schichtweise einfüllen. Pürierte Früchte in fertige Vanillesauce rühren. ● Dosenfrüchte als Belag für einen Käsekuchen verwenden.
Trockene, küchenfertige Nahrungsmittel	Saucen und Bratenfond, Kartoffelbreipulver, getrocknete Tortellini, Dessertpulver zum Anrühren, Trockenmilch und Vanillepulver, Brot-, Kuchen- und Teigmischungen.	● Kartoffelbrei mit Sahne und getrockneten Kräutern verfeinern. ● Eine einfache Kuchenmischung mit Weinbrand beträufeln und mit Sahne und Dosenfrüchten belegen.
Eingelegtes und fertig Zubereitetes	Eingelegtes Gemüse und Obst, Kräuterpaste, Oliven, fertig zubereitete Lieblingsgerichte, die man nur noch erwärmen muß.	● Kräuterpaste auf Toast streichen, mit feingehackten Oliven bestreuen. ● In Weinbrand eingelegtes Obst kleingeschnitten in Pudding geben.
Vorgebackenes Brot und Gebäck	Brot, verschiedene süße und pikante Brötchenarten, Baguettes, Croissants – alles aus der Kühltruhe (im Kühlschrank aufbewahren), Torteletts.	● Croissants zur Hälfte in zerlassene Schokolade tauchen. ● Brötchen noch warm mit Käse und ausgelassenen Speckwürfeln füllen.
Gekühlte Nahrungsmittel	Gekühlte Fertiggerichte, frische Nudeln, süße und pikante Saucen, Obstsalat; fertige Salatmischungen, frischer Teig, Pasteten, Dips.	● Für Dips Vollkornbrot in Würfel schneiden oder Kräcker nehmen. ● Fertige Salatmischungen mit frischen Kräutern verfeinern.
Pikante Tiefkühlkost	Gemüsesorten, Pfannengemüse, Pommes frites, Pizza, vorbereiteter Fisch und Krustentiere, Fleisch, Geflügel und Blätterteig.	● Ein Omelett mit Pfannengemüse und Kräutern füllen. ● Aus tiefgekühltem Blätterteig kleine Fleisch- oder Gemüsetaschen backen.
Süße Tiefkühlkost	Himbeeren und Beerenmischungen, Melonenbällchen, Eis, Sorbets und gefrorene Desserts, kleines Gebäck, Kuchen und Torten.	● Für eine Kaltschale gefrorene Früchte mit Puderzucker pürieren. ● Beerenmischung pürieren, in hohe Gläser füllen, mit Sekt aufgießen.

Frische Lebensmittel

Überblick

Wenn Sie jeden Tag Lebensmittel einkaufen können, ist das Frischhalten verderblicher Lebensmittel kein Problem. Doch nur wenige Menschen haben dafür Zeit. Sie müssen frische Lebensmittel auf Vorrat kaufen. Gute Organisation, richtiges Einkaufen und sorgfältiges Lagern sorgen für einen abwechslungsreichen Speiseplan.

Einkaufen

Einkaufen fängt in der Küche an. Planen Sie die Mahlzeiten für mehrere Tage im voraus. Unentbehrlich dabei ist der gute alte Einkaufszettel, auf dem man an den einkaufsfreien Tagen alles notiert, was ergänzt werden muß oder für die nächste Tage gebraucht wird.

Günstig einkaufen

- **Saison** Obst und Gemüse ihrer Saison entsprechend kaufen. Nutzen Sie dafür preisgünstige Wochenmärkte.
- **Nichts verschwenden** Nur soviel kaufen, wie man lagern kann. Der günstigste Großeinkauf wird teuer, wenn man die Hälfte wegwerfen muß.

Einkaufszettel

- **Ordnen** Die Dinge auf der Einkaufsliste in Gruppen einteilen und möglichst so der Reihe nach auflisten, daß sie der Anordnung der Lebensmittel im Supermarkt entsprechen. Dadurch geht der Einkauf schnell, und man vergißt keinen Posten.

Gedächtnisstütze

- **Daten notieren** Verfallsdaten von verderblichen Lebensmitteln notieren und bei der Planung von Mahlzeiten und zukünftigen Einkäufen berücksichtigen. Zum Einfrieren nur ganz frische Waren verwenden (Einfrierhinweise beachten).

Spartip

Immer das Richtige
Wer noch nicht so routiniert im Kochen ist, sollte sich Notizen zu Produkten (z. B. Fettgehalt von Milchprodukten) machen und die Zettel immer griffbereit haben.

Immer griffbereit
Die Einkaufsliste mit einem Magneten an der Kühlschranktür befestigen. Für den Schreibstift eine Klemmhalterung besorgen, die man neben dem Zettel oder an zentraler Stelle anbringt.

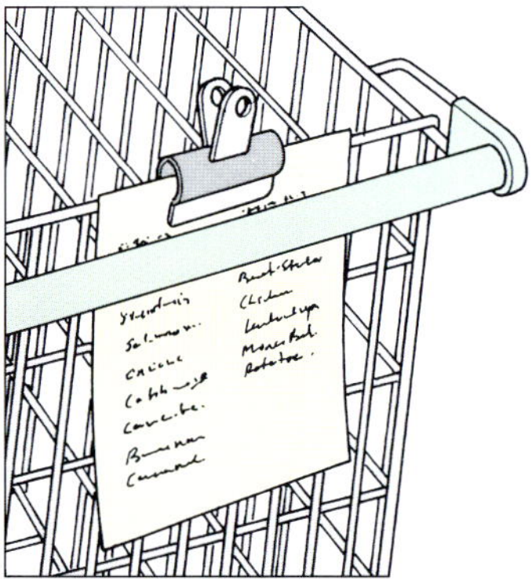

An den Wagen klemmen
Beim Einkaufen die Einkaufsliste mit einem Clips oder einer Wäscheklammer an den Einkaufswagen klemmen. So geht sie nicht verloren, und man hat sie immer im Blick.

Einpacken

Bei jedem Einkauf ist es wichtig, verderbliche Lebensmittel kühl und frisch nach Hause zu bringen. Legen Sie sich Kühltaschen mit Gefrierelementen zu, wenn die Lebensmittel nicht schnell in einen Kühlschrank gebracht werden können.

Eingekauftes kühl verpacken

Kühltasche benutzen
Bei warmem Wetter verderbliche Lebensmittel in eine Kühltasche packen. Ein dicht schließendes Glas mit Eiswürfeln oder Kühlelemente in die Tasche legen.

Einkaufstasche isolieren
Eine provisorische Kühltasche erhalten Sie, wenn Sie eine Tasche oder einen Korb dick mit zerknülltem Zeitungspapier oder Luftpolsterfolie auskleiden.

Einpacktips

- **Schweres** Beim Einpacken an der Kasse die schweren Dinge auf den Boden der Tasche oder Kiste packen. Leichtere, empfindlichere Sachen obendrauf legen, damit sie nicht beschädigt werden.
- **Ersatztasche** Immer ein zusätzliches Netz oder einen Leinenbeutel mitnehmen, um für unerwartete Einkäufe (Sonderangebote) gerüstet zu sein.
- **Getrennt packen** Gekühlte und gefrorene Lebensmittel getrennt von den restlichen Einkäufen transportieren und zuletzt ins Auto laden. So können sie zuerst ausgeladen und eingeräumt werden.

Frische Lebensmittel lagern

Um Gesundheitsrisiken zu vermeiden, sollte man einige Regeln beachten: Beim Einkaufen der Lebensmittel das Verfallsdatum kontrollieren. Schnell verderbliche Lebensmittel immer kühl transportieren und lagern. Rohe und gekochte Speisen getrennt aufbewahren.

Sicher lagern

- **Kühlzonen** In der Betriebsanleitung des Kühl- oder Gefriergerätes nachschauen.
- **Konservendosen** Den nicht verbrauchten Inhalt in eine Schüssel füllen, abdecken und kühl stellen. Nichts in einer geöffneten Dose belassen! Das gilt auch für Kondensmilch.
- **Auftauen** Lebensmittel, die im Kühlschrank auftauen sollen, unterhalb von gekochten Speisen aufbewahren, damit das Tauwasser die gekochten Speisen nicht verunreinigt.
- **Tropfenfänger** Rohes Fleisch oder Geflügel zum Auftauen in eine große Schüssel legen. Einen umgedrehten Suppenteller in die Schüssel legen, um das Tauwasser vom Fleisch oder Geflügel fernzuhalten.

Lebensmittel im Kühlschrank

Bereich	Art der Lebensmittel
Kühl: mittlere bis untere Böden unterhalb des Gefrierfaches	Milch, Joghurt, Obstsäfte, Hartkäse, Eier, Butter, Margarine, fettarme Brotaufstriche, Fette zum Kochen
Kalt: Boden unterhalb des Gefrierfaches	Vorgekochte, gekühlte Lebensmittel, gegartes Fleisch, Weichkäse, vorbereitete Salate, zubereitete Mahlzeiten und Reste, rohes Fleisch und Fisch
Gemüsefach	Gemüse und Obst, Salatzutaten wie ungewaschener Blattsalat, ganze Tomaten, Radieschen, Gurken und Sellerie sowie frische Kräuter
Kühlschranktür	Getränke, Obstsäfte, geöffnete Flaschen und Gläser mit Saucen, Eingewecktes, Butter, Käse, Eier und Salatdressing

GEMÜSE, OBST UND KRÄUTER

FÜR EINE GESUNDE ERNÄHRUNG sind Gemüse und Obst auf dem täglichen Speiseplan unerläßlich. Sie liefern wertvolle Vitamine sowie Mineral- und Ballaststoffe. Frische Kräuter verleihen jeder Mahlzeit ein unverwechselbares Aroma.

GEMÜSE AUSWÄHLEN

Bei jedem Gemüse gibt es besondere Anzeichen für Qualität und Frische. Die beste Ware erhalten Sie immer in der entsprechenden Saison. Importierte Produkte machen die Mahlzeiten vielfältiger und interessanter, kosten aber mehr als bei uns angebautes Gemüse.

GEMÜSE AUF QUALITÄT UND FRISCHE PRÜFEN

Einen Kohlkopf prüfen
Um zu prüfen, ob der Kohlkopf fest ist, mit dem Daumen auf die Mitte drücken. Köpfe mit weichen oder verfärbten äußeren Blättern und braunen oder beschädigten Stellen nicht kaufen.

Bohnen prüfen
Eine Bohne zwischen Zeige- und Mittelfinger halten, dann mit dem Daumen vorsichtig biegen. Frische Bohnen brechen unter leichtem Druck in zwei Teile, nicht frische biegen sich nur.

Blumenkohl prüfen
Die Blätter des Blumenkohls zurückziehen, um zu prüfen, ob zwischen den Röschen weder Insekten noch Anzeichen für Fäulnis vorhanden sind. Die Röschen sollten fest und weiß sein.

EINKAUFSTIPS

- **Rosenkohl** Die Röschen sollten eine einheitliche Größe haben, damit sie alle gleichzeitig gar werden. Dies gilt auch für anderes Gemüse, das nicht zerkleinert wird.
- **Avocados** Die Avocado in die hohle Hand legen und ganz vorsichtig drücken. Wenn sie leicht nachgibt, ist sie verzehrbereit. Drücken mit den Fingerspitzen verursacht Druckstellen!
- **Knoblauch** Fleischigen Knoblauch mit enganliegenden Zehen und trockener Haut kaufen. Knollen mit weichen, verschrumpelten Zehen oder grünen Trieben nicht nehmen.

SALAT UND FRUCHTGEMÜSE

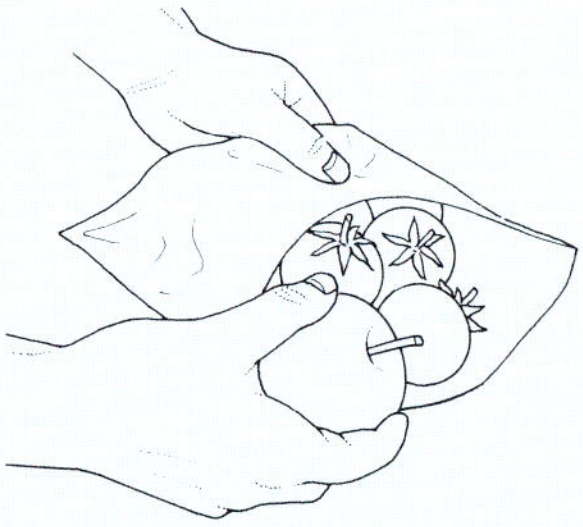

Tomaten nachreifen lassen
Grüne Tomaten reifen schneller nach, wenn man sie zusammen mit einem Apfel oder einer reifen, roten Tomate in eine Papiertüte steckt. Die Tüte an einen warmen, dunklen Ort legen und dort einige Tage lassen, bis die Tomaten rot sind.

- **Blattsalat** Feste und knackige Salate mit unbeschädigten Blättern wählen. Nicht kaufen, wenn die äußeren Blätter schon schlapp sind.
- **Paprika** Rote, gelbe und orangefarbene Paprika besitzen ein süßeres Aroma als grüne Paprika. Die Schoten sollten weder weiche Stellen noch braune Flecken besitzen.
- **Gurken** Sie sollten fest sein und eine frische Farbe sowie eine unbeschädigte, straffe Schale haben. Dies gilt auch für Zucchini und Auberginen.
- **Chillischoten** Je kleiner die Schoten, um so schärfer ist meistens der Geschmack.

Gemüse aufbewahren

Frisches Gemüse ist nur begrenzt lagerfähig. Grünes Gemüse sollte innerhalb von zwei Tagen verbraucht werden. Einige Wurzelgemüse kann man längere Zeit an einem kühlen, dunklen, luftigen Ort lagern. Gemüse verlieren Nährstoffe, sobald sie zerschnitten werden.

Knoblauch lagern

In Öl aufbewahren
Die Zehen in ein Glas geben und mit Olivenöl bedecken. Das Öl konserviert den Knoblauch, und der Knoblauch aromatisiert das Öl, was ideal zum Anrichten von Salaten ist. Das aromatisierte Öl bis zu zwei Wochen lang im Kühlschrank aufbewahren.

Sellerie auffrischen

Mit Eiswasser
Welken Staudensellerie in Stücke schneiden und für mindestens eine Stunde in eine Schüssel mit Eiswasser legen. Einige Tropfen Zitronensaft dazugeben. Von ganzen Stauden an einem Ende eine Scheibe abschneiden, dann in Eiswasser stellen.

Gute Idee

Knoblauchtopf
Knoblauch bleibt länger frisch, wenn man ihn dunkel und luftig aufbewahrt: Die Knollen oder Zehen auf einen Teller legen und sie mit einem Blumentopf abdecken. Der Topf muß aus Ton oder Terrakotta sein und ein Loch in seinem Boden haben.

Kühl lagern

Die meisten Gemüse können an einem kühlen, dunklen, gut belüfteten Platz gelagert werden. Gemüse, das schnell verdirbt, sollte im Kühlschrank aufbewahrt werden.

- **Pilze** Frische Pilze in einer Papiertüte im untersten Fach des Kühlschranks lagern.
- **Kohl und Sellerie** Kohl und Sellerie im Gemüsefach des Kühlschranks aufbewahren. Im einem kühlen, aber frostfreien Keller halten sich diese Gemüse mehrere Wochen.
- **Tomaten** Nur im Gemüsefach des Kühlschranks aufbewahren, wenn sie reif sind. Bei unreifen Tomaten können niedrige Temperaturen den Reifungsprozeß stören. Sie schmecken dann nicht.

Zwiebeln aufbewahren

- **Halbe Zwiebel** Die Schale und das Wurzelende an dem Stück belassen, das aufbewahrt werden soll. In Frischhaltefolie wickeln. Hält sich drei Tage im Kühlschrank.

Zwiebelstrumpf
Zwiebeln (oder Knoblauch) sollte man hängend lagern. Die Zwiebeln in einen Nylonstrumpf stecken. Zwischen jeder einen Knoten machen. Den Strumpf an einem trockenen Ort aufhängen.

Chilli aufbewahren

- **Einfrieren** Ganze, frische Chillischoten lassen sich gut einfrieren und können direkt aus dem Gefriergerät verwendet werden, ohne aufgetaut werden zu müssen.

Chilligirlande
Frische Chillischoten auffädeln und so trocknen und lagern. Stabiles Baumwoll- oder Nylongarn und eine saubere Nadel verwenden. Auffädeln, die Enden verknoten und aufhängen.

OBST EINKAUFEN

Die Methode, den Reifegrad festzustellen, hängt von der Obstart ab. Bei einigen Reifetests muß man sehr darauf achten, daß keine Druckstellen, die zu Fäulnis führen, entstehen. Bei vielen Früchten ist ein angenehmer, fruchttypischer Duft ein Zeichen von Frische.

FRISCHETEST

- **Weintrauben** Die ganze Traube vorsichtig schütteln. Wenn Beeren abfallen, sind die Früchte nicht mehr frisch.
- **Zitrusfrüchte** Zitronen, Orangen und Grapefruits sind saftig, wenn sie sich für ihre Größe schwer anfühlen.
- **Bananen** Die Schalen von Bananen bekommen mit zunehmender Reife braune Flecken. Grünliche, unreife Bananen reifen bei Zimmertemperatur innerhalb weniger Tage nach.
- **Brombeeren** Sie sollten fleischig sein und eine intensive Farbe haben. Früchte, an denen noch Blättchen hängen, wurden unreif gepflückt und haben weniger Aroma.

QUALITÄT UND REIFE TESTEN

Melone prüfen
Um festzustellen, ob eine Melone reif ist, mit beiden Daumen den Bereich um die Melonenspitze (gegenüber des Stielansatzes) leicht drücken. Die Oberfläche sollte etwas nachgeben. Eine reife Melone verströmt einen angenehmen, süßen Duft.

Ananas prüfen
Die Ananas ist reif und verzehrbereit, wenn sich ein Blatt ganz leicht aus dem Blattschopf ziehen läßt. Reife Ananas besitzen einen süßen Duft. Beim Kauf darauf achten, daß die Frucht keine weichen oder dunklen Stellen aufweist.

OBST LAGERN

Unsachgemäßes oder zu langes Lagern beeinträchtigen die Qualität von Obst. Wenn es unter den richtigen Bedingungen aufbewahrt wird, bleiben Aroma und Vitamine erhalten. Luftdichte Verpackungen entfernen, falls auf dem Etikett nicht anders vermerkt.

KALT LAGERN

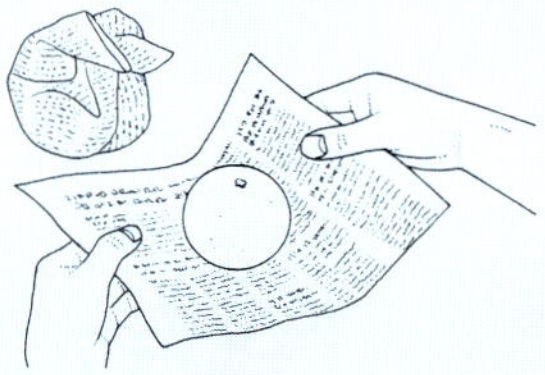

Obst einwickeln
Zitrusfrüchte bleiben länger frisch, wenn man jede Frucht trockenreibt, in Zeitungspapier einwickelt und in einer Schachtel an einem kühlen, trockenen Ort lagert.

- **Birnen** Halten bis zu sechs Monate, wenn man sie bei 0 °C aufbewahrt. Die Früchte sollten sich nicht berühren.

BEEREN AUFBEWAHREN

Beschädigung vermeiden
Weiche Beeren auf einem mit Küchenpapier ausgelegten Tablett verteilen (nur eine Schicht). Beschädigte oder schimmelige Beeren wegwerfen. Mit Küchenpapier abdecken und in den Kühlschrank stellen.

AUFBEWAHRUNGSTIPS

- **Weintrauben** Die ganze Trauben locker in Zeitungspapier einschlagen und kühl aufbewahren.
- **Zitrusfrüchte** Sie geben den meisten Saft, wenn man sie bei Zimmertemperatur lagert. Liegen die Früchte im Kühlschrank, vor der Verwendung jede Frucht fünf Sekunden im Mikrowellengerät auf höchster Stufe anwärmen.
- **Bananen einfrieren** Die Bananen mit der Schale in Frischhaltefolie einwickeln. Man kann sie etwa sechs Monate lang im Gefriergerät lagern. Noch leicht gefroren verzehren oder pürieren oder für Mixgetränke verwenden.

KRÄUTER SELBER ZIEHEN

Frische Kräuter verfeinern die einfachsten Gerichte. Die handelsüblichen Kräuterbündelchen sind zum sofortigen Verbrauch bestimmt, weil sie sehr rasch welken. Sinnvoll ist es daher, eingewachsene Kräuter im Topf zu kaufen oder die Gewächse selber zu ziehen.

KRÄUTER ERNTEN

- **Kräuter im Topf** Kräuter sollten angewachsen sein, bevor man sie regelmäßig erntet. Immer nur einige Triebspitzen entfernen oder maximal ein Viertel der Pflanze auf einmal, dann muß man aber warten, bis sich neue Triebe gebildet haben. Von häufig verwendeten Kräutern sollte man daher besser mehrere Töpfe haben.
- **Hell und warm** Kräuter gedeihen gut an einem hellen, sonnigen Küchenfenster oder – in der warmen Jahreszeit – auf dem Balkon.
- **Blüten** Einige Kräuter, z. B. Rosmarin, Borretsch, Schnittlauch, blühen lassen. Die Blüten zum Garnieren verwenden.

KRÄUTER IM TOPF ODER KASTEN ZIEHEN

Kräuter für die Küche anpflanzen
Kräuter stellen unterschiedliche Ansprüche ans Substrat. Auch beim Wasserbedarf gibt es Unterschiede. Pflanzen Sie daher nur Kräuter zusammen, die ähnliche Wachstumsbedingungen haben.

KRÄUTER AUFBEWAHREN

Geerntete Kräuter haben nur eine kurze Lebensdauer, und ihr Aroma verfliegt rasch. Durch sorgfältige Lagerung kann man sie jedoch über mehrere Tage frisch halten. Zart- und weichblättrige Kräuter, z. B. Basilikum, Kerbel oder Koriander, welken am schnellsten.

ZARTE KRÄUTER RICHTIG AUFBEWAHREN

1 Vor dem Lagern die Stiele von zarten Kräutern schräg anschneiden. In ein hohes Glas mit kaltem Wasser stellen, so daß mindestens 2,5 cm der Stiele im Wasser sind. Eine Prise Zucker ins Wasser geben.

2 Einen Gefrierbeutel locker über Kräuter und Glas stülpen, mit einem Gummiband befestigen. Im Kühlschrank aufbewahren. Alle zwei Tage das Wasser wechseln und die Stiele neu anschneiden.

KRÄUTER AUFFRISCHEN

Schlaffe Kräuter beleben
Die angewelkten Kräuter auf Küchenpapier legen und mit einer Blumenspritze besprühen. Die Kräuter kurz in den Kühlschrank legen, dann sofort verwenden.

MILCHPRODUKTE UND EIER

MILCHPRODUKTE SIND NÄHRSTOFFREICHE Lebensmittel. Manche enthalten viel Fett und sollten deshalb in Maßen verwendet werden. Milchprodukte werden am besten im Kühlschrank aufbewahrt, einige lassen sich auch gut einfrieren.

EIER

Eier sind hervorragende Protein- und Vitaminlieferanten. Braune und weiße Eier haben den gleichen Nährwert. Auf Temperaturschwankungen reagieren Eier empfindlich. Vor der Verwendung sollten sie auf Zimmertemperatur angewärmt werden (beim Backen wichtig!).

EIER MARKIEREN

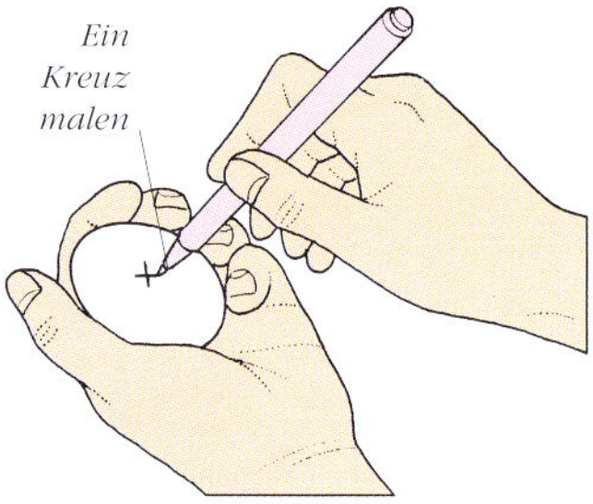

Mit einem Stift
Mit einem Lebensmittelfarbenstift ein Kreuz auf gekochte Eier zeichnen, um sie von rohen Eiern unterscheiden zu können.

FRISCHETEST

Eier prüfen
Zwei Teelöffel Salz in einem halben Liter Wasser auflösen. Die Eier hineingeben. Nur die nach unten sinkenden Eier sind frisch.

KAUFEN UND LAGERN

- **Prüfen** Beim Eierkauf jedes Ei im Karton ganz vorsichtig drehen, um zu gewährleisten, daß keines beschädigt ist.
- **Im Karton** Eier im Kühlschrank lagern, dabei im Karton belassen, damit sie möglichst wenig Feuchtigkeit verlieren.
- **Eigelb aufbewahren** In ein fest schließendes Gefäß geben, mit Wasser oder Milch bedecken. So halten sich Eigelbe drei bis vier Tage im Kühlschrank.

SAHNE

Es gibt verschiedene Sorten von Sahne, die für unterschiedliche Zwecke verwendet werden. Der Fettgehalt bestimmt das Aroma, die Geschmacksintensität der Sahne und wie gut sie sich schlagen läßt. Je mehr Fett eine Sahne enthält, um so weniger leicht gerinnt sie.

SAHNE AUFBEWAHREN

Sahne einfrieren
Schlagsahne in Eiswürfelschalen einfrieren, dann die Würfel in Gefrierbeutel verpacken und im Gefriergerät aufbewahren. Die Würfel kann man direkt in heiße Suppen oder Saucen geben.

VERWENDUNGSTIPS

- **Fettgehalt** Je höher der Fettgehalt (liegt zwischen 28 und 35 Prozent), um so leichter läßt Sahne sich schlagen. Für mousseartige Desserts weniger fetthaltige Sahne verwenden, da sie beim Schlagen nicht so schnell zu fest wird.
- **Weniger Fett** Einige Teelöffel Hüttenkäse oder Naturjoghurt unter die Sahne mischen, um leichtere Desserts oder Füllungen zu erhalten.
- **Crème fraîche** Als Ersatz für Sahne bei heißen Saucen verwenden, da sie bis zum Kochen erhitzt werden kann, ohne zu gerinnen.

GUTE IDEE

Sauerrahm herstellen
Einen Teelöffel Zitronensaft zu 150 Milliliter Sahne geben. Umrühren und stehen lassen, bis die Sahne dick geworden ist.

Käse

Käse ist ein eiweißreiches Lebensmittel. Er verleiht Füllungen und Saucen Aroma. Die meisten der unzähligen, schmackhaften Käsesorten werden in Salaten und auf Brot verzehrt. Diese Käse schmecken am besten, wenn sie beim Servieren Zimmertemperatur haben.

Weichkäse lagern

- **Einfrieren** Nur Käsesorten einfrieren, die einen Fettgehalt von mehr als 45 Prozent besitzen, da Käse mit weniger Fett krümelig wird.

In Weinblätter wickeln
Weichkäse wie Brie in Stücke schneiden und in frische, blanchierte Weinblätter einwickeln. Das hält den Käse drei bis vier Tage frisch, wenn er im Kühlschrank aufbewahrt wird.

Feta aufbewahren

In Öl konservieren
Feta in einem Glas aufbewahren. Kräuter, Knoblauchzehen oder Chilli zum Aromatisieren dazugeben. Mit Olivenöl auffüllen. Das Öl später zum Kochen und für Dressings verwenden.

Bewährter Tip

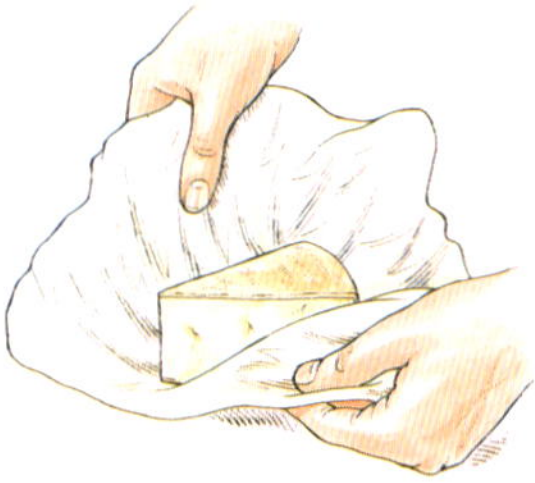

Käse feucht halten
Harten Käse, z. B. reifen Cheddar oder Parmesan, in ein sauberes Baumwolltuch wickeln, das mit Bier angefeuchtet wurde. In einem luftdichten Behälter hält sich der Käse dann bis zu zwei Wochen im Kühlschrank.

Butter

Butter kann gesalzen oder ungesalzen sein. Sie ist zum Backen bestens geeignet, da sie den Kuchen gehaltvoller macht und seinen Geschmack verfeinert. Butter kann auch zum leichten Anbraten oder vermischt mit würzigen Zutaten zum Aromatisieren verwendet werden.

Butter aufbewahren

- **Verpacken** Butter immer gut einwickeln oder in einem geschlossenen Behälter aufbewahren, da sie leicht Gerüche von anderen aromatischen Lebensmitteln annimmt.
- **Einfrieren** Ungesalzene Butter hält sich im Gefriergerät bis zu sechs Monate. Gesalzene Butter nicht länger als drei Monate einfrieren, da sich bei niedrigen Temperaturen das Aroma verändern kann.
- **Portionsweise** Die Butter hält sich länger frisch, wenn man immer nur die ungefähr benötigte Brotaufstrichportion auf den Tisch stellt.

Kräuterbutter zubereiten und aufbewahren

Würzige Mischung
Frische Kräuter oder Knoblauchzehen sehr fein hacken und mit weicher Butter vermischen. Mit einer Gabel die Zutaten gründlich einarbeiten.

Formen ausstechen
Die Butter auf Pergamentpapier ausrollen. Mit Ausstechförmchen für Plätzchen ausstechen. In einem abgedeckten Gefäß im Kühlschrank aufbewahren.

FLEISCH UND GEFLÜGEL

FLEISCH UND GEFLÜGEL liefern hochwertiges Eiweiß, Vitamin B12 (das in pflanzlichen Lebensmitteln nicht vorkommt) und Eisen. Der Fettanteil variiert. Wenn man sich gesund ernähren möchte, dann wenig fettreiches Fleisch essen.

EINKAUFEN

Frisches Fleisch sollte man unbedingt in einem guten Geschäft kaufen. Man muß sich darauf verlassen können, daß der Metzger das Fleisch sachgemäß abgehangen und gelagert hat und seine Kunden richtig über die verschiedenen Fleischstücke informiert.

FLEISCH AUSWÄHLEN

- **Farbe** Rind sollte dunkelrot mit einem etwas bräunlichen Ton und leicht mit Fett durchwachsen sein. Bei Lamm ist die Farbe um so dunkler, je älter das Tier war.
- **Das richtige Stück** Im allgemeinen befindet sich am vorderen Teil des Tieres das zähere Fleisch. Zarte Stücke stammen aus der Mitte, wo sich die am wenigsten arbeitenden Muskeln befinden.
- **Qualität** Zähes Fleisch mag billig sein, muß aber länger garen als zarte Stücke, was die Energiekosten erhöht.

GELDSPARTIP

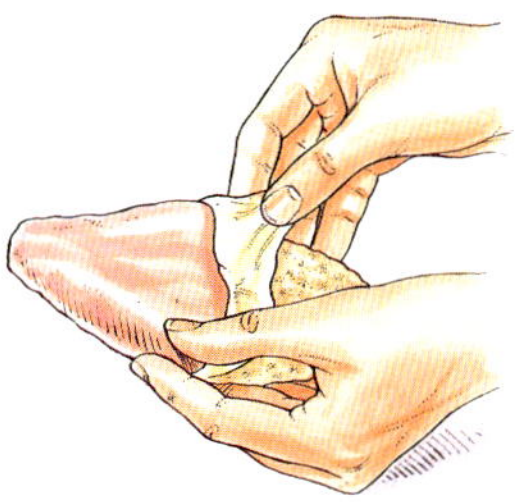

Hähnchen enthäuten
Hähnchenhaut ist sehr fettreich und sollte für Personen, die fettarm essen müssen oder wollen, entfernt werden. Hähnchenteile mit Haut kaufen, da sie billiger sind. Die Haut mit den Fingerspitzen selbst abziehen.

MENGE PRO PERSON UND PORTION

FLEISCH ODER GEFÜGEL	MENGE
Steaks ohne Knochen bzw. Filets vom Rind, Lamm oder Schwein, magere Rinder- oder Schweinelende	125–175 g
Steaks mit Knochen wie T-Bone-Steaks oder aus der Lammkeule	175–225 g
Lammkotelett oder knochenlose Lammnüßchen	2 kleine oder 1 großes
Schweinelende oder Kotelett mit Knochen, Dicke Rippe vom Schwein mit Knochen	175 g
Stücke mit hohem Knochenanteil wie Schälrippchen vom Schwein, Rinderhaxe oder Ochsenschwanz	400–500 g
Mageres Ragoutfleisch, z. B. gewürfelte Lammschulter oder Fleisch zum Kurzbraten	125–150 g
Braten mit Knochen wie Hohe Rippe vom Rind, Keule oder Schulter vom Lamm	225–300 g
Braten ohne Knochen, z. B. Bugstücke vom Rind und Schwein, entbeinte Lammkeule	125–175 g
Hähnchenteile mit Knochen wie Keule, Schenkel oder Flügel	2 Teile
Ein ganzes Brathähnchen oder ganzer Truthahn mit Knochen	350 g (ofenfertig)
Eine ganze Ente oder Gans mit Knochen	500 g (ofenfertig)
Innereien wie Leber, Nieren oder Herz	100–125 g

Fleisch und Geflügel aufbewahren

Sachgemäße Lagerung ist bei Fleisch und Geflügel sehr wichtig, da sie schnell verderben, besonders bei warmen Temperaturen. Gekauftes Fleisch und Geflügel so schnell wie möglich kühlen. Für den Transport nach Hause am besten in eine Kühltasche packen.

Fleisch einfrieren

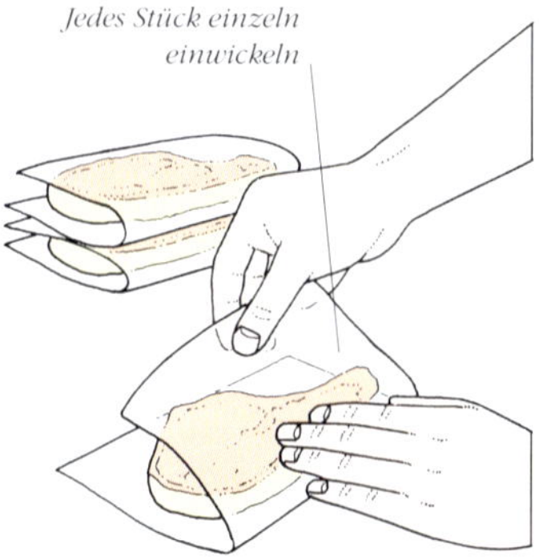

Fleischstücke trennen
Damit Hamburger, Koteletts oder Steaks beim Gefrieren nicht zusammenkleben, mit Gefrierfolie trennen. Dann lassen sich die benötigen Mengen problemlos herausnehmen, und man muß nicht den ganz Stapel auftauen.

Geflügel einfrieren

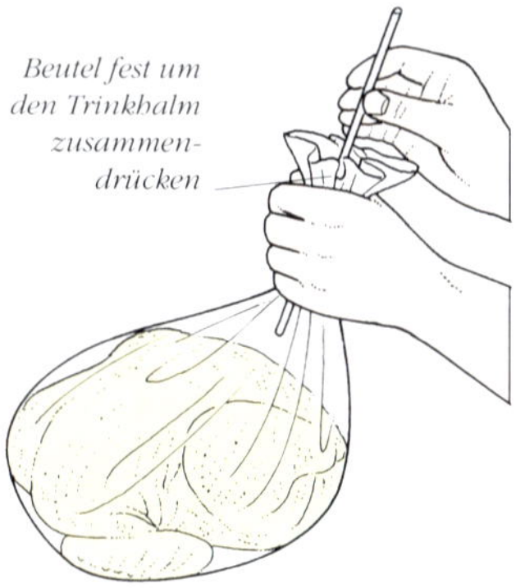

Luft herausziehen
Das Geflügel in einen Gefrierbeutel stecken. Um die überschüssige Luft herauszuziehen, das obere Ende umfassen, einen Trinkhalm hineinschieben, fest zusammendrücken, dann soviel Luft wie möglich heraussaugen. Mit einem Clip verschließen.

Sicherheit

- **Sofort kühlen** Frisches Fleisch und Geflügel immer auf kürzestem Weg nach Hause bringen und sofort in den Kühlschrank legen.
- **Hygiene** Verschiedene Fleischsorten getrennt aufbewahren. Nach jedem Bearbeiten von rohem Fleisch oder Geflügel sofort gründlich die Hände und Küchengeräte waschen. Alles, was mit Tauwasser in Berührung gekommen ist, ebenfalls gründlich säubern.
- **Sofort verbrauchen** Aufgetautes Fleisch und Geflügel immer schnell zubereiten. Auf keinen Fall noch einmal einfrieren, da hierdurch das Risiko für eine Lebensmittelvergiftung bei Verzehr steigt.

Fleisch und Geflügel auftauen

In Wasser tauchen
Ganzes Geflügel taut schneller auf, wenn man es in der Gefrierverpackung in eine große Schüssel mit kaltem Wasser legt und in den Kühlschrank stellt. Das Wasser mehrmals wechseln, bis das Geflügel vollständig aufgetaut ist.

- **Langsam auftauen** Im Kühlschrank kann das Auftauen mehrere Stunden dauern, bei großen Stücken oder ganzem Geflügel sogar zwei oder drei Tage.
- **Auftaukontrolle** Um festzustellen, ob das Geflügel vollständig aufgetaut ist, in die Körperhöhle greifen und prüfen, ob dort noch vereiste Stellen vorhanden sind. Außerdem probieren, ob sich die Bein- und Flügelgelenke ohne größeren Widerstand bewegen lassen.
- **Spieß verwenden** Um sicherzugehen, daß ein großes Stück Fleisch aufgetaut ist, einen Spieß durch den dicksten Teil des Stückes stecken. Mit dem Spieß läßt sich fühlen, ob im Inneren noch Eis vorhanden ist.
- **Großes Geflügel** Geflügel im Kühlschrank aufzutauen, ist oft wegen der Größe nicht möglich. Man sollte es dann in der Verpackung in einem kühlen Raum auftauen lassen. In die Verpackung unbedingt mehrere Löcher stechen!
- **Tauwasser** Unbedingt von allen Lebensmitteln fernhalten!

Fleisch kühlen

- **Rohes Fleisch** Im unteren Fach des Kühlschranks aufbewahren. Dennoch auf einen tiefen Teller oder ein Tablett legen, damit die Flüssigkeit keinesfalls auf andere Lebensmittel tropfen kann.
- **Verpackung entfernen** Wenn man Fleisch in Papier eingewickelt gekauft hat, das Papier entfernen, das Fleisch in einer abgedeckten Schale im Kühlschrank aufbewahren. Wenn Fleisch jedoch luftdicht verpackt ist, sollte es in der Verpackung aufbewahrt werden.
- **Frischhaltefolie** Fleisch oder Geflügel immer so abdecken, daß die Folie ihre Oberfläche nicht berührt.
- **Warm abwaschen** Alle aufgetauten Geflügelsorten vor dem Verarbeiten warm abwaschen und mit einem Küchentuch trockentupfen.

Fisch und Meeresfrüchte

Das Wichtigste bei Fisch und Meeresfrüchten ist, daß sie absolut frisch sind. Sie verderben schnell, daher sollte man sie nur nach Bedarf einkaufen, sorgfältig lagern und sobald wie möglich verwerten.

Fisch

Fisch ist ein sehr wichtiger Bestandteil einer gesunden Ernährung. Es gibt viele Sorten, die für alle Zubereitungsmethoden geeignet sind. Wenn Sie die Gräten ganzer Fische nicht selber entfernen möchten, bitten Sie den Händler, den Fisch für Sie zu filetieren.

Merkmale für Frische

Auf die Frische achten
Neben den obigen Frischemerkmalen achten Sie auch auf folgendes: Die Schuppen sollten schwer zu entfernen sein. Unter dem Druck einer Fingerspitze sollte das Fleisch leicht wieder zurückspringen. Der Fisch muß sehr frisch riechen.

Fischtips

- **Fettreich** Im Verhältnis zu den meisten Fischen, die sehr fettarm sind, enthalten Forellen, Heringe, Makrelen und Sardinen mehr Fett.
- **Nährstoffe** Fisch liefert leicht verdauliches Eiweiß, wertvolle Fettsäuren, wichtige Mineralstoffe, Vitamin A und D sowie die Vitamine der B-Gruppe.
- **Blaukochen** Fische, die blaugekocht werden sollen, z. B. Forellen oder Karpfen, vorsichtig behandeln. Man darf die Schleimschicht nicht verletzen, sie bewirkt beim Garziehen die Blaufärbung.

Fisch „auffrischen“

Filets „straffen“
Fischfilets, die durch den Transport nach Hause etwas schlaff geworden sind, kann man wieder „beleben“: In einer Schüssel einen Teelöffel Meersalz in einen Liter Eiswasser auflösen. Den Fisch etwa 15 Minuten in das eisige Salzwasser legen.

Fisch kühlen

In Eis einpacken
Um frischen Fisch schneller auf Kühlschranktemperatur zu bringen, rund um den Fisch Eiswürfel oder zerstoßenes Eis legen. Oder man legt den Fisch zwischen zwei, mit Eis gefüllte Gefrierbeutel. Die Beutel entfernen, bevor das Eis schmilzt.

Fisch einfrieren

- **Eisüberzug** Fischfilets trocknen im Gefriergerät nicht aus, wenn man sie zunächst offen einfriert, dann kurz in Eiswasser taucht. Eine dünne Eisschicht überzieht den Fisch. Um eine dickere Schicht zu erhalten, den Fisch zweimal eintauchen. Danach den Fisch einwickeln und wieder ins Gefriergerät legen.
- **Beschriften** Vor dem Einfrieren die Fischverpackung mit dem Einfrierdatum versehen. Frischer Weißfisch hält sich zwölf Monate im Gefriergerät, fettreicher Fisch sechs Monate. Zubereitete Fischgerichte sollten nicht länger als drei Monate im Gefriergerät belassen werden.

MEERESFRÜCHTE

Schal- und Krustentiere sind genauso empfindlich wie frischer Fisch, deshalb sollte man sie nur in einem sachkundig geführten Geschäft kaufen. Niemals Ware kaufen, die verunreinigt oder nicht frisch wirkt, da diese ernsthafte Erkrankungen hervorrufen kann.

FRISCHETIPS

- **Muscheln** Die Schalen von lebenden Muscheln sollten dicht geschlossen sein. Keine nehmen, die sich bei Berührung nicht schließen oder zerbrochene Schalen haben, da sie tot sind und bei Verzehr eine Lebensmittelvergiftung hervorrufen können.
- **Nach dem Kochen** Alle Muscheln, die sich nach fünf Minuten Kochzeit nicht geöffnet haben, wegwerfen!
- **Jakobsmuscheln** Sie sollten cremig-weiß sein und im Inneren leuchtendorange. Wenn sie sehr weiß sind, wurden sie vielleicht gewässert, um das Gewicht zu erhöhen.
- **Hummer** Am besten Tiere wählen, die zwischen einem halben und einem Kilogramm wiegen. Kleinere Hummer besitzen zu wenig Fleisch, sehr große können weniger zart und trocken sein.

KREBSE KAUFEN

- **Nicht wegwerfen** Aus den Beinen, Scheren, Schwanzflossen und Panzern von Flußkrebsen kann man einen köstlichen Fond zubereiten.

Qualität prüfen
Beim Kauf eines gekochten Krebses diesen vorsichtig und sanft schütteln. Wenn er leicht wirkt oder klappert, ist seine Qualität schlecht, und seinem Inneren befindet sich Wasser.

VOR DEM KÜHLEN

- **Spülen** Frische Garnelen in kaltem Wasser spülen und gut abtropfen lassen. Innerhalb von zwei Tagen verwenden.

BEWÄHRTER TIP

Muscheln säubern
Wenn man nicht sicher ist, ob Muscheln aus sauberem Wasser kommen, sie in kaltes Wasser mit ein paar Haferflocken legen. Warten. Die Muscheln geben beim Fressen Schmutzstoffe ab.

AUSTERN AUFBEWAHREN

Im Kühlschrank
Lebende Austern mit der gewölbten Seite nach unten lagern, damit sie keine Flüssigkeit verlieren. Mit einem feuchten Tuch abdecken. Ins untere Fach des Kühlschranks stellen. Innerhalb von 24 Stunden verbrauchen!

KREBSE AUFBEWAHREN

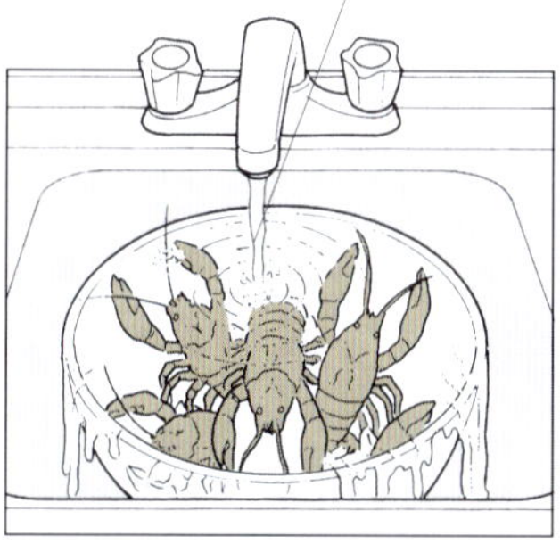

Lebende Krebse
Wenn Krebse, Hummer oder Krabben lebend gekauft werden, in einer möglichst großen und tiefen Schüssel in die Spüle stellen, und aus dem Kaltwasserhahn gleichmäßig das Wasser hineinlaufen lassen.

TINTENFISCH

- **Gewicht** Keinen ganzen Tintenfisch kaufen, der mehr als ein Kilogramm wiegt, da er wahrscheinlich zäh ist.
- **Frische** Nur Tintenfische mit einer guten Farbe, schlüpfrigem Aussehen und frischem, salzigem Geruch auswählen. Keine nehmen, deren Haut beschädigt ist oder die in Tintenlachen liegen.
- **Tinte** Falls möglich, Tintenfische kaufen, die noch ihren Tintenbeutel besitzen. Mit der Tinte kann man eine Sauce aromatisieren und färben.
- **Lagern** Tintenfische säubern. In einer mit Frischhaltefolie abgedeckten Schüssel bis zur baldigen Zubereitung im Kühlschrank aufbewahren.

Backwaren

Backwaren können Sie durch sorgfältige Lagerung verhältnismäßig lange frisch und appetitlich halten. Brot, die meisten Kuchen und viele Arten von Kleingebäck lassen sich auch problemlos einfrieren.

Brot

Brot kann man gut ein paar Tage lang frisch halten, wenn man einige grundlegende Regeln beachtet. Vor allem ist eine gute Luftzirkulation notwendig, damit das Brot nicht austrocknet oder gar schimmelig wird. Verschimmeltes Brot muß man wegwerfen!

Altbackenes Brot auffrischen

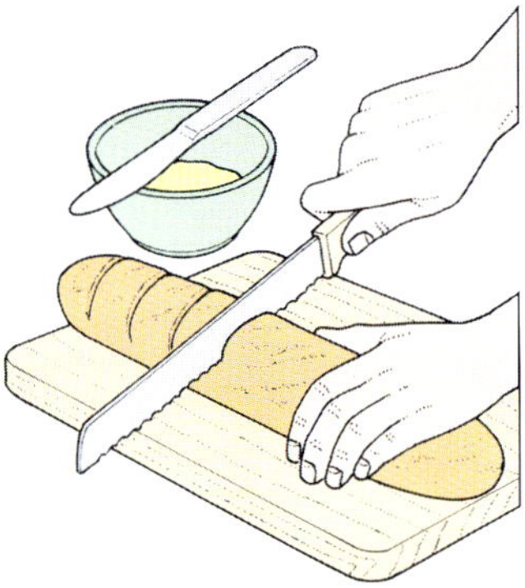

Mit Knoblauchbutter
Altbackenes Baguette in Abständen tief einschneiden. Knoblauchbutter zwischen die Stücke streichen. In Alufolie eingewickelt im Backofen zehn Minuten backen.

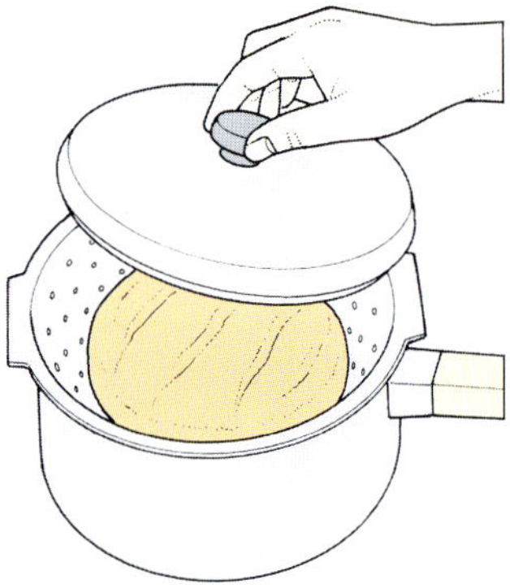

Mit Dampf
Altbackenes, noch nicht hartes Brot in ein Sieb geben. Das Sieb in einen Topf mit etwas kochendem Wasser hängen. Zudecken, bis der Dampf das Brot angewärmt hat.

Praxistips

- **Fett zugeben** Selbstgebackenes Brot hält sich beser, wenn man auf 500 Gramm Mehl 15 Gramm Fett gibt.
- **Abkühlen lassen** Nie warmes Brot in den Brottopf oder -kasten legen. Es bildet sich sonst Kondenswasser, das die Bildung von Schimmel fördert.
- **Luftzirkulation** Frisches Brot nicht in einem luftdicht abgeschlossenen Behälter aufbewahren. Zu empfehlen ist ein Brottopf aus Keramik, in dem das Brot „atmen" kann.
- **Reinigen** Behälter, in denen Brot aufbewahrt wird, regelmäßig mit kochendem Wasser ausspülen und gut abtrocknen.

Gute Idee

Brotbeutel
In einem Baumwollbeutel hält Brot sich gut frisch. Den Beutel immer zuziehen oder mit einem Gummiband verschließen. Den Beutel regelmäßig waschen.

Brot einfrieren

- **In Scheiben** Frisches Brot aufschneiden, und zwischen die Scheiben Pergamentpapier oder Gefrierfolie legen. So kann man problemlos die jeweils benötigten Scheiben herausnehmen, ohne den ganzen Stapel aufzutauen.
- **Brotlaibe** Zum Einfrieren am besten in Gefrierbeutel oder extrastarke Alufolie verpacken. Dabei darauf achten, daß möglichst wenig Luft mit eingeschlossen wird, damit das Brot nicht austrocknet.
- **Auftauen** Nach dem Auftauen altert Brot sehr schnell, deshalb immer nur so viel aus dem Gefriergerät nehmen, wie sofort verbraucht wird.

Brot aufbewahren

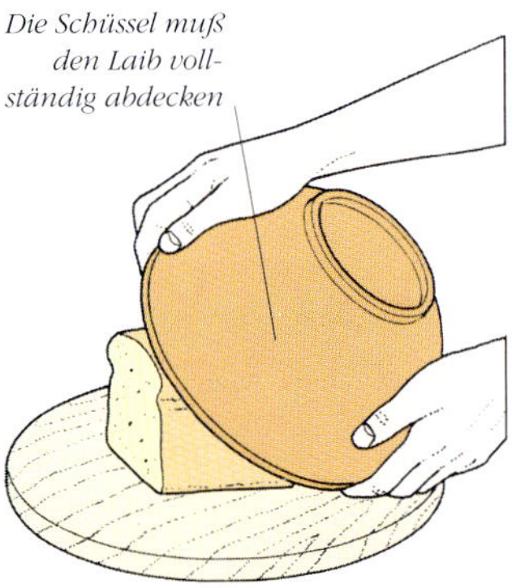

Selbstgemachter Brottopf
Den Brotlaib auf ein Holzbrett legen und mit einer Keramikschüssel abdecken. Oder das Brot in ein sauberes, trockenes Geschirrtuch aus Baumwolle oder Leinen wickeln.

Paniermehl

Paniermehl oder Semmelbrösel kann man nicht nur für Panaden oder Füllungen verwenden, sie machen auch so manche pikante oder süße Speise gehaltvoller. Die Brösel lassen sich aus hellen wie dunklen Brotwaren und sogar aus Kuchenresten herstellen.

Paniermehl auf Vorrat herstellen

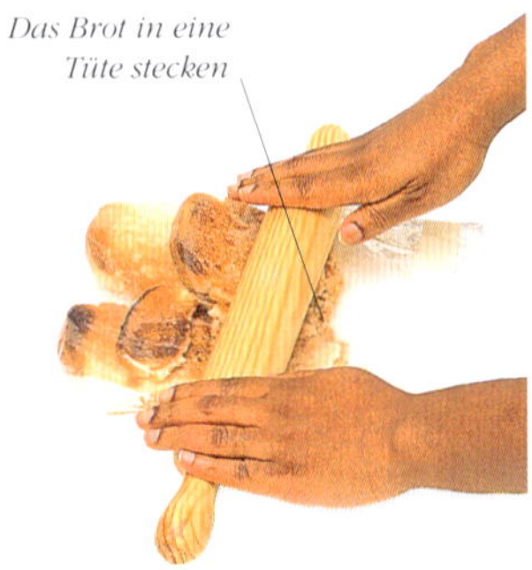

Brösel herstellen
Altbackene Brotscheiben auf ein Backblech legen und bei 150 °C backen, bis sie vollständig trocken und leicht gebräunt sind. In einen stabilen Gefrierbeutel geben, dann mit einem Nudelholz fein zerkleinern.

Deftig gewürzt
Fein gerebelte, getrocknete Kräuter, geriebenen Parmesankäse, Gewürze, Salz und Pfeffer unter die Brösel mischen. Mit dem deftig gewürzten Paniermehl kann man ausgezeichnet Fisch oder Hähnchen panieren.

Praxistips

- **Küchenmaschine** Um feine, Semmelbrösel schnell herzustellen, Stücke von altbackenem Brot oder Toast mit dem Schnitzelwerk der Küchenmaschine zerkleinern.
- **Aufbewahren** Selbst hergestellte Semmelbrösel halten sich in einem Schraubglas etwa einen Monat lang. Die Brösel müssen vor dem Lagern völlig trocken sein. Man kann sie auch in einer Gefrierdose einfrieren und portionsweise entnehmen (Lagerdauer: nicht mehr als sechs Monate).
- **Aus Kuchen** Trockene Kuchen zerbröseln und für Obstaufläufe verwenden oder über Fruchtsalat streuen.

Kuchen und Kleingebäck

Die meisten Menschen essen gern Kuchen, kleines Gebäck oder auch luxuriöse Torten. Wenn man ein Gefriergerät besitzt, kann man ohne weiteres mehrere Sorten zugleich backen oder kaufen, denn fast jedes Gebäck läßt sich einfrieren. Man sollte das Gebäck portionieren.

Praxistips

- **Plätzchen** Frisch gebackene Plätzchen erkalten lassen und sortenweise in fest verschließbare Dosen oder Gläser schichten. Darin bleiben sie mehrere Wochen lang frisch.
- **Schnelles Trifle** Für dieses englische Obstdessert (es ähnelt dem italienischen Tutti-Frutti) die Reste eines trockenen Rührkuchens in einer Schüssel zerkrümeln, mit Likör beträufeln, darüber Obst und Sahne geben. Etwa eine Stunde ziehen lassen.
- **Vorgefrieren** Creme-, Nuß-, Mandel- und Sahnegebäck am besten in Portionen schneiden, auf einem Tablett vorgefrieren und erst dann in Gefrierbeutel packen. Gut verschließen!

Torten einfrieren

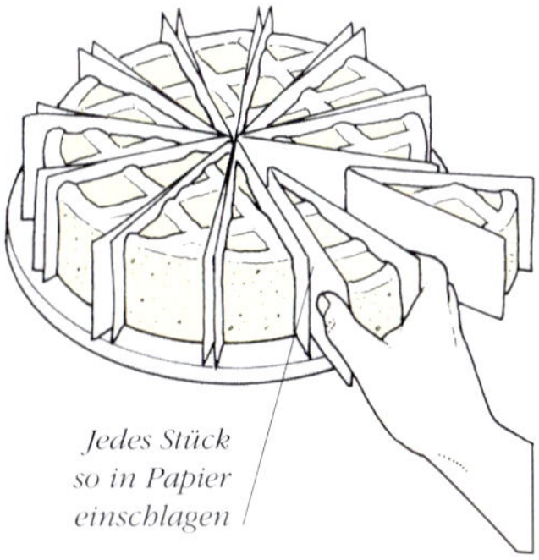

In Stücken aufbewahren
Vor dem Einfrieren die Torte vollständig aufschneiden. Zwischen jedes Stück einen Streifen Pergamentpapier legen. Den Kuchen wieder zusammensetzen und wie gewohnt einfrieren. So kann man später ganz bequem einzelne Stücke entnehmen.

Muffins auffrischen

Anfeuchten
Trocken gewordene Muffins mit Milch bestreichen und etwa acht Minuten in den warmen Ofen legen, bis sie gut durchgewärmt sind. Wenn sie sehr trocken sind, die Papierform entfernen und die Muffins in Milch tauchen, bevor man sie in den Ofen legt.

Zutaten Vorbereiten

Wenn Sie ein Menü planen, aber auch für jede normale Mahlzeit, müssen Zutaten vorbereitet werden. Weil Aussehen, Geschmack und Gelingen vieler Gerichte von der Vorbereitung der Lebensmittel abhängen, sind sich alle guten Köche und Köchinnen darin einig, daß man die grundlegenden Vorbereitungsmethoden beherrschen sollte – nicht zuletzt auch, um Zeit zu sparen.

Grundlagen

Wichtig ist es, qualitativ hochwertige Hilfsmittel zu benutzen, auch für die einfachsten Arbeitsvorgänge, um effektiv zu sein. Mit einem guten, scharfen Messer z. B. lassen sich schnell und sicher Lebensmittel zerkleinern oder in Scheiben und Würfel schneiden.

In Scheiben schneiden

Richtig schneiden
Halten Sie das Gemüse so, daß die Fingerkuppen in einer Linie stehen und der Daumen rückwärtigen Halt gibt. Führen Sie das Messer beim Schneiden nach unten und nach vorne.

Dünn schneiden

Julienne-Streifen
Um Gemüse in extra dünne Streifen zu schneiden, mit einem Gemüsemesser sehr feine Bänder abschneiden. Diese dann aufeinander legen und so dünn wie möglich schneiden.

Obst würfeln

Verfärbung verhindern
Das Schneidebrett mit Zitronensaft beträufeln, bevor man Äpfel oder Birnen schneidet. Dann Zitronensaft über die Fruchtstücke geben. So färbt sich das Fruchtfleisch nicht braun.

Sicher schneiden

- **Zerkleinern** Das Messer wie einen Hebel benutzen. Die Spitze nach unten halten, dabei mit gleichmäßigen Auf- und Ab-Bewegungen schneiden.
- **Würfeln** Scheiben schneiden, aufeinander legen, dann längs in Streifen schneiden, diese dann quer zerschneiden.

Streifen schneiden

- **Raspel** Am schnellsten bekommt man feine Gemüsestreifen, wenn man eine gute Gemüseraspel benutzt.
- **Wirsingkohl** Um feine Streifen zu schneiden, jedes Blatt wie eine Biskuitrolle fest zusammenrollen. Mit einem scharfen Messer schneiden.

Schneidetricks

- **Kleben vermeiden** Wenn man zuckerhaltige Zutaten schneidet, das Messer ab und zu in einen Becher mit heißem Wasser tauchen.
- **Weiche Tomaten** Eine Viertelstunde in kaltes Wasser legen, dann kann man sie gut in Scheiben schneiden.

Gemüse

Bei jeder Zubereitungsart sollten Farbe, Aroma und Nährstoffe des Gemüses erhalten bleiben. Gemüse darf man erst kurz vor der Verwendung vorbereiten, da es sehr schnell verdirbt, wenn es geschält oder zerschnitten ist.

Grünes Gemüse

Grünes Gemüse, vor allem Sorten mit zarten Blättern, verliert nach dem Zerschneiden schnell seine Vitamine. Die Blätter am besten zerreißen. Muß man sie zerschneiden, ein sehr scharfes Messer benutzen, damit die Blätter so wenig wie möglich beschädigt werden.

Spinat putzen

Stiele entfernen
Um Stiele von Spinatblättern zu entfernen, ohne sie zu zerschneiden, jedes Blatt vertikal falten, beide Seiten mit einer Hand festhalten und mit der anderen den Stiel vom Blatt abziehen.

Brokkoli putzen

Strünke verwenden
Die dicken Strünke von Brokkoli muß man nicht wegwerfen. Man schält sie und schneidet sie in dünne Scheiben. Diese können zusammen mit den zarten Röschen gekocht werden.

Praxistips

- **Säubern** Um Insekten und Schmutz von Blattgemüse zu entfernen, die Blätter in einer Schüssel mit kaltem Salzwasser waschen.
- **Chicorée** Den festen Strunk keilförmig herausschneiden, dann schmeckt Chicorée weitaus weniger bitter.
- **Kohlblätter** Die äußeren, zähen Blätter eines grünen Kohlkopfs als Hülle für eine pikante Füllung verwenden. Damit die Blätter biegsam werden, eine Minute lang in kochendem Wasser blanchieren, dann abtropfen lassen.

Zwiebel- und Lauchgemüse

Zwiebeln jeder Art, Knoblauch und Porree (Lauch) sind in der Küche unersetzlich, wenn es darum geht, Gerichte pikant zu würzen. Neben ihrer typischen Würzkraft besitzen Knoblauch und Lauch Inhaltsstoffe, die eine sehr heilsame Wirkung haben.

Zwiebeln schneiden

- **In den Kühlschrank** Die Augen tränen nicht so stark, wenn man Zwiebeln vor dem Schneiden eine halbe Stunde in den Kühlschrank legt.
- **Essigessenz** Etwas Essigessenz auf das Schneidebrett träufeln. Das mildert die Wirkung der Zwiebelsäfte.
- **Scharfes Messer** Zwiebeln sollte man stets mit einem sehr scharfen Messer zerschneiden, damit sie sauber zerschnitten und nicht gequetscht werden.

Knoblauch pressen

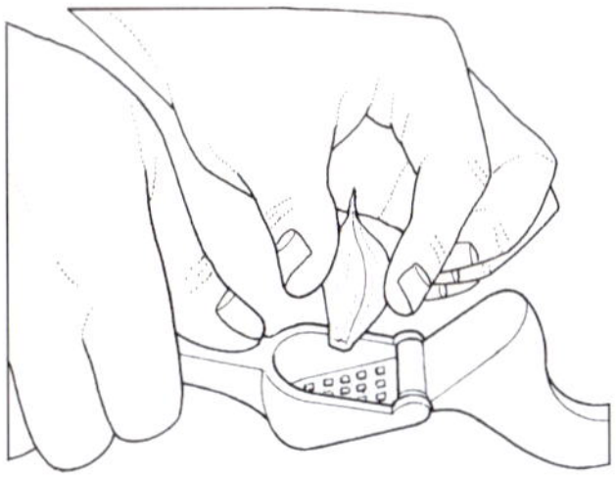

Mit Schale
Bei Verwendung einer Knoblauchpresse die Schale an der Knoblauchzehe lassen. Die Presse läßt sich hinterher viel leichter reinigen, weil die Löcher nicht völlig verstopfen.

Lauch

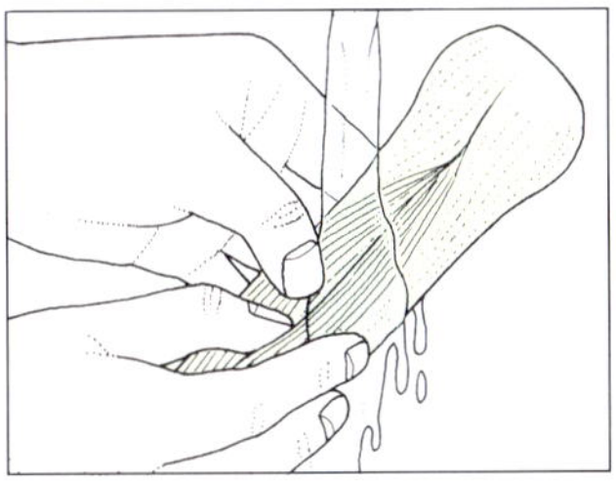

Sandige Erde auswaschen
Die Lauchstange längs fast bis zum Wurzelende einschneiden. Die Lauchstange unter fließendes, kaltes Wasser halten, dabei die Blätter fächern und sehr gründlich waschen.

Wurzel- und Knollengemüse

Hierzu gehören z. B. Möhren, Rettich, Rote Bete, Sellerie, Topinambur und Kartoffeln. Die Zahl der schmackhaften Gerichte, die man aus diesen Gemüsen herstellen kann, ist endlos. Wurzel- und Knollengemüse sind sehr reich an Vitaminen und Ballaststoffen.

Dekorativ servieren

- **Mit Schopf** Bei Babymöhren vom Blattschopf ein Stückchen daran belassen, dann garen und unzerkleinert servieren.

„Möhrenblumen"
In gleichmäßigen Abständen über die Länge einer geschälten Möhre Rillen einschneiden. Die Möhre in Scheiben schneiden. Sie haben die Form einer Blüte.

Vorbereiten

- **Rote Bete** Vor dem Kochen die Wurzeln und das obere Ende nicht abschneiden, damit der Saft nicht ausläuft.
- **Kartoffeln** Pommes frites werden schön knusprig, wenn man die geschnittenen Kartoffeln vor dem Fritieren in kaltem Wasser abspült und gut mit Küchenpapier abtrocknet.
- **Topinambur** Die Knollen lassen sich leichter schälen, wenn man sie zuerst samt Schale kocht.
- **Junges Gemüse** Junges Wurzelgemüse so dünn wie möglich schälen, weil die Schalen viele Ballaststoffe enthalten und das Gewebe darunter reich an Nährstoffen ist.

Gute Idee

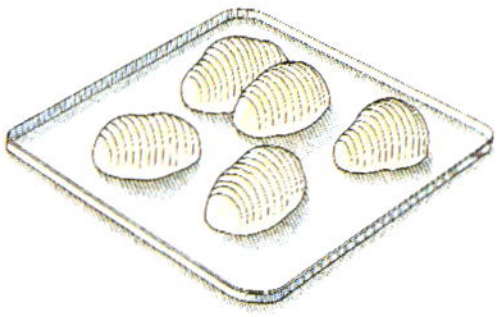

Knusprige Kartoffeln
Um wirklich knusprige, goldbraune Kartoffeln zu erhalten, die Kartoffeln nach dem Schälen in engen Abständen tief einschneiden, mit Öl bestreichen, salzen und im Backofen 30 bis 40 Minuten backen, bis sie knusprig und gebräunt sind.

Salate vorbereiten

Bei Salaten denkt man zuerst an Blattsalate. Doch auch aus Gemüsen wie Gurken oder Stangensellerie läßt sich ein leckerer Salat anrichten. Damit frische Salate knackig, aromatisch und vitaminreich bleiben, sollte man sie erst kurz vor dem Servieren zubereiten.

Blattsalate

- **Salatblätter** Um die Vitamine zu erhalten, die Blätter mit den Fingern in mundgerechte Stücke zupfen, nicht mit dem Messer schneiden.
- **Trocknen** Wenn man keine Salatschleuder besitzt, die gewaschenen Blätter trocknen, indem man sie locker in ein sauberes Geschirrtuch einrollt. Beide Tuchenden festhalten, dann vorsichtig schütteln.
- **Auffrischen** Um einen schlaffen Salatkopf aufzufrischen, den Strunk entfernen und den Kopf einige Minuten in Eiswasser tauchen. Oder die Blätter in kaltes Wasser, dem man etwas Zitronensaft und ein paar rohe Kartoffelschalen hinzufügt hat, legen.

Stangensellerie

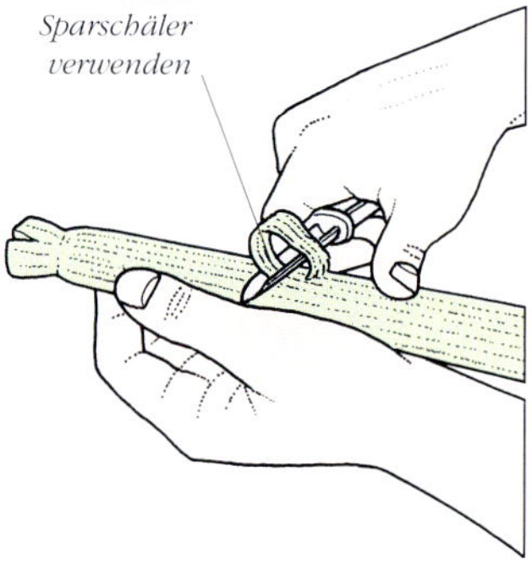

Stangensellerie schälen
Um die zähen Fäden schnell von den Selleriestangen zu entfernen, alle Stangen trennen, dann mit einem Sparschäler mit beweglicher Klinge über die ganze Länge fahren.

Salatgurken

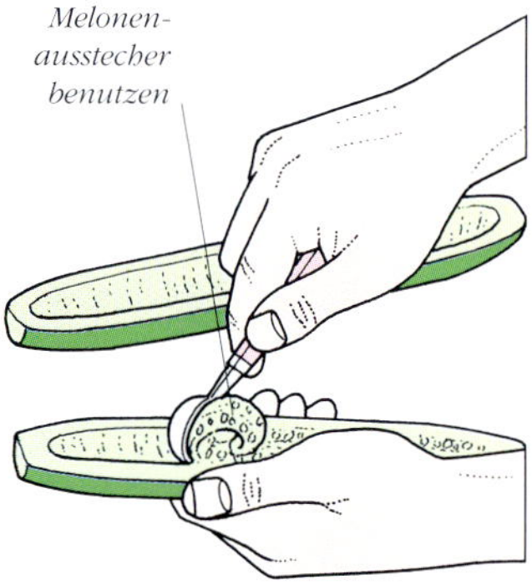

Gurken aushöhlen
Die Samen aus der Gurke entfernen, bevor sie in Würfel oder Scheiben geschnitten wird. Die Gurke längs halbieren, und mit dem Melonenausstecher entlang der Mitte kratzen.

FRUCHTGEMÜSE

Fruchtgemüse wie Gurken, Zucchini, Auberginen, Gemüsepaprika, Tomaten oder Avocados enthalten reichlich Vitamine und Mineralstoffe und sind ausgesprochen kalorienarm. Wer sich gesund und abwechslungsreich ernähren will, kommt ohne diese Gemüse kaum aus.

AUBERGINEN

● **Einkerben** In das Fruchtfleisch von Auberginenhälften ein Gittermuster schneiden, damit sie gleichmäßig gegrillt oder gebacken werden.

Bitterstoffe entziehen
Die Aubergine in Scheiben schneiden. Diese in ein Sieb legen und mit Salz bestreuen, 30 Minuten ziehen lassen, abspülen und trockentupfen.

SCHALEN ENTFERNEN

● **Blanchieren** Tomaten in kochendes Wasser legen. Nach einer Minute in kaltes Wasser legen. Die Schale läßt sich dann leicht abziehen.

Paprika häuten
Die ganzen Paprikafrüchte auf Alufolie legen, mit Folie locker abdecken. Im Backofen rösten, bis die Schale braun wird und Blasen wirft. Öfter umdrehen.

ZEITSPARTIP

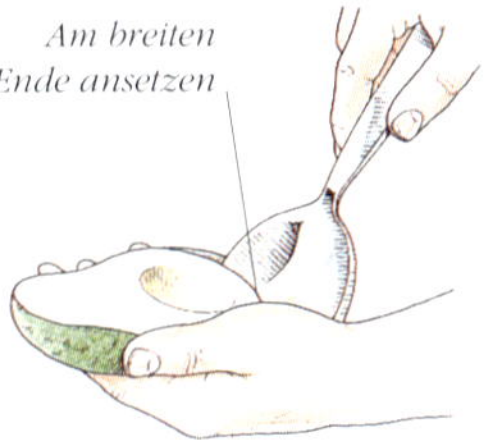

Reife Avocado häuten
Die Avocado halbieren, und das Fleisch aus jeder Hälfte mit einem großen, möglichst scharfkantigen Löffel aus Metall in einem Stück herauslösen. Den Löffel dicht an der Schale entlang führen.

ANDERE GEMÜSE

Alle Arten von Gemüse aus der ganzen Welt sind heute in den Supermärkten zu finden. Viele lassen sich nicht in die üblichen Gruppen einordnen, und einige sind genaugenommen kein Gemüse, z. B. Pilze, können aber in ähnlicher Weise zubereitet werden.

GEMÜSE PUTZEN

● **Maiskolben** Mit einer Kunststoffbürste lassen sich die Fäden von dem Kolben entfernen, ohne die Körner zu beschädigen.
● **Okra** Beim Abschneiden der Okrastiele die Schote nicht verletzen, da sonst die klebrige Substanz aus ihrem Inneren freigesetzt wird.
● **Chillis** Wenn Chillis ein milderes Aroma bekommen sollen, die Samen und Scheidewände herauskratzen. Die Hände gut waschen oder Gummihandschuhe bei der Arbeit tragen, da Chillis Augen oder Haut reizen können.
● **Spargel** Erst kurz vor dem Zubereiten schälen, am besten mit einem Spargelschäler.

KÜRBISSE PÜRIEREN

Zartes Kürbispüree
Den Kürbis kochen, dann das Fruchtfleisch mit einem Elektromixer rühren. Die fädigen Fasern wickeln sich dabei um die Rührstäbe, so daß sie leicht entfernt werden können.

PILZE

Zuchtpilze sollte man weder schälen noch waschen, da hierdurch Aroma und Vitamingehalt verringert werden.

● **Säubern** Erdreste vorsichtig mit Küchenpapier von den Pilzen abwischen.
● **Champignons** Will man sie roh verwenden, bleiben sie weiß und fest, wenn man sie mit Zitronensaft beträufelt.
● **Vitamine** Rohe Pilze beim Marinieren dicht mit Frischhaltefolie abdecken, damit durch den Luftkontakt keine Vitamine verlorengehen.
● **Getrocknte Pilze** Sie werden wieder fleischig, wenn man sie für eine Minute in kochendes Wasser taucht.

FRÜCHTE UND NÜSSE

FRÜCHTE UND NÜSSE WERDEN in der Küche vielfältig eingesetzt. Man verwendet sie z. B. häufig zum Würzen, Verfeinern und Dekorieren. Früchte sollte man stets so vor- und zubereiten, daß ihre wertvollen Inhaltsstoffe erhalten bleiben.

ZITRUSFRÜCHTE

Jeder Teil – Schale, Saft und Fruchfleisch – dieser vitaminhaltigen Früchte sollte verwendet werden. Wird die Schale verarbeitet, dann unbedingt nur unbehandelte Früchte verwenden. In jedem Fall vor der Verwendung Früchte mit wachsigen Schalen abwaschen.

ZITRONENSAFT

- **Anwärmen** Im Kühlschrank aufbewahrte Zitrusfrüchte geben mehr Saft, wenn man sie vor dem Auspressen auf Zimmertemperatur erwärmt.
- **Mikrowelle** Die Schale der Früchte anstechen, und die Früchte auf höchster Stufe zehn Sekunden erhitzen, um die Saftausbeute zu erhöhen.
- **Rollen** Zitronen geben mehr Saft, wenn man sie mit der flachen Hand auf der Arbeitsfläche rollt.
- **Schälen** Wenn man Schale und Saft benötigt, die Frucht vor dem Auspressen schälen.

ZITRONENSCHNITZE

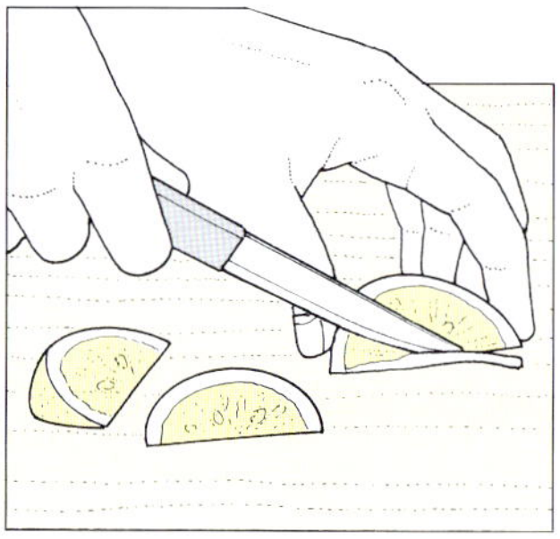

Weiße Haut wegschneiden
Vor dem Servieren bei Zitronenstücken die Häute mit einem geraden Schnitt entfernen. So läßt sich jedes Stück leicht ausdrücken, ohne zu spritzen.

STÜCKE SCHNEIDEN

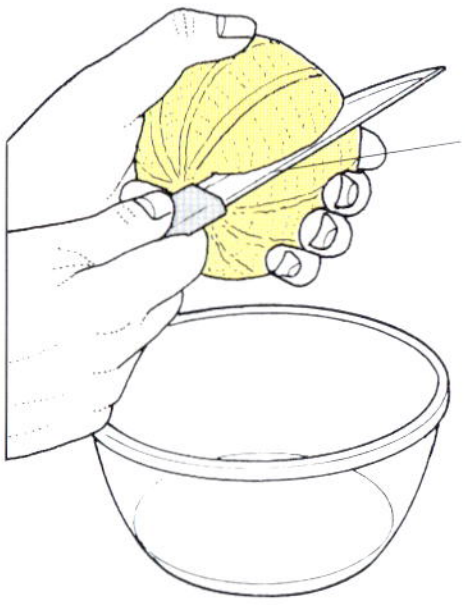

Saft auffangen
Geschälte Zitrusfrüchte beim Zerteilen über eine Schüssel halten, um den Saft aufzufangen. Diesen Saft an Obstsalate oder Getränke geben.

GARNIEREN

- **Mit Scheiben** Bevor man Zitrusfrüchte zum Garnieren in Scheiben schneidet, in die Schale Rillen schneiden. So entsteht ein gezackter Rand.

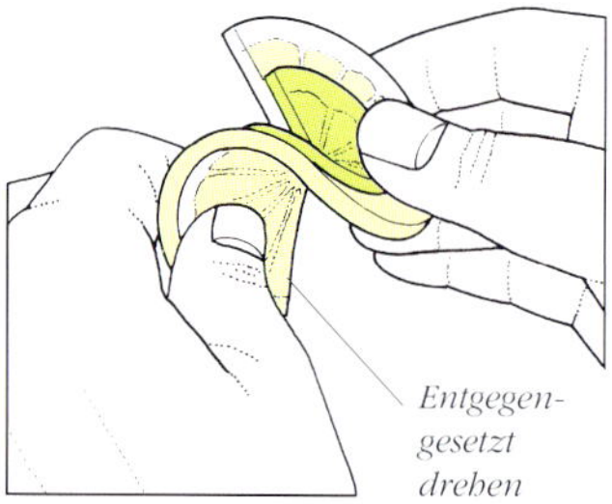

Zitrusspirale
Zitronen und Limetten in dünne Scheiben schneiden. Jeweils eine Limettenscheibe auf eine Zitronenscheibe legen, und beide bis zur Mitte einschneiden. Die Scheiben zu einer Spirale drehen.

PRAXISTIPS

- **Weiße Häute** Die Orangenschale sowie die weißen Häute lassen sich viel leichter entfernen, wenn man die ganze Frucht vier Minuten in kochendes Wasser legt. Abkühlen lassen.
- **Sparschäler** Zitrusschalen am besten mit einem Sparschäler schälen.
- **Halbe Zitrone** Damit die Schnittfläche nicht austrocknet, die Zitronenhälfte auf eine mit Zucker bestreute Untertasse stellen.
- **Einfrieren** Nach dem Auspressen von halbierten Zitrusfrüchten das restliche Fruchtfleisch sauber herauskratzen. Die leeren Schalen einfrieren. Später darin Obstsalat, Kompott oder Sorbet servieren.

SCHALEN VERWERTEN

Wodka aromatisieren
Die dünn abgeschälten Schalen von Orangen, Zitronen oder Limetten in ein Einweckglas geben, und mit Wodka auffüllen. Im Kühlschrank sechs Monate ziehen lassen. Den aromatisierten Wodka für Mixgetränke verwenden oder zum Verfeinern von Desserts.

STEINOBST

Steinobst wie Pfirsiche, Aprikosen, Mangos oder Pflaumen erfordern in der Regel nur wenig Vorbereitung. Meist muß man lediglich den Stein entfernen und eventuell die Frucht schälen. Das Obst vor der Verwendung sehr sorgfältig waschen und abtrocknen.

ENTSTEINEN

- **Sanft drehen** Entlang der natürlichen Einkerbung von Pfirsichen oder Nektarinen bis zum Stein einschneiden. Dann die beiden Hälften in entgegengesetzer Richtung drehen.
- **Pflaumen** Um die „Taille" der Pflaume bis zum Stein einschneiden, dann die beiden Hälften vorsichtig drehen.
- **Tauchen** Die Schale von Pflaumen oder Pfirsichen läßt sich leicht abziehen, wenn man die Früchte eine Minute in kochendes Wasser und dann in Eiswasser taucht, bis sie kalt sind.

EINE MANGO ENTSTEINEN UND WÜRFELN

1 Von beiden Seiten der Frucht so dicht wie möglich am Stein eine dicke Scheibe abschneiden. Das restliche Fruchtfleisch rund um Stein abschälen und würfeln.

2 Die dicken Scheiben in Würfel schneiden, indem man bis zur Schale schneidet, ohne diese zu zerschneiden. Die Schale nach außen biegen, um die Würfel abzulösen.

BEERENOBST

Saftige, weiche Beerenfrüchte werden gern frisch serviert. Man muß sie zuvor gründlich verlesen, um beschädigte Früchte, Hüllblätter, Stiele und Schmutz zu entfernen. Weiche, reife Beeren immer vorsichtig behandeln, damit sie keine Druckstellen bekommen.

BEEREN VORBEREITEN

- **Waschen** Wenn empfindliches Beerenobst gewaschen werden muß, die Früchte in ein Sieb geben und unter langsam fließendem Wasser abspülen, dabei das Sieb vorsichtig schütteln. Das Obst auf Küchenpapier legen und trockentupfen.
- **Stachelbeeren** Vor dem Kochen oder Servieren mit einer Schere die Blüten und Stielansätze abschneiden.
- **Aroma** Zitronensaft verstärkt das Aroma von Beerenobst wie Heidelbeeren, Erdbeeren oder Himbeeren.
- **Überreife Beeren** Man kann daraus ein schnelles Dessert herstellen, indem man die Früchte mit einer Gabel etwas zerdrückt und über Vanilleeiscreme gibt oder in Naturjoghurt einrührt.

BEEREN ENTSTIELEN

- **Johannisbeeren** Zieht man den Stiel vorsichtig zwischen den Zinken einer Gabel hindurch, lösen sich die einzelnen Früchte unversehrt ab.

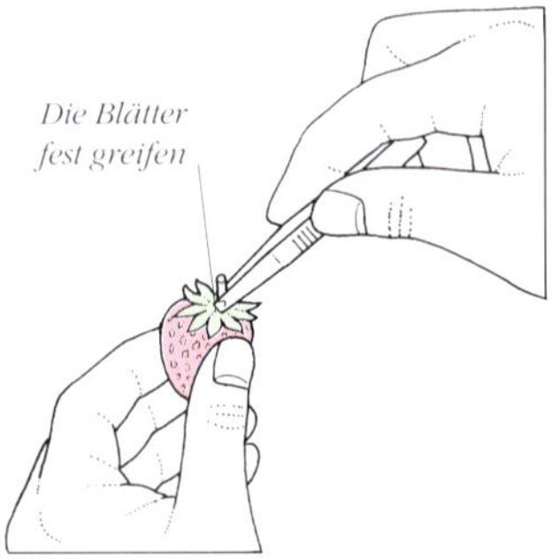

Erdbeeren entstielen
Eine Pinzette mit abgerundeten Schenkeln verwenden. Die Blättchen der frischen Erdbeere fest greifen und abziehen. So wird die Frucht nicht beschädigt, und der Saft verfärbt die Finger nicht.

EINGEFRORENE BEEREN

- **Form erhalten** Erdbeeren zum Auftauen nebeneinander auf einen Teller legen, solange sie gefroren sind. Langsam im Kühlschrank auftauen lassen. Noch leicht kühl servieren.
- **Dekorieren** Desserts mit den noch gefrorenen Beeren verzieren. Etwa 30 Minuten stehen lassen, dann servieren.
- **Schnell auftauen** Die gefrorenen Früchte in ein Gefäß geben. Dieses 30 Minuten lang in warmes Wasser stellen.
- **Sorbet** Gefrorene Beeren pürieren und mit einem Sorbetpulver und Zucker in der Küchenmaschine verschlagen. In gekühlte Gläser füllen und sofort servieren.
- **Preiselbeeren** Vor der Verwendung etwa zwölf Stunden ins Gefriergerät legen, dann schmecken sie aromatischer.

EXOTISCHE FRÜCHTE

Hierzu zählen die meist sehr vitaminhaltigen Früchte, die aus subtropischen, tropischen und anderen sehr warmen Regionen der Erde stammen. Viele Tropenfrüchte werden am besten frisch verwendet, damit das zarte, duftende Fruchtfleisch zur Geltung kommt.

KIWI VORBEREITEN

Die Spitze abschneiden, um die Frucht auszuhöhlen

Fruchtfleisch auslöffeln
Kiwis muß man nicht schälen. Man kann sie wie ein gekochtes Ei essen, indem man die Spitze abschneidet und das Fruchtfleisch auslöffelt. Für unterwegs: Die Spitze abschneiden, und die ganze Frucht in Alufolie wickeln.

FRÜCHTE SERVIEREN

- **Kapstachelbeeren** Die „Lampion-Blätter" vorsichtig trennen und von der Frucht zurückziehen, dann festhalten und zusammendrehen.
- **Ganze Feigen** Die Frucht vom Stielende aus kreuzförmig bis zu zwei Drittel einschneiden, und die Teile vorsichtig auseinanderbiegen.
- **Papaya** Halbieren, mit dem Löffel die Samen herauslösen, das Fruchtfleisch mit Zitronensaft beträufeln.
- **Kiwis** In Verbindung mit Milchprodukten schmecken Kiwis bitter. Dies läßt sich vermeiden, wenn man die Früchte vor der Verwendung mit heißem Wasser überbrüht.

GUTE IDEE

Ananas ausstechen
Mit einem runden Ausstechförmchen aus Metall läßt sich der harte Strunk in der Mitte der Ananasscheibe ganz leicht entfernen. Es sieht auch dekorativ aus, wenn man dafür ein Sternförmchen benutzt.

BIRNEN ENTKERNEN

- **Birnenhälften** Die Birne halbieren, bevor das Kerngehäuse entfernt wird. So sieht man das Kerngehäuse besser, und man kann es ohne Fruchtfleischverlust entfernen.

Von der Unterseite her entkernen

Mit dem Ausstecher
Wenn ganze Birnen gekocht und serviert werden sollen, das Gehäuse von der Unterseite her mit einem Melonenausstecher oder der Spitze eine Sparschälers herausholen. Auf diese Weise behält die Birne ihre Form.

MELONEN VORBEREITEN

- **Standfläche** Bevor man eine Melonenhälfte serviert, eine dünne Scheibe von der Basis abschneiden, so daß die Frucht kippsicher auf dem Teller steht.

Saft auffangen
Wenn die Samen aus der Melone entfernt werden, die Frucht über ein Sieb, das in einer Schüssel hängt, halten. So geht der Saft nicht verloren. Den Saft dann über die Melone träufeln oder für Obstsalat verwenden.

SCHÄLEN

- **Karambole, Sternfrucht** Die braunen Ränder zeigen an, daß die Frucht reif ist, sehen aber nicht schön aus. Man kann sie leicht entfernen, indem man mit dem Sparschäler kurz von oben nach unten über die Rippen der ganzen Frucht fährt.
- **Ananas** Will man Scheiben verwenden, die Frucht ungeschält in Scheiben schneiden, dann von jeder Scheibe großzügig und gleichmäßig die Schale abschneiden. Ein scharfes Messer verwenden!
- **Datteln** Wenn die Früchte eine trübe Farbe bekommen haben oder Zucker auf der Haut kristallisiert ist, die Früchte kurz unter heißem Wasser abspülen und gründlich abtrocknen.
- **Kiwi** Falls die Schale einer Kiwi schwierig zu entfernen ist, die Frucht für 30 Sekunden in kochendes Wasser legen.

TROCKENOBST

Getrocknete Früchte sind eine konzentrierte Nährstoffquelle. Aprikosen und Pfirsiche sind besonders reich an Eisen und Vitamin A. Viele Trockenfrüchte sind verzehrfertig, einige müssen eingeweicht werden, wozu man gut Obstsäfte oder Tee verwenden kann.

FRÜCHTE VORBEREITEN

- **Kühlen** Trockenobst läßt sich leichter schneiden, wenn man es zuvor eine Stunde lang ins Gefriergerät legt.
- **Frühstück** Abends Trockenfrüchte in eine Thermosflasche geben und mit kochendem Wasser übergießen. Am nächsten Morgen noch warm zum Frühstück servieren.
- **Zeit sparen** Um das Einweichen von Trockenfrüchten zu verkürzen, sie in eine Schüssel geben und mit Wasser bedecken. Die Schüssel abdecken, und 90 Sekunden im Mikrowellengerät auf höchster Stufe erhitzen.

FRÜCHTE EINWEICHEN

Mit Tee aufgießen
Trockenobst für Kuchen oder Früchtebrot nicht in Wasser, sondern in Tee einweichen. Einen Tee mit typischem Aroma wählen, z. B. Earl Grey.

FRÜCHTE ZERKLEINERN

Ohne zu kleben
Klebriges Trockenobst, z. B. Aprikosen, mit einer Küchenschere zerkleinern, die man immer wieder in heißes Wasser taucht. So bleibt nichts daran hängen.

NÜSSE

Nüsse sind ein nährstoffreiches Nahrungsmittel, das für süße und pikante Gerichte verwendet wird. Wenn möglich, sollte man sich die Zeit nehmen, selbst frische, ganze Nüsse zu verarbeiten, da ihr Aroma wesentlich besser ist als das von bereits vorbereiteten Nüssen.

HASELNÜSSE

- **Mahlen** Ganze, frische Haselnüsse in der Küchenmaschine mahlen. Sie sind fettärmer als Mandeln.

Haut entfernen
Um die Häutchen zu entfernen, die Nüsse unter einem Grill rösten, bis sie blaßgold sind. Dann auf ein Geschirrtuch legen. Das Tuch über den Nüssen zusammenfalten und fest reiben. Die Häute fallen dann ab.

FRISCHE KOKOSNÜSSE

- **Milch** Mit dem Korkenzieher die Keimporen (Augen) durchbohren. Die Milch in ein Gefäß laufen lassen.

Die Schale öffnen
Rund um die dickste Stelle mit einem kleinen Hammer klopfen, um eine Schwachstelle zu finden. Wenn ein Riß in der Schale erscheint, weiter auf die Nuß schlagen, und sie dabei drehen. So entsteht ein sauberer Bruch.

SCHÄLEN UND BRÜHEN

- **Paranüsse** Damit sich Paranüsse leicht knacken lassen, die Nüsse für sechs Stunden einfrieren oder 15 Minuten bei 200 °C im Ofen rösten, dann abkühlen lassen.
- **Walnüsse** Die Nußkerne bleiben unversehrt, wenn man den Nußknacker in der Mitte der Nuß ansetzt, vorsichtig drückt, dann die Nuß weiterdreht und wieder drückt, bis rundum Risse vorhanden sind.
- **Maronen** Zum Schälen jede der Eßkastanien an der Spitze kreuzweise einschneiden. Dabei das Fruchtfleisch nicht verletzen. Die Kastanien bei 220 °C im Backofen rösten, bis die Schale aufspringt. Von den noch warmen Maronen die harte Außenhaut und die braune Innenhaut abziehen.

KRÄUTER UND GEWÜRZE

KRÄUTER UND GEWÜRZE bringen eine wunderbare Vielfalt an Geschmacksrichtungen in die Küche. Stets nur kleine Mengen an die Gerichte geben, und nach jeder Zugabe kosten, bis der gewünschte Geschmack erreicht ist.

FRISCHE KRÄUTER

Alle Kräuter bei der Vorbereitung vorsichtig behandeln, da sie ätherische Öle enthalten, die sich leicht verflüchtigen. Weichblättrige Kräuter wie Basilikum, Koriander und Kerbel sind besonders empfindlich. Kräuter am besten erst gegen Ende der Kochzeit hinzugegeben.

AROMA VERSTÄRKEN

- **Waschen** Kräuter sehr zügig waschen, indem man sie unter kaltes, fließendes Wasser hält und dabei leicht schüttelt. Auf Küchenpapier trocknen, eventuell leicht abtupfen.
- **Stiele** Wenn die Blätter von frischen Kräutern wie Petersilie oder Dill verwendet werden, die Stiele fein zerkleinern und damit Suppen, Saucen und Eintöpfe würzen.
- **Mit Salbei** Um Hähnchen oder Schweinebraten ein intensives, volles Aroma zu verleihen, vor dem Braten ganze Salbeiblätter unter die Hähnchenhaut oder in kleine Schlitze in die Fettschicht des Schweinebratens stecken.

PETERSILIE ZERKLEINERN

Gefäß verwenden
Die Stiele der Petersilie entfernen, die Zweige waschen und abtrocknen und in einen Becher oder eine Tasse geben. Mit einer Küchenschere die Petersilie in dem Gefäß zerschneiden.

MINZE VORBEREITEN

Aroma freisetzen
Um bei frischen Minzeblättern das maximale Aroma zu erhalten, die Blätter in eine kleine Schüssel geben und vorsichtig mit dem Ende einer Nudelrolle zerstoßen. Sofort verwenden.

KRÄUTERMISCHUNG HERSTELLEN

Mit Zitrusaroma
Eine Kräutermischung bekommt ein zartes Zitrusaroma, indem man ein dünnes Stück Orangen-, Zitronen- oder Limettenschale zu den Kräutern gibt. Damit Suppen oder Saucen würzen.

- **Aromamischung** Gerichte mit rotem Fleisch und Hülsenfrüchten mit einer Kombination aus Rosmarin, Petersilie, Thymian, Lorbeerblatt und einem Stück Sellerie würzen.
- **Fisch würzen** Zarte Kräuter, z. B. Petersilie, Kerbel oder Dill, als Kräutermischung für Speisen mit Weißfischen verwenden.
- **Estragon** Um ein duftendes Aroma bei Hähnchen- oder Schweinefleischgerichten mit Weißwein- oder Sahnesaucen zu erhalten, einen Estragonzweig in die Kräutermischung geben.
- **Meerrettich** Paßt gut zu Gerichten aus Rindfleisch.

BASILIKUM VORBEREITEN

Blätter zerzupfen
Damit zartblättrige Kräuter wie Basilikum ihr Aroma nicht zu schnell verlieren, die Blätter immer nur mit den Fingern zerzupfen, nie mit dem Messer zerschneiden. Erst gegen Ende der Garzeit an die Speisen geben.

GETROCKNETE KRÄUTER

Getrocknete Kräuter sind ein praktischer Ersatz, wenn frische Kräuter nicht verfügbar sind. Sie besitzen jedoch ein wesentlich intensiveres Aroma als frische Kräuter. Als Faustregel gilt, daß bei getrockneten Kräutern etwa die halbe Menge der frischen ausreicht.

VERWENDUNGSTIPS

- **Thymian** Um die Blätter von getrocknetem Thymian von ihren verholzten Stielen zu entfernen, die Zweige zwischen Küchenpapier legen, dann die Kräuter kräftig reiben. Bei kleinen Mengen die Stiele zwischen den Fingerspitzen zerreiben.
- **Lorbeerblätter** Getrocknete Lorbeerblätter verbrennen nicht, wenn man sie einige Minuten wässert und auf einen Spieß zwischen Fleisch- oder Geflügelwürfel steckt.
- **Stiele** Entblätterte Stiele von Thymian oder Rosmarin beim Grillen auf die Glut werfen, um das Fleisch zusätzlich mit würzigem Rauch zu aromatisieren.

ROSMARIN VORBEREITEN

Blätte abstreifen
Um die Blätter schnell von den verholzten Rosmarinstielen abzulösen, die Zweigspitze festhalten, dann die Blätter mit Daumen und Zeigefinger gegen die Wuchsrichtung abstreifen.

GUTE IDEE

„Kräuter-Ei"
Wenn man Speisen würzen möchte, ohne daß Kräuterreste darin schwimmen, die Kräuter in ein Tee-Ei geben. Zum Ende der Garzeit damit in der Speise rühren.

GEWÜRZE

Viele Gewürze können während des Garens an die Speisen gegeben werden. Es lohnt sich, sie zuerst zu zerkleinern oder zu rösten, damit das Aroma möglichst intensiv ist. Auf diese Weise bearbeitete Gewürze sofort verwenden, damit das Aroma nicht verlorengeht.

VANILLESCHOTEN

Samen entfernen
Um ein wirklich starkes Aroma aus einer Vanilleschote zu erhalten, die winzigen, öligen Samen verwenden, nicht die ganze Schote. Mit einem scharfen Messer die Schote aufschneiden, dann die Samen herauskratzen.

INGWER

Die Wurzel zerdrücken
Ein Stück geschälten, frischen Ingwer zerdrücken, indem man es auf ein Brett legt und mit dem Boden einer schweren Pfanne daraufschlägt. Zerdrückt wird Ingwer an Kompott oder heiße Getränke gegeben.

ZERKLEINERN

- **Sauber und schnell** Ganze Gewürze in einen Gefrierbeutel geben und mit einem Nudelholz darüberrollen.
- **Gewürzmischung** Drei Teile schwarze oder weiße Pfefferkörner mit einem Teil Piment mischen und in eine Pfeffermühle geben. Frisch gemahlen damit Grillfleisch oder gegrillten Fisch würzen. Für Hähnchen schwarze, weiße, rosa und grüne Pfefferkörner zu gleichen Teilen mischen.
- **Chillipuder** Vier getrocknete, rote Chillischoten bei 200 °C zehn Minuten lang im Backofen backen. Die Stiele und Samen entfernen. Dann in einem Mörser zu feinem Pulver zerstoßen.

MILCHPRODUKTE UND EIER

MILCHPRODUKTE UND EIER GEHÖREN zu den wichtigsten Lebensmitteln. Fettarme Produkte sind ideal für eine leichte Küche. Manche sind allerdings nicht hitzebeständig und sollten vorsichtig behandelt und erhitzt werden.

EIER

Vielseitig und nährstoffreich sind Eier die Grundlage von unzähligen Süßspeisen und pikanten Gerichten. Ganze Eier werden für einige gekochte Speisen verwendet. Eiklar verleiht Volumen und bindet ab, und Eigelb wird zum Glasieren und Verfeinern verarbeitet.

EIER TRENNEN

Die Schale benutzen
Die Schale an den Schüsselrand schlagen, die Hälften auseinanderziehen. Das Eiklar in die Schüssel geben, während man das Eigelb mehrfach von der einen Schalenhälfte in die andere gleiten läßt.

BAISER HERSTELLEN

- **Eischnee** Vier Eiklar mit einer Prise Salz in einer großen Schüssel zu steifem Schnee schlagen.
- **Zucker** 120 Gramm feinen Zucker und einen Eßlöffel dazugeben. Schlagen, bis nichts mehr knirscht.
- **Puderzucker** 120 Gramm Puderzucker und einen Eßlöffel Speisestärke unter die Schaummasse heben.
- **Spritzbeutel** Die Schaummasse auf ein Blech spritzen. In den auf 200 °C vorgeheizten Backofen schieben. Nach drei Minuten den Ofen ausschalten, und die Baisers bei geschlossener Ofentür acht Stunden trocknen lassen.

GANZE EIER VERWENDEN

- **Glasieren** Um eine goldbraune Glasur bei Brot oder Brötchen zu erhalten, ein Ei mit einer Prise Salz verschlagen und damit vor dem Backen den Teig bestreichen.
- **Eiglasur verlängern** Pro ganzem Ei einen Eßlöffel Öl untermischen.
- **Leichtes Omelette** Pro Portion zwei Eier mit einem Eßlöffel Wasser verschlagen. Oder das Eiklar abtrennen, steif schlagen und unter das Eigelb ziehen. Frische, fein zerkleinerte Kräuter einrühren.
- **Rührei** Etwas Milch mit den Eiern verschlagen, damit das Rührei cremiger wird.

EIKLAR VERWENDEN

Die Schüssel mit Zitrone ausreiben

Fettspuren entfernen
Damit die Schüssel vor dem Schlagen von Eischnee fettfrei ist, mit der Schnittfläche einer Zitrone ausreiben. Oder mit einem mit Essig angefeuchteten Küchenpapier auswischen.

DOTTERRESTE

Mit der Schale Dotterreste entfernen

Schalenhälfte benutzen
Selbst Spuren von Eigelb sollte man aus dem Eiklar entfernen, sonst wird es nicht steif. Mit Hilfe einer halben Eierschale kann man das Eigelb meist problemlos herausschöpfen.

EIGELBRESTE VERWERTEN

- **Kühl lagern** Eigelbe mit kaltem Wasser bedecken. So kann man es zwei Tage lang im Kühlschrank aufbewahren.
- **Einfrieren** Eigelbe mit einer Prise Salz für pikante Gerichte oder einer Prise Zucker für Süßspeisen schaumig rühren, dann kennzeichnen und bis zu sechs Monate einfrieren.
- **Speisen verfeinern** Beim Zubereiten von Omelettes oder Pfannkuchen ein zusätzliches Eigelb dazugeben.
- **Speisen verbessern** Ein Eigelb in eine heiße Schokoladensauce oder pikante Sahnesauce geben. So erhalten diese Speisen eine glatte, glänzende Struktur.

BUTTER UND KÄSE

Butter und viele Käse sind reich an Fett und sollten deshalb in Maßen verwendet werden. Sie verleihen Speisen Aroma und machen sie gehaltvoller. Margarine kann statt Butter verwendet werden, aber fettarme Produkte sind nicht so gut zum Kochen geeignet.

BUTTER VORBEREITEN

- **Weich machen** Die Butter in eine geeignete Schale geben und im Mikrowellengerät auf der Auftaustufe erwärmen (pro 100 Gramm etwa 30 Sekunden).
- **Klären** Um eine wirklich klare Glasur für Pasteten oder Gemüse zu erhalten, Butter mit der gleichen Menge Wasser schmelzen. Absetzen lassen, dann die klare Butter abschöpfen.
- **Butterlocken** Gekühlte, feste Butter verwenden, und den Butterformer in warmes Wasser tauchen. Die Locken in eine Schüssel mit Eiswasser geben und im Kühlschrank aufbewahren.

KÄSELOCKEN

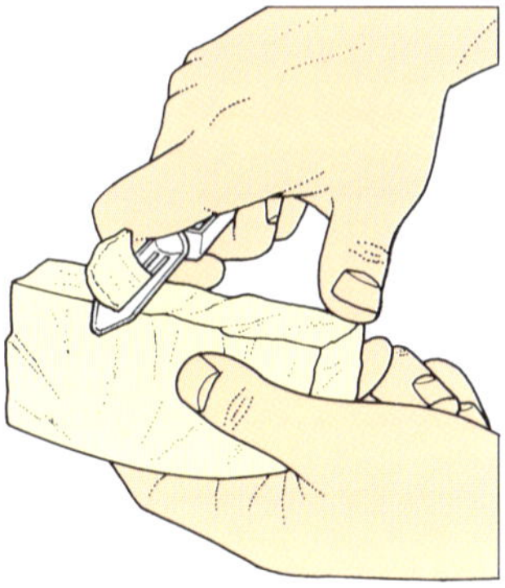

Mit einem Sparschäler
Dünne Locken von Parmesan, Pecorino oder anderen harten Käsesorten direkt vom Stück mit einem Sparschäler abschälen. Die Käselocken über heiße Nudelgerichte oder Salate geben.

LEICHTER TEIG

Butter reiben
Um leichten Mürbeteig zuzubereiten, ohne die Butter einzukneten, die Butter kühlen, bis sie hart ist. Dann mit einer Reibe in das Mehl raspeln. Mit Hilfe einer Gabel gleichmäßig vermischen.

SAHNE UND JOGHURT

Diese Lebensmittel bereichern alle Arten von süßen und pikanten Gerichten. Die leichteren Ersatzstoffe für Sahne ermöglichen es, Milchprodukte bei fast jeder Diät zu verwenden. Fettarmer Sahneersatz muß vor dem Kochen mit Maismehl stabilisiert werden.

SAHNE SCHLAGEN

- **Fettgehalt** Um ein möglichst großes Volumen zu erhalten, sollte die Sahne einen Fettgehalt von 38 bis 40 Prozent besitzen.
- **Kühlen** Vor dem Schlagen Mixer und Schüssel ebenso wie die Sahne kühlen.
- **Zuckern** Einen Teelöffel Puderzucker auf 150 Milliliter Sahne geben, um lockere Sahne zu erhalten, die beim Spritzen ihre Form behält.
- **Aromatisieren** Aromastoffe wie Weinbrand vor dem Schlagen in die Sahne geben.
- **Mit der Hand** Schneebesen oder Handquirl verwenden, damit man die Festigkeit gut fühlen kann und die Sahne nicht zu steif schlägt.

VERWENDUNGSTIPS

- **Sahnehaube** Naturjoghurt und Sahne je zur Hälfte vermischen, um eine leichte und gesunde Sahnehaube für Desserts zu erhalten.
- **Stabilisieren** Damit Naturjoghurt in heißen Speisen nicht gerinnt, vor dem Erhitzen einen Teelöffel Maismehl mit 150 Milliliter Joghurt vermischen. Oder den Joghurt am Ende der Garzeit unterziehen. Die Speise darf dann aber nicht mehr aufkochen.
- **Crème fraîche herstellen** Saure und süße Sahne zu gleichen Teilen mischen und abdecken. Bei Zimmertemperatur die Masse dick werden lassen. Das dauert ungefähr zwei Stunden.

GUTE IDEE

Joghurt selbst gemacht
600 Milliliter Milch auf 40 °C erwärmen. Einen Eßlöffel Naturjoghurt und 50 Gramm Trockenmilch hineinrühren. In eine Thermosflasche füllen, nach sieben Stunden in eine Schüssel geben. Stehen lassen, bis die Masse dick ist.

FLEISCH UND GEFLÜGEL

EINE SORGFÄLTIGE VORBEREITUNG ist bei allen Fleischsorten der erste Schritt zum leckeren Gericht. Durch verschiedene Schneidemethoden, Marinaden und Panaden kann sogar das preiswerteste Stück Fleisch zur Delikatesse werden.

ALLGEMEINES VORBEREITEN

Fleisch und Geflügel läßt sich auf viele Arten vorbereiten, um Aroma und Zartheit zu verbessern. Für eine gesunde Ernährung sollte man Fett- und Hautgewebe weitgehend entfernen. Zusammen mit Knochen läßt sich aus dem Abgeschnittenen eine gute Brühe kochen.

FLEISCH SCHNEIDEN

- **Schnittrichtung** Quer zur Fleischfaser schneiden, dann wird das Fleisch zarter.
- **Würfeln** Für Ragouts oder Currys sollten die Fleischstücke gleich groß sein, damit sie gleichmäßig gar werden.
- **Nieren** Mit einer Küchenschere schneiden, nicht mit dem Messer. Den zähen Kern der Nieren entfernen.
- **Geschnetzeltes** Das rohe Fleisch 30 Minuten ins Gefriergerät legen, dann lassen sich leichter dünne Streifen schneiden.
- **Fettränder** Sie rollen bei Kurzgebratenem oder Gegrilltem nicht ein, wenn man sie in kurzen Abständen einritzt.

GEFLÜGEL PANIEREN

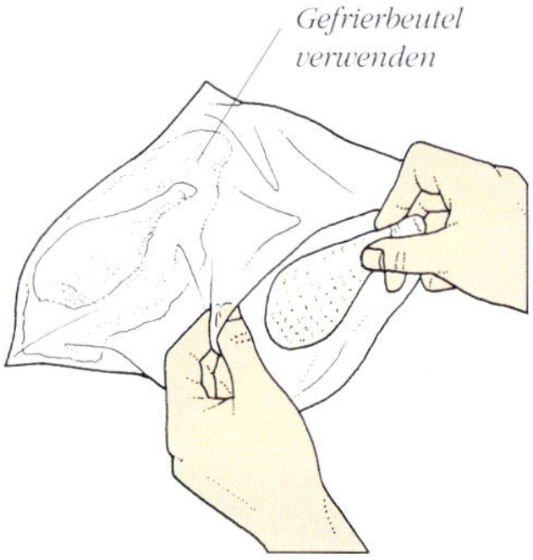

In einer Tüte schütteln
Um Geflügelteile mit gewürztem Mehl schnell und sauber zu panieren, die Mischung in einen Gefrierbeutel füllen. Die Teile dazugeben, und den Beutel schütteln, bis die Teile gleichmäßig paniert sind.

FLEISCH VERBESSERN

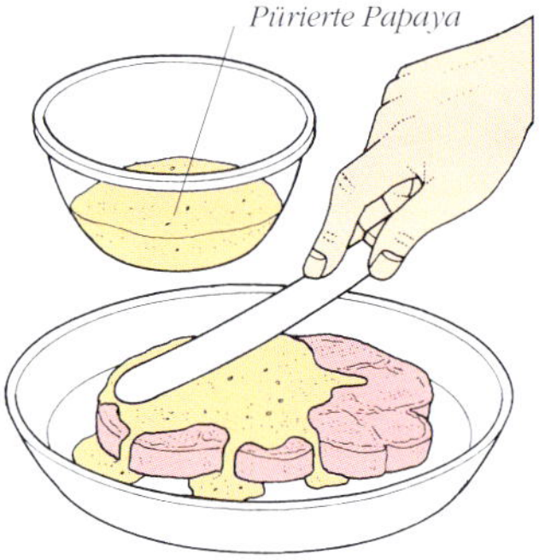

Mit Papaya marinieren
Um ein zähes Stück Fleisch zart zu machen, frische Papayas pürieren und damit das Fleisch bestreichen. Oder Papaya- oder Ananassaft über das Fleisch geben, dann drei Stunden kühl stellen. Danach abtrocknen.

ENTE VORBEREITEN

Haut einschneiden
Vor dem Grillen oder Braten die Haut der Entenbrust tief im Rautenmuster einschneiden. Dadurch gart das Fleisch gleichmäßig, die Haut bleibt in Form, und überschüssiges Fett tritt aus.

INNEREIEN VORBEREITEN

- **Leber** Um den etwas strengen Geschmack, z. B. von Schweineleber, zu mildern, die Stücke vor der Zubereitung eine Stunde in Milch einlegen.
- **Zarte Leber** Die Stücke mit Tomatensaft begießen, dann drei Stunden ziehen lassen.
- **Herz** Gründlich waschen, dann in leicht gesalzenem Wasser eine Stunde lang ziehen lassen, um alle Blutreste zu entfernen.
- **Bries** Es bleibt fest, wenn man es in leicht gesalzenem, kochendem Wasser mit etwas Zitronensaft ziehen läßt. Dann zwischen zwei Tellern pressen und zubereiten.

ZEITSPARTIP

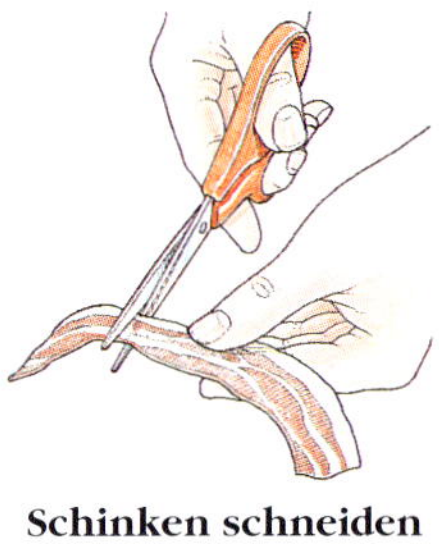

Schinken schneiden
Um Schinken schnell und einfach zu zerschneiden, eine Küchenschere verwenden. Rohe Schinkenstreifen direkt in die Pfanne schneiden.

Entbeinen und zerteilen

Fleisch und Geflügel sind meist weitgehend vorbereitet, wenn man es kauft. Je nach Zubereitungsart muss man aber dennoch manche Teile entbeinen, zerteilen oder dressieren, um ein bestimmtes Gericht schmackhaft und auf optimale Weise zubereiten zu können.

Lammbraten

● **Schützen** Knochenenden (Hals, Wirbelsäule) beim Lamm mit Alufolie bedecken, damit sie nicht verbrennen.

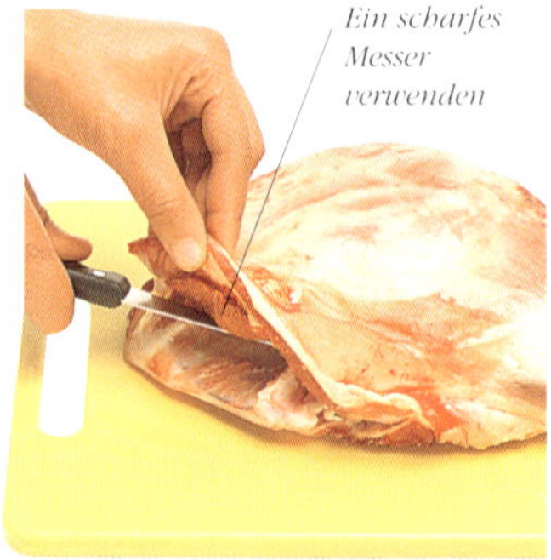

Knochen lockern
Bei Lammschulter das Schulterblatt vom Fleisch lösen, aber an der Stelle belassen. Beim Braten zieht sich das Fleisch zusammen, und der Knochen kann leicht herausgezogen werden.

Sicherheit

Nachlässiger Umgang mit rohem Fleisch oder Geflügel kann für Sie gesundheitliche Störungen zur Folge haben. Beachten Sie bitte deshalb:

● **Hände waschen** Vor und nach dem Bearbeiten von rohem Fleisch und Geflügel und vor der Zubereitung anderer Speisen die Hände gründlich waschen.

● **Geräte säubern** Um die Übertragung gesundheitsschädlicher Keime zu vermeiden, nach der Vorbereitung von rohem Fleisch und Geflügel Messer, Arbeitsflächen und Schneidebretter sehr gründlich säubern.

● **Kühl halten** Nach der Vorbereitung Fleisch sofort zubereiten oder mit Alufolie abgedeckt kühl aufbewahren.

Geflügel dressieren

● **Zusammenbinden** Bei einem ganzen Vogel die Schlegel zusammenbinden, er bleibt dann in Form.

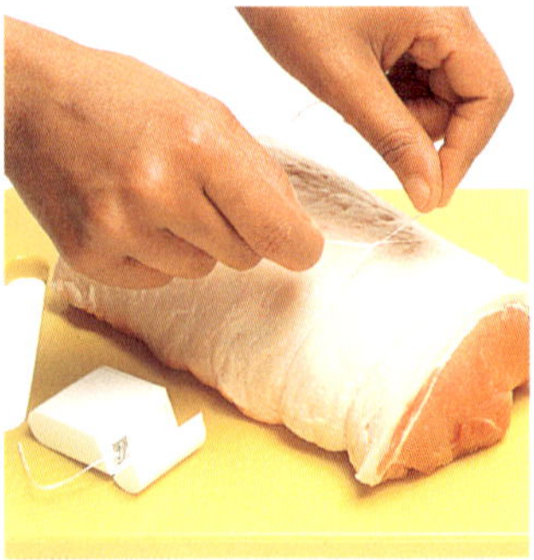

Zahnseide verwenden
Um Fleisch oder Geflügel unauffällig zu dressieren oder zu umwickeln, ungewachste Zahnseide verwenden. Sie ist stabil und hält die Form, ohne das Aussehen der Speise zu beeinträchtigen.

Grillhähnchen

● **Fest drücken** Damit das Geflügel flach liegt, wenn es für die Zubereitung geöffnet wird, mit dem Handballen fest auf das Brustbein drücken.

Spieße verwenden
Um ein Grillhähnchen in Form zu halten, Spieße durch die dicksten Bereiche des Fleisches stecken. Dadurch kann die Hitze auch besser eindringen, was ein gleichmäßiges Garen gewährleistet.

Geflügeltips

● **Fettmenge** Um das Fett bei Geflügel zu vermindern, die Haut von den Teilen entfernen. Sie enthält einen hohen Anteil der gesättigten Fettsäuren, die in Geflügel enthalten sind.

● **Greifhilfe** Die Schlegel mit Küchenpapier umgreifen, um die Haut zu entfernen. Die Haut zum schmalen Ende hin vom Fleisch abziehen.

● **Körperhöhle** Vor dem Braten eines ganzen Hähnchens aus der Körperhöhle alle Fettlappen entfernen, weil sie das Aroma verderben können und den Bratensaft mit Fett anreichern.

● **Gabelbein** Vor dem Braten von Geflügel die Halshaut anheben und den Gabelknochen herausziehen. Dann läßt sich die Brust leichter zerteilen.

Geflügelteile

● **Einlegen** Teile von Wildenten etwa eine Stunde in kaltes Wasser legen, um überschüssiges Blut zu entfernen. Gründlich mit Küchenpapier abtrocknen.

● **Reste** Aus den von ganzem Geflügel abgeschnittenen Resten eine Brühe oder einen Fond kochen und einfrieren.

● **Würzen** Die Haut von Geflügelteilen entfernen, und die dicksten Teile des Fleisches einschneiden, bevor man die Teile würzt oder mariniert. So dringt das Aroma richtig ein.

● **Panieren** Als Panade für Hähnchenteile eine Kräutermischung für Füllungen verwenden. Jedes Teil in Ei wenden, dann mit der Mischung panieren, bevor es gebraten oder fritiert wird.

FISCH UND MEERESFRÜCHTE

DIESE NAHRUNGSMITTEL KAUFT MAN möglichst vorbereitet, da z. B. das Ausnehmen und Putzen von Fischen für einen Laien nicht ganz einfach ist. Aber einige vorbereitende Handgriffe sollte man dennoch beherrschen.

FISCH

Frischer Fisch muß nur wenig vorbereitet werden. Wenn der Fisch schon filetiert oder gehäutet gekauft wird, ist er fast küchenfertig. Gefrorener Fisch kann als Ersatz für frischen Fisch angesehen werden. Noch gefroren zubereiten, damit er nicht zu trocken wird.

FISCH ENTSCHUPPEN

● **Unter Wasser** Fisch unter fließendem, kaltem Wasser entschuppen, um die Schuppen gleich fortzuspülen.

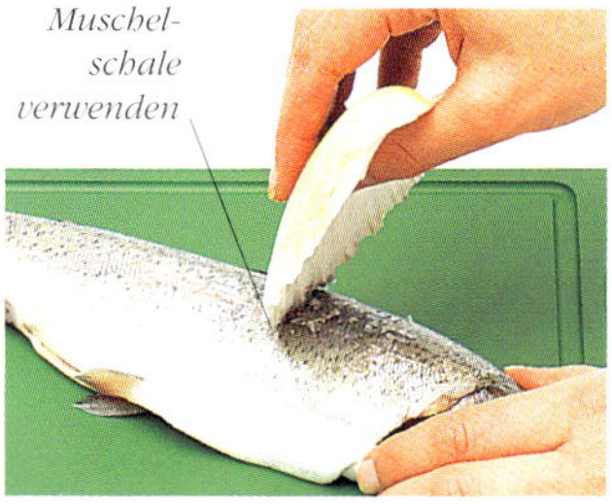

Mit einer Muschelschale
Fischschuppen lassen sich gut mit der Kante einer Muschelschale entfernen, indem man die Schuppen vom Schwanz in Richtung Kopf abkratzt.

GRÄTEN ENTFERNEN

● **Gekochter Fisch** Nach dem Garen beim Zerteilen des Fisches möglichst viele der kleinen Gräten entfernen.

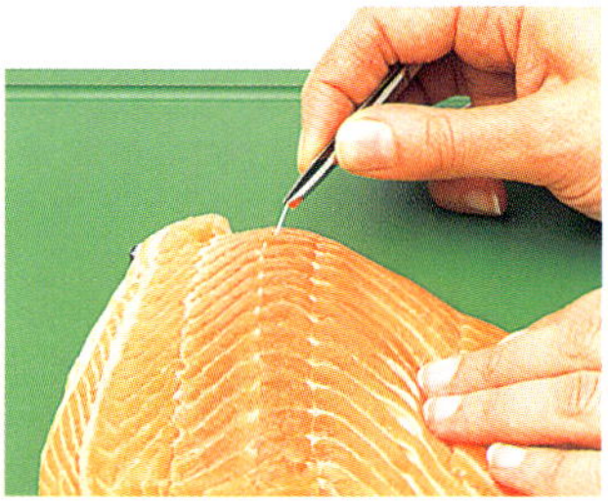

Mit der Pinzette
Mit einer Pinzette Gräten entfernen, die noch im Fischfilet enthalten sind. Mit den Fingerspitzen tasten, ob unter der Oberfläche noch Gräten stecken.

FISCH FILETIEREN

● **Plattfisch** Vor dem Filetieren nicht ausnehmen, um den Darm nicht zu verletzen, was das Fleisch verderben würde.

Makrelen entgräten
Den Bauch aufschlitzen, den Fisch mit der Haut nach oben hinlegen. Fest mit den Daumen entlang der Wirbelsäule drücken. Umdrehen, die Gräten abziehen.

SÄUBERN, ENTHÄUTEN

● **Ganze Fische** Zum Entschuppen in einen großen Gefrierbeutel stecken, und die Schuppen darin abkratzen.
● **Greifhilfe** Vor dem Enthäuten die Fingerspitzen in Salz tunken, um einen besseren Griff zu bekommen. Auch die Bauchhöhle mit Salz einreiben, um alle Reste zu entfernen. Vor dem Zubereiten den Fisch gut abspülen.
● **Gefrorener Fisch** Die Haut abziehen, solange der Fisch noch gefroren ist.
● **Fischgeruch** Mit Zitronensaft läßt sich der Geruch gut von Händen, Messer und Schneidebrett entfernen.

GANZE FISCHE VORBEREITEN

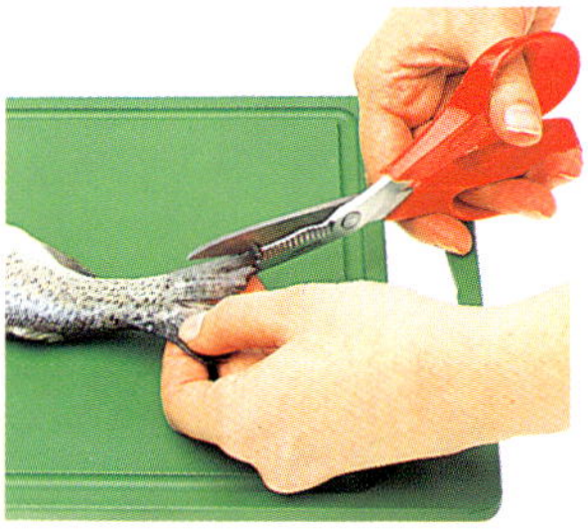

Den Schwanz einschneiden
Bei Fischen wie Lachs oder Forelle, die mit Schwanz serviert werden, die dünnen Ränder des Schwanzes mit einer Schere V-förmig einschneiden. Dadurch rollt sich der Schwanz durch die Hitze beim Kochen nicht auf.

● **Flossen** Mit einer Küchenschere die Flossen vor der Zubereitung abschneiden.
● **Form** Um die Form eines ganzen Fisches zu erhalten, den Mageninhalt durch die Kiemenöffnungen entfernen, nicht den Bauch dafür aufschlitzen.
● **Kiemen** Wenn ein Fisch mit Kopf gekocht und serviert wird, zuerst die Kiemen mit einer Schere herausschneiden, da sie ihm einen bitteren Geschmack verleihen können.
● **Kopf** Um den Kopf des Fisches zu entfernen, entlang des natürlichen Bogens hinter den Kiemen abschneiden.

MEERESFRÜCHTE

Frische Muscheln werden häufig lebend in der Schale verkauft und müssen zu Hause vorbereitet werden. Lebende Muscheln wie Austern, Miesmuscheln und Venusmuscheln werden am besten kurz vor dem Servieren zubereitet, damit sie möglichst frisch sind.

SERVIEREN

- **Miesmuscheln** Die Byssusfäden direkt vor dem Kochen entfernen, da die Muscheln durch diese Prozedur sterben.
- **Austern** Beim Öffnen von Austern eine Platte mit zerstoßenem Eis bereithalten, so daß die Schalen fest hineingedrückt werden können und der Saft in den Schalen bleibt.
- **Erst kühlen** Venusmuscheln oder Austern vor dem Servieren ungeöffnet zehn Minuten ins Gefriergerät legen. Dann lassen sie sich leicht öffnen.
- **Jakobsmuscheln** Schalen aufheben. Man kann darin später Fischsalat appetitlich anrichten und servieren.

KREBSSCHEREN KNACKEN

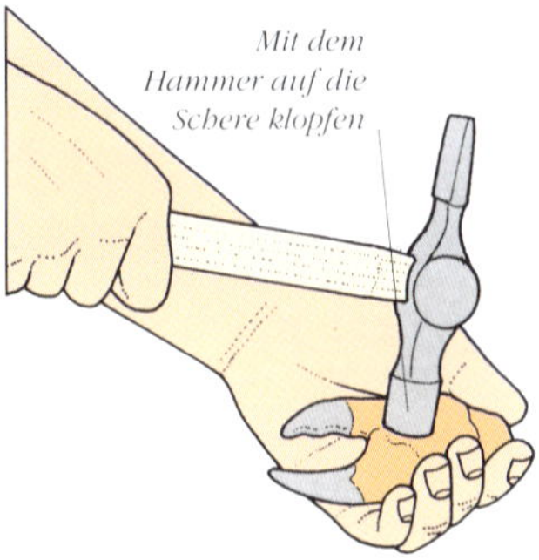

Mit dem Hammer
Die Krebsschere zersplittert nicht, wenn man sie in der Handfläche hält und mit einem kleinen Hammer vorsichtig, aber dennoch kräftig daraufschlägt, bis der Panzer knackt.

AUSTERN ÖFFNEN

- **Im Backofen** Die Austern auf ein Backblech legen und kurz in den heißen Backofen schieben, bis sie offen sind.

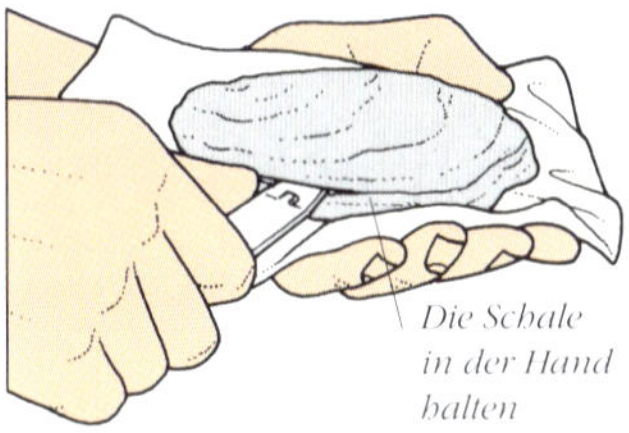

Mit dem Dosenöffner
Jede Austernschale mit der flachen Seite nach oben in einem Tuch festhalten. Den Öffner in das Schloß schieben und kräftig mit gleichmäßigem Druck nach unten drücken.

KREBSTIERE

Frische Garnelen, Hummer und andere Krebstiere werden häufig mit Panzer gekauft. Für ihre Zubereitung sind ein paar Tricks erforderlich. Das Aroma von frischen Krebstieren ist wesentlich besser als das von geschälten, gefrorenen oder konservierten Produkten.

GARNELEN VORBEREITEN

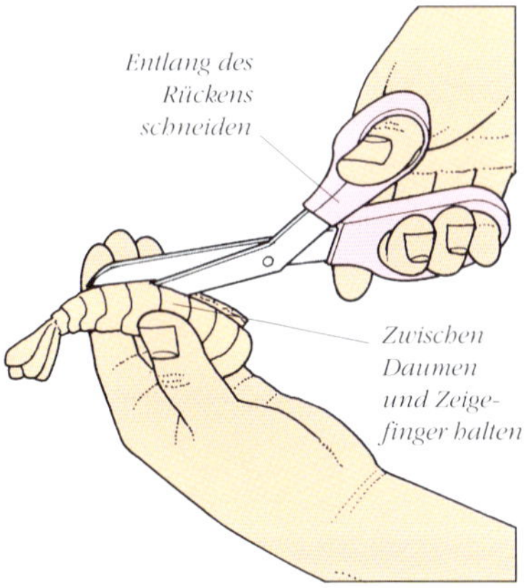

Schere benutzen
Um bei großen Garnelen vor dem Kochen die Adern zu entfernen, entlang des Rückens den Panzer aufschneiden. Die dunkle Ader herausheben oder mit einem Messer herauskratzen.

PANZER ENTFERNEN

- **Garnelen** Um gekochte Garnelen zu schälen, den Kopf zwischen Daumen und Zeigefinger nehmen und abdrehen. Die Beine auf eine Seite ziehen. Wenn sie abbrechen, sollte sich ein Teil des Panzers lösen. Dann läßt er sich ganz leicht abziehen.
- **Hummer** Mit einer Küchen- oder Geflügelschere läßt sich der Panzer leicht halbieren.
- **Schnittkanten** Nach dem Zerschneiden von Hummern oder Krabben die Schnittkanten mit einem feuchten Tuch abwischen, um kleine Splitter zu entfernen.
- **Dekorativ** Ausgelösten Hummer im Panzer servieren, und auch die Scheren zum Dekorieren verwenden.

PANZER VERWERTEN

Mit den Panzern der Krebstiere lassen sich Brühen, Saucen und andere Beilagen färben und würzen.

- **Fischsuppe** Nachdem Hummer gekocht und das Fleisch herausgelöst wurde, die Panzerstücke wieder in die Kochflüssigkeit geben. Ein Glas Weißwein, einige Zwiebelscheiben und ein Kräutersträußchen dazugeben. 20 Minuten köcheln lassen und abseihen.
- **Fischsauce** Hummerpanzer in der Küchenmaschine zu einer glatten Masse mahlen. Dann die Masse in etwas Butter garen, und mit trockenem Weißwein und Sahne daraus eine kräftige Sauce für Weißfisch herstellen.

Zubereitungstips

Überblick

Lebensmittel sollten immer so verarbeitet werden, daß sie nicht nur gut schmecken, sondern daß auch ihre Nährstoffe erhalten bleiben. Die unterschiedlichen Zubereitungsmethoden haben verschiedene Auswirkungen auf die Lebensmittel, und es ist wichtig, die geeignete Methode für jede Art von Nahrungsmitteln zu wählen. Schnelles Dünsten beispielsweise erhält Farbe und Struktur von frischem Gemüse, zähe Fleischstücke dagegen werden durch langsames Garen zart.

Gesund kochen

Die Art der Zubereitung beeinflußt entscheidend, welchen Wert die Lebensmittel für Ihre Ernährung haben. Wählen Sie möglichst schonende und fettarme Zubereitungsmethoden, und kochen Sie mit Fetten die arm an gesättigten Fettsäuren sind.

Kurz anbraten

Gemüse Jede Gemüseart nacheinander in die Pfanne geben, um die Hitze zu erhalten. Das Gemüse mit der längsten Garzeit zuerst, das mit der kürzesten zuletzt.

Poren schließen
Beim kurzen Anbraten möglichst wenig Öl oder Fett verwenden, damit sich die Poren schnell schließen. Nur so viel Öl in die Pfanne geben, daß die Nahrungsmittel leicht überzogen sind.

Garen

Kochflüssigkeit Wasser, in dem Gemüse gegart wurde, kühl stellen, da es Aroma und wertvolle Nährstoffe enthält. An Fonds, Saucen, Suppen oder Brühen geben.

Nährstoffe erhalten
Um beim Garen von Gemüse die Vitamine zu erhalten, sollte das Wasser sprudelnd kochen, bevor das Gemüse hineingegeben wird. Bei großer Flamme garen, bis es bißfest ist.

Dämpfen

Gleich große Stücke Damit Stücke von Lebensmitteln beim Dämpfen oder Dünsten gleichmäßig und zur selben Zeit gar werden, sollten sie alle etwa die gleiche Größe haben.

Päckchen machen
Um die nährstoffreichen, aromatischen Säfte von gedämpften Nahrungsmitteln zu erhalten, diese in Pergamentpapier einwickeln, bevor sie in den Dampfkochtopf gelegt werden.

GEMÜSE

DIE MEISTEN GEMÜSE BEHALTEN Farbe, Struktur und Aroma am besten, wenn sie schnell und schonend gegart werden. Dafür gibt es mehrere Zubereitungsmethoden. Gemüse möglichst gleich nach dem Zubereiten servieren.

KARTOFFELN

Kartoffeln sind nährstoffreich und eignen sich für viele Zubereitungsmethoden. Man sollte aber auf die Kartoffelsorte achten. Mehlige Kartoffeln eignen sich sehr gut zum Backen, Rösten und Pürieren, festkochende Sorten dagegen werden am besten gekocht.

ERFOLGSTIPS

- **Folienkartoffeln** Um die Garzeit zu verringern, einen Metallspieß durch die Mitte stecken, um die Hitze hineinzuleiten. Oder die Kartoffeln vorher 15 Minuten kochen.
- **Kartoffelpüree** Ein wenig heiße Milch (keine kalte) an das Kartoffelpüree geben, damit es lockerer wird. Mit dem Schneebesen glattrühren.
- **Gekochte Kartoffeln** Damit lang gelagerte Kartoffeln nicht dunkel werden, einen Teelöffel Zitronensaft oder Essig ins Kochwasser geben.

BRATKARTOFFELN

Knusprige Kartoffeln
Vor dem Braten die Kartoffeln vorkochen. Abgießen, dann den Topf auf den Herd stellen, um das restliche Wasser abdampfen zu lassen. Dabei den Topf schütteln.

KARTOFFELPÜREE

Püree warm halten
Das Püree mit einem Tuch zudecken, um es bis zum Servieren warm zu halten. Das Tuch nimmt Feuchtigkeit auf und hält das Püree locker und trocken.

GRÜNES GEMÜSE

Grüne Gemüse sind in der Regel reich an Vitamin C. Sie sollten schnell in möglichst wenig Wasser gegart werden, um die äußerst wichtigen Nährstoffe zu erhalten. Beim Kochen von grünem Gemüse das Kochwasser aufheben und zu Fonds oder Suppen geben.

KOHL DÄMPFEN

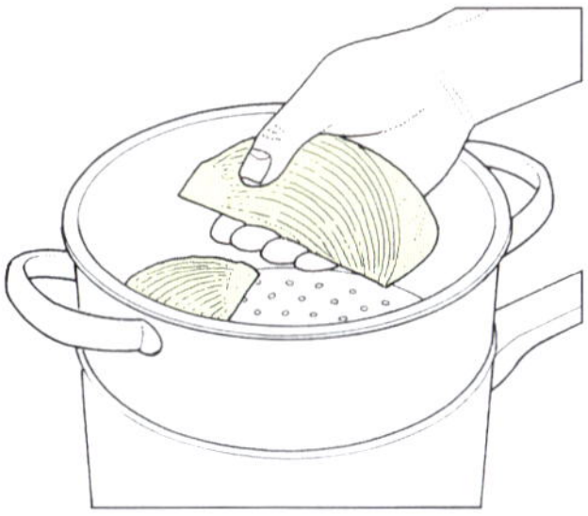

In Stücken
Kohl statt zu hobeln in portionsgerechte Stücke schneiden und diese dämpfen, bis sie weich sind. Die Stücke bewahren die Nährstoffe besser als gehobelter Kohl und sehen dekorativ aus.

SPARGEL GAREN

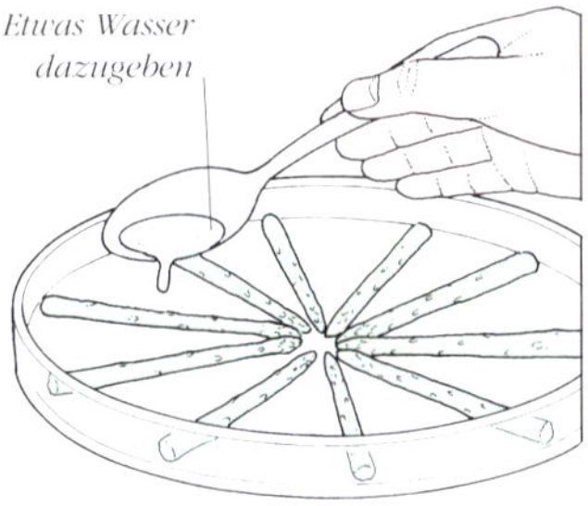

In der Mikrowelle
Spargelstangen in eine breite, flache Schüssel mit der Spitze nach innen legen. Drei Eßlöffel Wasser zugeben, abdecken und auf höchster Stufe garen (Herstellerangaben beachten).

VERFEINERN

- **Kohl** Statt in Wasser in Brühe garen. Fein zerschneiden und nur so viel Brühe aufgießen, daß der Kohl feucht ist. Die Pfanne während des Garens häufig schütteln.
- **Spinat** Um überschüssige Feuchtigkeit zu entfernen, gekochten Spinat in ein Durchschlagsieb geben und mit dem Kartoffelstampfer ausdrücken.
- **Chinakohl** Die festen, äußeren Blätter von Chinakohl für eine Gemüsebeilage fein zerkleinern und kurz anbraten. Die zarten Blätter für Salate verwenden.

Aroma verbessern

Die meisten Gemüse werden am besten kurz gegart, damit Aroma und Nährstoffe erhalten bleiben. Verschiedene Zubereitungsmethoden und Zutaten wie Kräuter machen es möglich, das Aroma zu verbessern und zu verfeinern, sogar bei den einfachsten Gemüsen.

Mit Zwiebeln

- **Anbraten** Um ein süßes, karamelisiertes Aroma zu erhalten, Zwiebeln langsam in Butter mit einer Prise Salz braten, bis sie goldbraun sind.

Zwiebelaroma
Um pikanten Gerichten Zwiebelaroma zu verleihen, ohne Zwiebelringe oder -würfel zu verwenden, eine halbe Zwiebel mit der Zitruspresse auspressen, und den Saft an die Speisen geben.

Mit Obstsaft

- **Zitronensaft** Verbessert das Aroma der meisten Gemüse. Personen, die salzarm essen müssen, können den Saft gut an Stelle von Salz verwenden.

Möhren aromatisieren
Möhren bekommen ein intensives, süßes Aroma, wenn man sie in Orangensaft gart. Junge Möhren mit dem Saft einer Orange und einem Stück Butter schmoren, bis sie weich sind.

Würzen

- **Lauch** Bekommt eine würzige Schärfe, wenn man ihn in etwas Butter mit je einer Prise gemahlenem Koriander und Kreuzkümmel langsam brät.

Mit Muskatnuß
Frisch gemahlene Muskatnuß kurz vor dem Servieren über Spinat, Pastinake oder Kartoffeln geben. Die Wärme des Gerichtes bringt das volle, würzige Aroma des Muskats zur Geltung.

Noch aromatischer

- **Rosenkohl** Die Röschen fein hobeln und kurz in etwas Olivenöl anbraten.
- **Rote Bete** Jeweils die Spitze der Knollen abschneiden und in gebutterte Folie einwickeln. Bei mittlerer Hitze ein bis zwei Stunden im Backofen backen.
- **Erbsen und Zuckererbsen** Einen Zweig frischer Minze beim Kochen hinzugeben.
- **Tomaten** An gekochte Tomaten und selbstgemachte Tomatensauce eine Prise Zucker geben.
- **Rotkohl** In Rotwein garen und Apfelstücke zugeben.

Reste verwerten

- **Überbacken** Gemüsereste in einer feuerfesten Form verteilen. Die Schicht nicht zu dick machen. Mit dünnen Scheiben Gruyerzer Käse belegen und überbacken.
- **Pikant** Kartoffelpüree mit angebratenen Zwiebeln und Kohl vermischen und goldbraun anbraten.
- **Beignets** Brokkoli- oder Blumenkohlröschen in Ausbackteig tauchen. In heißem Öl goldbraun fritieren.
- **Gemüsesalat** Gekochte Gemüsereste würfeln und mit Mayonnaise und Zitronensaft anmachen. Mit frischen Kräutern überstreut servieren.

Zeitspartip

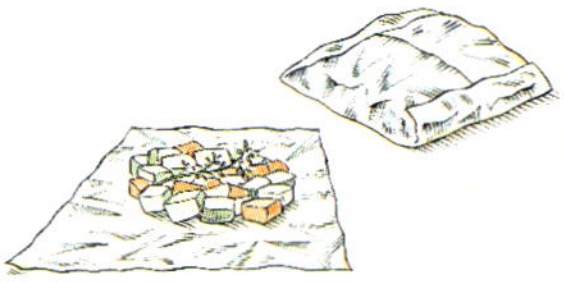

Gemüsepäckchen
Gemüse in gebutterte Folie einwickeln und für die letzten 30 bis 40 Minuten der Garzeit zu einem im Backofen zubereiteten Braten legen. Zweige von frischen Kräutern in das Päckchen legen, und mit Salz und Pfeffer würzen. Das Päckchen dicht verschließen.

Abwechslung hineinbringen

Gemüse sind vielseitige Lebensmittel, die maßgeblich zu einer gesunden Ernährung beitragen. Wenn mann sie aber immer auf dieselbe Art zubereitet, verlieren sie ihren Reiz. Seien Sie daher kreativ, und kombinieren Sie Gemüse mutig mit anderen Zutaten.

Kreativ servieren

Breite Gemüsestreifen
Möhren und Zucchini sehen sehr dekorativ aus und werden rasch gar, wenn man sie mit dem Sparschäler in dünne, breite Streifen schneidet. Dämpfen oder zwei bis drei Minuten anbraten. Nicht zu weich werden lassen.

Kreativ kochen

- **„Konfetti“** Mit dem groben Schnitzelwerk der Küchenmaschine festes Gemüse wie Möhren, Paprika, Zucchini oder Sellerie gleichmäßig zerkleinern. Kurz anbraten.
- **Mit Speck** Gekochte Grüne Bohnen mit zerkleinertem Knoblauch, gewürfeltem, goldgelb gebratenem Räucherspeck und einer zerkleinerten Tomate anrichten.
- **Auberginenpüree** Ganze Auberginen in der Schale etwa 45 Minuten bei mittlerer Hitze backen, bis sie weich sind. Das Fruchtfleisch herauslösen, mit einer Gabel zerdrücken und mit Salz, Pfeffer sowie einem guten Olivenöl pikant abschmecken.

Mehr Geschmack

Mit Samen bestreuen
Um gekochtem Gemüse mehr Substanz zu verleihen und den Nährstoffgehalt zu erhöhen, mit einigen leicht angerösteten Sonnenblumen- oder Kürbiskernen, Sesamkörnern oder zerkleinerten Nüssen bestreuen.

Misslungenes retten

Wenn Gemüse zu weich gekocht wurde, muß man es nicht wegwerfen, da man den Fehler meist korrigieren kann, indem man es auf eine andere Art serviert. Vielleicht finden Sie dann die Notlösung sogar besser als das ursprünglich beabsichtigte Gericht.

Gemüse pürieren

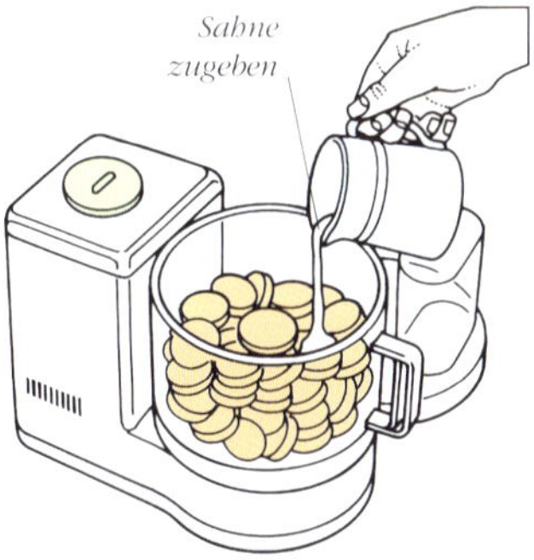

Mit Sahne vermischen
Zu weich gekochte Möhren, Spinat oder Erbsen kann man retten, indem man sie als gehaltvolles, cremiges Püree serviert. Das Gemüse in der Küchenmaschine pürieren. Nach Belieben Sahne zufügen.

Kartoffelpüree

Matschiges Püree retten
Wenn Kartoffelpüree klebrig und matschig geraten ist, ein Eiweiß steif schlagen und vorsichtig unter das Püree ziehen. Die Mischung in eine Schüssel geben und bei starker Hitze backen, bis sie locker und goldbraun ist.

Pannenhilfe

- **Versalzenes Gemüse** Sprudelnd kochendes Wasser darüberschütten. Wenn es immer noch zu salzig ist, einige Eßlöffel Sahne einrühren.
- **Zähe, ausgetrocknete Pilze** Einige Eßlöffel Rotwein zufügen. Zehn Minuten ziehen lassen, dann aufkochen. Etwas Sahne einrühren.
- **Zu weiches Gemüse** Wenn Blumenkohl oder Brokkoli zu weich gekocht wurde, das Gemüse pürieren und mit einer Cremessuppe aus der Dose und drei Eigelb verrühren. Drei steif geschlagene Eiweiß unterziehen. In einer Auflaufform bei starker Hitze 20 Minuten backen.

Salate

Salate bilden einen wichtigen Bestandteil unserer Ernährung, ob als Beilage oder Hauptspeise. Frisch und nährstoffreich ergeben sie – roh oder leicht gegart serviert – eine bunte, attraktive und appetitanregende Speise.

Grundzutaten

Seien Sie mit Salatzutaten kreativ, und nutzen Sie das frische Aroma, die Farben und die Strukturen aus. Kreieren Sie eine interessante Hauptspeise, indem Sie viele unterschiedliche Salatzutaten kombinieren und mit einer Salatsauce nach eigenem Geschmack würzen.

Salat knackig halten

Untertasse verwenden
Eine Untertasse umgedreht auf den Boden der Salatschüssel legen. Überschüssiges Wasser und Dressing sammeln sich unter der Untertasse, so daß die Salatblätter knackig bleiben.

Bohnen keimen lassen

Keimen im Glas
Mungobohnen oder andere Bohnen in ein Glas geben und über Nacht wässern. Abgießen, das Glas mit Stoff abdecken, und die Bohnen zweimal täglich spülen, bis sie keimen.

Reis formen

Mit einer Tasse
Gekochten Reis mit einem Dressing vermischen. Dann fest in Tassen drücken. Die Tassen auf der Servierplatte umdrehen, und den geformten Reissalat herausgleiten lassen.

Blattsalate

- **Ganze Blätter** Knackige, Salatblätter von Romana- oder Eisbergsalat als eßbare Servierschalen verwenden.
- **Bunte Streifen** Salatblätter in verschiedenen Farben (Eisbergsalat, Römischer Salat und Radicchio) in schmale Streifen schneiden und mit einem nussigen Dressing anrichten.
- **„Herz entfernen“** Um das Herz aus einem Eisbergsalat zu entfernen, damit man die Blätter unversehrt verwenden kann, den Salat mit dem Stielende nach unten fest auf den Tisch schlagen. So lockert sich das Herz, und es kann mit der Hand herausgezogen werden.

Verfeinern

- **Gurkenscheiben** Bevor man sie an den Salat gibt, die Scheiben etwa 20 Minuten ziehen lassen, um überschüssige Feuchtigkeit zu entziehen. Abspülen und gut abtropfen lassen.
- **Zwiebel** Damit das strenge Aroma von Zwiebeln nicht im Salat vorherrscht, die Zwiebeln vor der Verwendung eine Stunde lang in kaltem Wasser ziehen lassen.
- **Tomaten** Aromatische Salattomaten, Kirschtomaten mit feinen Rindfleischstreifen mischen. Nach Belieben pikant würzen und mit gutem Olivenöl beträufeln.

Warme Salate würzen

- **Mit Essig** Die Zutaten für warme Salate mit einigen Tropfen aromatisiertem Essig wie Balsamico oder Sherryessig beträufeln. Die Wärme des Salates bringt das volle Aroma des Essigs zur Geltung.
- **Mit Sesamöl** Mit einem Teelöffel Sesamöl im Dressing bekommt ein warmer Salat ein orientalisches Aroma.
- **Mit Schalotten** In feine Ringe schneiden, und in etwas Rotweinessig köcheln, bis sie weich sind. Für ein warmes, intensives Aroma an Kartoffel- oder Bohnensalat geben.

Variationen erfinden

Kombinieren Sie doch einmal übliche mit ungewöhnlichen Zutaten. Mischen Sie knusprige Zutaten wie Croûtons und Samen mit frischen und getrockneten Früchten. Setzen Sie Kontraste mit scharfen und milden Aromastoffen, und verwenden Sie Kräuter aller Art.

Verfeinern

- **Mit Anchovis** Einige fein zerkleinerte Anchovis aus der Dose unter einen Kartoffelsalat mischen.
- **Mit Kräutern** Grüne Salate mit frischen, zerkleinerten Kräutern wie Petersilie, Kerbel, Schnittlauch oder Rauke aromatisch anreichern.
- **Mit Biß** Um einfachen Salaten etwas mehr Biß zu verleihen, geröstete Sonnenblumenkerne oder Sesamkörner, Mandelblättchen oder gesalzene Erdnüsse kurz vor dem Servieren dazugeben.
- **Mit Parmesan** Locken aus Parmesan verfeinern Blatt- und Gemüsesalate.

Gemischte Salate

Zutaten aufschichten
Dressing in eine geradwandige Schüssel geben, dann darin verschiedene bunte Salatgemüse einschichten. Die gefüllte Schüssel auf eine Servierplatte stürzen, und der Salat ist fertig.

Verzieren

Dekorative Croûtons
Croûtons sind eine knusprige Garnitur für einfache Salate. Aus Brotscheiben Formen ausstechen. Diese in Öl goldbraun anbraten, in Petersilie wälzen und über den Salat geben.

Salatsaucen

Eine ausgewogene, frisch zubereitete Salatsauce kann einem Salat ein unverwechselbares Aroma verleihen. Mit aromatisierten Essigen und Ölen, Fruchtsäften, Kräutern, Gewürzen, Samen und Zitrusschalen lassen sich die phantasievollsten Dressings zubereiten.

Verfeinern

- **Warme Zutaten** Salate mit Reis oder Nudeln anmachen, wenn sie noch leicht warm sind, damit sie das Aroma des Dressings besser aufnehmen.
- **Mit Nußöl** Salatsaucen bekommen durch Nußöle wie Walnuß- oder Haselnußöl ein intensiveres Aroma.
- **Fettgehalt** Naturjoghurt oder Milch statt Öl als Basis für ein Dressing verwenden.
- **Süßen** Wenn Ihnen Salatsaucen auf Essigbasis zu scharf sind, statt Essig Apfel- oder Orangensaft nehmen oder einen Teelöffel Honig zufügen.
- **Mit Käse** Reifen Stilton oder Roquefort für ein Dressing verwenden. Den Käse mit der Gabel zerdrücken und in eine leichte Mayonnaise einrühren.

Vinaigrette

Schraubglas verwenden
Um schnell eine Vinaigrette herzustellen, die Zutaten in ein Glas mit Schraubverschluß geben: drei Teile Öl auf einen Teil Essig oder vier Teile Öl auf einen Teil Zitronensaft. Das Glas schütteln, um die Zutaten zu vermischen.

Gute Idee

Senfglas verwenden
Wenn ein Senfglas fast leer ist, den letzten Rest im Glas lassen und damit eine Salatsauce zubereiten. Die anderen Zutaten in das Glas geben und gut schütteln. Der restliche Senf verleiht dem Dressing ein pikantes Aroma.

OBST

FRÜCHTE, DIE NICHT ROH GEGESSEN WERDEN, sollte man immer nur mit nährstoffschonenden Zubereitungsmethoden verarbeiten. Leichtes Dünsten, Grillen oder Backen erhalten Aroma, Form und vor allem die wichtigen Inhaltsstoffe.

OBST BACKEN

Feste Früchte wie Äpfel oder Birnen kann man als Ganzes backen, um sie schonend zu garen. Alle frischen Früchte sollte man erst kurz vor der Zubereitung oder dem Servieren vorbereiten, da sie geschält oder zerkleinert an der Luft Vitamine verlieren.

MEHR AROMA

- **Mit Gewürzen** 60 Gramm braunen Zucker mit einem Teelöffel gemahlenem Zimt vermischen und über Fruchtdesserts streuen.
- **Mit Schokolade** Bananen im Ofen backen, bis ihre Schale schwarz wird. Auf einer Seite aufschlitzen und, geschmolzene Schokolade einfüllen. Dieses Dessert direkt aus der Schale genießen.
- **Mit Hitze** Damit sich das Aroma von noch unreifen Pfirsichen entfaltet, sie ungeschält bei starker Hitze etwa 20 Minuten backen. Vor dem Servieren die Schale abziehen.

APFELFÜLLUNGEN

Für gefüllte Bratäpfel das Kerngehäuse entfernen, aber nicht schälen. Man kann den Hohlraum in der Mitte des Apfels füllen.

- **Mit Marzipan** Getrocknete Aprikosen und Marzipan zerkleinern, mischen und einfüllen, dann mit Zitronensaft beträufeln.
- **Mit Keksen** Makronen oder Ingwer-Nuß-Plätzchen zerkrümeln und mit gehackten Mandeln oder Walnüssen vermischen.
- **Datteln und Nüsse** Beides zerkleinern (zwei Teile Datteln, ein Teil Nüsse), einfüllen, und einen Teelöffel Ahornsirup darübergeben.

ÄPFEL BACKEN

Die Schalen vorbereiten
Vor dem Backen die Schale von ganzen, entkernten Äpfeln einkerben, damit die Früchte nicht platzen. Auf die freien Stellen Zitronensaft träufeln, damit sie nicht braun werden.

KÜCHENFÜLLUNG

Säfte andicken
Um Säfte für Kuchenfüllungen anzudicken, die vorbereiteten Früchte in etwas Speisestärke wälzen. Wenn Zucker zugesetzt werden soll, diesen zuvor mit der Speisestärke vermischen.

ORANGEN BACKEN

In Alufolie
Die geschälte Orange in Ringe schneiden. Auf ein Stück Alufolie legen, etwas Butter und einen Spritzer Likör hinzufügen. In die Folie einwickeln und bei starker Hitze zehn Minuten backen.

FRÜCHTE IM „MANTEL"

- **Birnen** Aus rohem Blätterteig oder Mürbeteig lange, dünne Streifen schneiden und spiralförmig um die geschälten Birnen legen Mit Milch bestreichen, und bei starker Hitze den Teig goldgelb backen.
- **Äpfel** Ganze Äpfel backen, bis sie fast weich sind. Die obere Apfelhälfte schälen, darauf steife Baisermasse verteilen, dann backen, bis die Baisermasse goldgelb ist.
- **Obsttaschen** Pflaumen oder Aprikosen halbieren und entsteinen, und eine blanchierte Mandel in jede Höhle legen. Die Hälften zusammenklappen und mit Strudelteig umhüllen. Mit Öl bepinseln, und bei mittlerer Hitze goldgelb backen.

OBST DÜNSTEN

Obst kann gedünstet werden, indem es in Sirup gekocht wird, bis es gerade weich ist. Bei niedriger Flamme kochen, um das Aroma zu erhalten und zu vermeiden, daß die Früchte zerbrechen. Für ein Püree die Früchte so lange dünsten, bis sie richtig weich sind.

MEHR AROMA

- **Säuregehalt** Bei Rhabarber kann man den Säuregehalt vermindern und das Aroma verbessern, indem er in Orangensaft gedünstet oder mit Ingwer bestreut wird.
- **Mit Limonade** Apfelstücke in Limonade dünsten.
- **Mit Tee** Trockenobst in einem duftenden Tee, z. B. Earl Grey, dünsten. Etwas Kardamomschoten oder Sternanis für ein intensives, würziges Aroma zugeben.
- **Im Backofen** Das Aroma von Früchten entfaltet sich intensiv, wenn man sie bei geringer Wärme in einer dicht verschlossenen Schüssel etwa eine Stunde in den Ofen stellt.

APRIKOSEN DÜNSTEN

Mit der Mikrowelle
Wasser und Zitronensaft über die Aprikosen gießen. Zudecken und auf höchster Stufe vier Minuten erhitzen. Nach der Hälfte der Zeit umrühren. Die Schalen abziehen.

BIRNEN DÜNSTEN

Fächerförmig schneiden
Ganze geschälte Birnen mit Stiel in Wein oder Zuckersirup dünsten, bis sie fast weich sind. In dünne Scheiben bis kurz vor das Stielende schneiden. Die Scheiben zum Fächer legen.

FRÜCHTE RÖSTEN UND GRILLEN

Grillen ist eine ausgezeichnete Möglichkeit, um das süße, reife Aroma von Früchten zu entfalten. Fast jede Frucht kann auf diese Weise gegart werden. Die geringer werdende Hitze des Grills, nachdem die Hauptspeise zubereitet wurde, ist ideal zum Grillen von Obst.

PFIRSICHHÄLFTEN

- **Beträufeln** Frische Pfirsichhälften vor dem Grillen mit Zitronensaft beträufeln, damit sie nicht braun werden.

Mit einer Haube
Auf frische oder Dosenpfirsiche einen Löffel voll Ricotta oder Mascarpone setzen, mit süßen Gewürzen wie Zimt, Piment oder Anis bestreuen und grillen, bis der Käse Blasen wirft.

ANANAS GRILLEN

- **Glasur** Ananasstücke mit einer Mischung aus Butter, Rum und braunem Rohrzucker (gleiche Teile) bestreichen.

Ananas am Spieß
Eine Ananas vierteln, das Kernstück entfernen. Das Fruchtfleisch von der Schale lösen, auf der Schale liegen lassen und in Scheiben schneiden. Einen Spieß durchstecken, dann grillen.

GRILLTIPS

- **Am Spieß** Erdbeeren auf Bambusstäbchen stecken, mit geschmolzener Butter bepinseln und mit feinem Zucker bestreuen.
- **Einlegen** Pfirsich- oder Aprikosenhälften vor dem Grillen für 30 Minuten in Weinbrand einlegen.
- **Kebab** Stücke exotischer Früchte, z. B. Mango, Kiwi, Guave und Kumquat, auf Spieße stecken, mit Butter bestreichen und grillen.
- **Aromatisieren** Rum- oder Weinbrandbutter als Glasur für gegrillte Früchte verwenden.
- **Mit süßem Brot** Gegrillte Fruchtstücke auf gebutterten Rosinenbrotschreiben mit Zimt bestreut servieren.

Eier

Eier sind ein vielseitiges Lebensmittel, das süße und pikante Speisen verfeinert, andickt, lockert, bindet, umhüllt oder glasiert. Gebraten, gekocht, pochiert oder gebacken können Eier als vollständige Mahlzeit dienen.

Eier braten

Gebratene Eier sollte man mit einem guten, leichten Öl zubereiten. Wenn Sie eine beschichtete Pfanne verwenden, benötigen Sie nur sehr wenig Öl. Um überschüssiges Fett zu entfernen, können Sie die Eier vor dem Servieren mit Küchenpapier vorsichtig abtupfen.

Omelettes

Mit Füllung
Mit dem Pfannenwender ein Drittel des Omelettes über die Füllung schlagen. Die Pfanne anheben, und das Omelette auf den Teller rutschen lassen. Dann die andere Seite umschlagen.

Spiegeleier

Mit Backförmen
Förmchen in einer Pfanne mit Öl erhitzen. Je ein Ei in die Form geben, dabei die Form mit dem Pfannenwender festhalten. Zum Herausnehmen mit dem Messer entlang der Kante schneiden.

Gesundheitstip

Weniger Fett verwenden
Einen hitzebeständigen Teller auf einen Topf mit kochendem Wasser stellen. Wenn der Teller sehr heiß ist, ein Ei darauf schlagen. Etwa acht Minuten stocken lassen.

So backen Eier nicht an

- **Saubere Pfanne** Wurden in der Pfanne andere Speisen zubereitet, können die Eier anbacken, deshalb die Pfanne vorher gründlich reinigen.
- **Gutes Öl** Ein leichtes Öl wie Sonnenblumenöl zum Braten von Eiern verwenden. Das Öl erhitzen, und die Eier bei mittlerer Hitze braten.

Rühreier

- **Auflockern** Rühreier werden lockerer, wenn man etwas Mineralwasser unter die Eimasse schlägt.
- **Verfeinern** Einen Spritzer Sherry unter die Eimasse rühren, das verleiht dem Rührei ein intensiveres Aroma.
- **Strecken** Damit Rührei ergiebiger wird, pro Ei einen Eßlöffel Semmelbrösel unter die Eimasse schlagen.
- **Zutaten** In feine Streifen geschnittenen Räucherlachs, Schinken oder feingehackten Kerbel oder Schnittlauch in das Rührei geben.
- **Brotbelag** Statt hartgekochter Eier kann man auch gut abgekühlte Rühreier als Brotbelag verwenden. Schmeckt besonders fein auf Vollkorn- oder Nußbroten. Mit Mayonnaise und Gewürzen abschmecken.

In der Mikrowelle

- **Bräunungsgeschirr** Das Geschirr entsprechend der Herstelleranleitung vorheizen, und die Oberfläche mit etwas Öl bepinseln. Ein Ei darauf schlagen. Die Hitze bräunt die Unterseite des Eies. Das Eigelb mit einem Cocktailspießchen anstechen, damit es nicht explodiert, und mit einem Stück Küchenpapier locker abdecken. Etwa eine Minute auf höchster Stufe garen.
- **Ruhezeit** Beim Zubereiten im Mikrowellengerät das Rührei herausnehmen, bevor es vollständig gestockt ist. Die Eimasse rühren, dann eine Minute stehen lassen. Das Ei gart mit der Resthitze weiter.

Eier kochen und pochieren

Kochen und Pochieren sind schnelle und einfache Methoden, Eier ohne Zugabe von Fett zuzubereiten. Eier sollten vor dem Kochen Zimmertemperatur haben, dann platzen sie nicht so leicht. Daher 30 Minuten vor dem Zubereiten aus dem Kühlschrank nehmen.

Probleme vermeiden

- **Schwarze Ringe** Um zu verhindert, daß sich bei hartgekochten Eiern dunkle Ringe um das Dotter bilden, die Eier sofort abgießen. Die Schale anschlagen und unter kaltem Wasser schnell abkühlen.
- **Mit Essig** Platzen Eischalen beim Kochen, einen Eßlöffel Essig ins Wasser geben, damit das Eiweiß rasch gerinnt.

Eier pochieren

- **Frische Eier** Zum Pochieren sehr frische Eier verwenden, damit das Eiweiß am Dotter hängenbleibt. Das Wasser nur leise köcheln lassen, damit das Ei glatt und weich wird.

Eier kochen

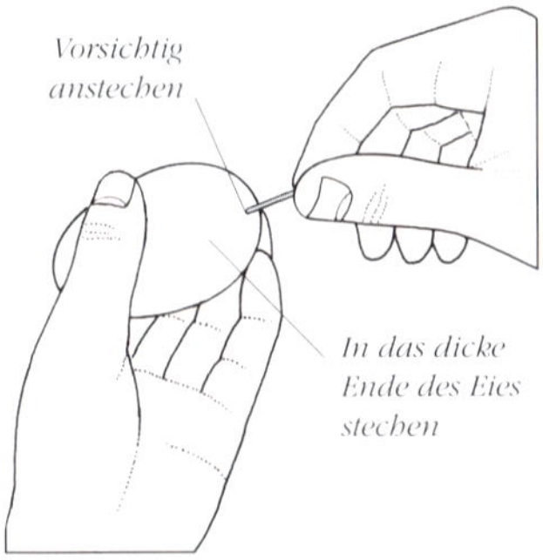

Platzen verhindern

Vor dem Kochen die Eier am dicken Ende mit einer Nadel anstechen, damit die Luft beim Kochen entweichen kann und sie nicht so leicht platzen. In kaltes Wasser legen.

Marmorierte Eier

Mit Teebeutel

Eier zwei Minuten kochen, herausnehmen. Mit einem Löffel auf die Schale klopfen, so daß sie reißt. Mit Teebeuteln eine Minute kochen. Nach dem Abkühlen schälen. Die Eier sind marmoriert.

Gebackene Eier

Eier können in Auflaufformen mit nicht viel mehr als Salz und Pfeffer gebacken oder zu aufwendigeren Gerichten wie Soufflés oder feinen Puddings verarbeitet werden. Mittlere Hitze eignet sich am besten für Eigerichte, sie verhindert auch, daß das Eiweiß zäh wird.

Soufflés zubereiten

Zylinderhut-Effekt

Bei einem heißen Soufflé vor dem Garen mit einem Messer am Rand der Form entlang sauber schneiden. Dadurch geht die Masse gleichmäßig auf, und es entsteht beim Backen ein sogenannter Zylinderhut-Effekt.

In Kartoffeln backen

Im Backofen

Eine große Kartoffel backen, bis sie weich ist. In der Mitte mit einem Teelöffel aushöhlen, und ein Ei hineinschlagen. Mit Salz und Pfeffer würzen, mit Käse bedecken, dann weiterbacken, bis das Ei gestockt ist.

Tips für Soufflés

- **Vorbereitung** Die Masse anrühren und in die Backform füllen. Mit Frischhaltefolie abdecken, und vor dem Backen zwei Stunden kühl stellen.
- **Gleichmäßig** Damit keine großen Luftblasen in der Souflémasse entstehen, die Schüssel einmal kräftig auf die Arbeitsfläche stoßen, bevor sie in den Ofen geschoben wird.
- **Mit Semmelbrösel** Damit ein Soufflé gut aufgeht und eine knusprige, goldgelbe Kruste bekommt, die gefettete Auflaufform mit Semmelbröseln bestreuen, bevor die Masse eingefüllt wird.
- **Soufflé-Tomaten** Fleischtomaten aushöhlen und mit einer Käsesoufflémasse füllen. Bei mittlerer Hitze backen.

Fleisch und Geflügel

Bei Fleisch und Geflügel kommt es sehr darauf an, für die einzelnen Stücke die richtige Zubereitungsart zu wählen. Mit der richtigen Zubereitungsmethode ist es möglich, das zäheste Stück zart und aromatisch zu machen.

Fleisch und Geflügel würzen

Fleisch und Geflügel lassen sich mit Panaden und Füllungen verfeinern, vor allem aber auch ergiebiger machen. Will man bei Gebratenem eine Sauce zubereiten, sollte man nach Möglichkeit das Fleisch vorher herausnehmen. Saucenreste kann man gut einfrieren.

Panaden

- **Mit Gewürzen** Geflügelhaut mit Öl bepinseln und mit Curry bestreuen. So erhält man eine intensiv würzige, knusprige Haut.
- **Überzug** Gleiche Mengen Worcestershiresauce und Tomatenmark vermischen. Damit Steaks, Koteletts oder Hähnchenteile vor dem Grillen bestreichen.
- **Mit Semmelbröseln** Die Brösel mit Olivenöl mischen, und frische, gehackte Kräuter hinzufügen. Diese Mischung 30 Minuten vor Ende der Garzeit auf das Fleisch geben.

Hähnchen würzen

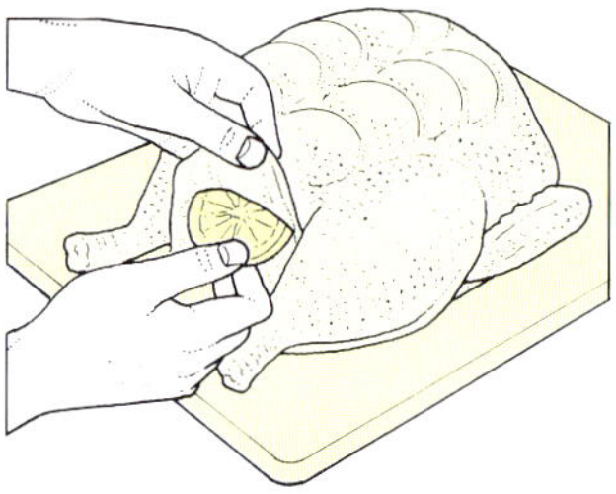

Mit Zitrusfrüchten
Damit ganze Hähnchen saftig bleiben, vor dem Braten einige Zitronen- oder Orangenscheiben unter die Brusthaut schieben. Das Hähnchen mit Öl bestreichen und würzen. Nur unbehandelte Früchte verwenden.

Füllungen

- **Mit Mango** Um ganzem Geflügel ein exotisches Aroma zu verleihen und damit das Fleisch saftig bleibt, Mangostücke in die Halsöffnung legen. Die Frucht zerkocht und süßt den Bratensaft.
- **Würzen** Einige gehackte Nüsse, getrocknete Früchte oder geriebenen Parmesankäse für zusätzliches Aroma unter die Füllung mengen.
- **Resteverwertung** Reste einer Füllung in eine gefettete Auflaufform geben, 20 bis 25 Minuten backen, aus der Form stürzen. Mit Sauce servieren.

Schinken würzen

- **Mit Nelken** Die fette Oberfläche des Schinkens einkerben, und in jeden Schnitt eine Gewürznelke stecken. Im Backofen garen.

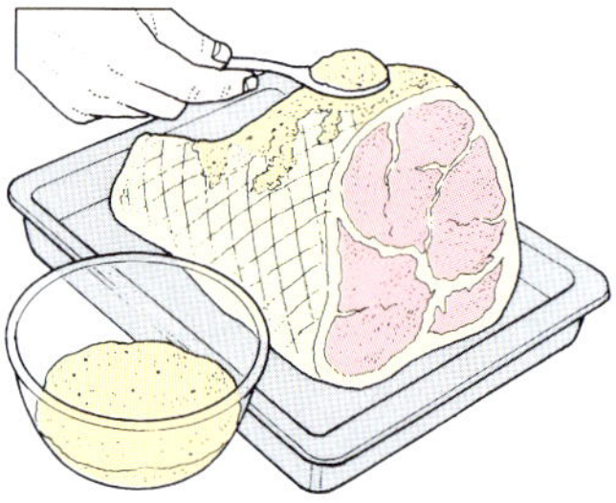

Mit Senf bestreichen
Gleiche Teile Senfpulver und braunen Zucker vermischen. Die Mischung 30 Minuten vor Ende der Garzeit auf die Fettseite eines gebackenen Schinkens geben.

Schweinefleisch

- **Mit Kräutern** Bevor ein Schweinebraten mit Knochen zusammengebunden wird, eine Handvoll frischer Salbeiblätter in das Innere geben.

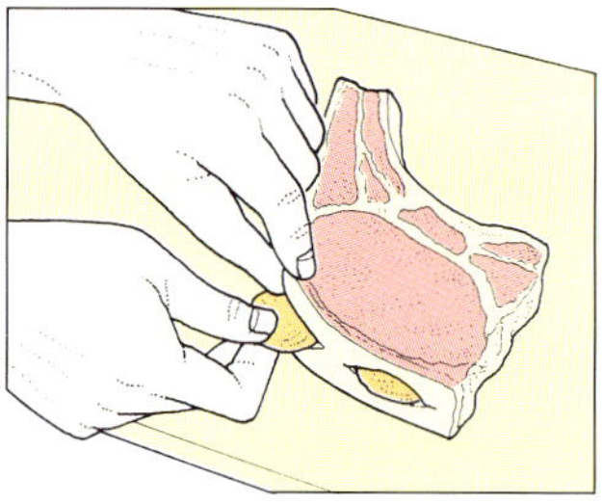

Koteletts füllen
Kleine Schlitze entlang des Fettrandes schneiden und aufziehen. Getrocknete Aprikosen oder Pflaumen hineinstecken, dann das Kotelett grillen, braten oder backen.

Rotes Fleisch würzen

- **Mit Knoblauch** Um Lamm zu würzen, mit einem Messer tiefe Schlitze in die Oberfläche schneiden und in jede Lücke eine Knoblauchzehe stecken. Dadurch erhält das Fleisch beim Garen ein zartes Aroma.
- **Marinieren** Lamm- oder Rindersteak in eine Marinade aus Olivenöl, Knoblauch, Rot- oder Weißwein und Kräutern legen. vier bis fünf Tage kühl stellen, dann kurz grillen.
- **Mit Wacholder** Frische Wacholderbeeren mit etwas Rotwein zu einer Paste verarbeiten. Wild vor dem Garen damit bestreichen.
- **Mehr Aroma** Fleisch erst kurz vor dem Zubereiten mit Salz würzen, da Salz dem Fleisch seinen Saft entzieht.

Ragouts aus Fleisch und Geflügel

Die Zubereitung von Ragouts ist besonders für zähere Fleischstücke wie Rinderhaxe zu empfehlen. Die Stücke werden nach dem langsamen, schonenden Garen in einem abgedeckten Topf und mit Kochflüssigkeit, die teilweise das Fleisch bedeckt, zart und saftig.

Tips für Ragouts

Wenn ein Ragout zuviel Flüssigkeit enthält, sollte man diese vermindern oder das Ragout andicken.

- **Reduzieren** Das Ragout im geöffneten Topf aufkochen, bis die Kochflüssigkeit eine sämige Konsistenz aufweist.
- **Mit Speisestärke** Stärkemehl mit Bratensaft, Wasser oder Wein mischen und in das Ragout einrühren. Unter Rühren aufkochen lassen. Nicht zuviel auf einmal hinzufügen, damit die Ragoutsauce nicht zu dick wird.
- **Mit Semmelbröseln** Frische weiße Semmelbrösel (aus trockenem Weißbrot selber herstellen) in das Ragout rühren, um es anzudicken.

Ragouts verfeinern

- **Kochflüssigkeit** Statt Wasser Wein, Tee oder Bier verwenden. Damit erhält man ein intensiveres Aroma, und das Fleisch wird noch zarter.
- **Mit Roter Bete** Ein oder zwei Scheiben Rote Bete an Ragouts geben, um der Sauce eine intensive goldbraune Farbe zu verleihen.
- **Mit Kräutern** Frische, zarte Kräuter wie Petersilie oder Basilikum gegen Ende der Garzeit an das Ragout geben.
- **Versalzenes retten** Dafür eine große Kartoffel in Stücke schneiden, in den Topf geben und mitkochen, bis die Stücke weich sind, dann herausnehmen. Oder das Ragout mit Hilfe von Sahne oder einer Dose Tomaten verdünnen.

Bewährter Tip

Lamm in Kaffee kochen
Anstatt ein Lammragout mit Brühe oder Wasser zu kochen, geben Sie aufgebrühten, schwarzen Kaffee hinzu. Er macht die Flüssigkeit intensiver und dunkler, und das Kaffeearoma paßt ausgezeichnet zu Lamm.

Fleisch und Geflügel schmoren

Schmoren ist eine langsame, schonende Zubereitungsmethode, für die man problemlos preiswerte Fleisch- und Geflügelstücke verwenden kann. Legt man das Fleisch zum Garen auf ein Gemüsebett, muß man nur sehr wenig Flüssigkeit hinzufügen.

Auf einem Gemüsebett

Mehr Aroma
Das Fleisch anbraten, um es appetitlich zu bräunen, dann auf Gemüse wie Zwiebeln, Sellerie, Lauch oder Möhren legen und gar schmoren. Das Gemüse kann auch vorgekocht werden.

Saftiges Fleisch

Mit Papier abdecken
Ein kreisrundes, gebuttertes Stück Pergamentpapier auf das Fleisch legen, bevor der Topf zugedeckt wird. Dadurch wird der Fond konzentriert, außerdem dampft die Speise nicht aus.

Fleisch zubereiten

- **Anbraten** Wenn Fleisch vor dem Schmoren angebraten wird, nur wenige Stücke gleichzeitig braten, damit die Poren sich schnell schließen.
- **Wild einlegen** Wildgeflügel vor dem Schmoren in Rotwein marinieren, damit es zart und aromatisch wird. Auf Sellerie oder Linsen schmoren.
- **Mit Paprika** Etwas Paprika beim Schmoren über das Fleisch streuen, damit die fertige Speise Farbe bekommt.
- **Mit Schweineschwarte** Das Schmorfleisch auf Schweineschwarte legen. Das ergibt viel Aroma, und das Fleisch bleibt nicht am Topfboden hängen.

GRILLEN

Grillen ist eine schnelle und einfache Zubereitungsmethode, die für viele Fleisch-, Fisch-, Gemüse- und Obstarten geeignet ist. In jedem Fall durch anfängliche starke Hitze den Saft einschließen. Dann die Temperatur absenken, damit die Speisen richtig gar werden.

EINEN GRILLKORB ANFERTIGEN

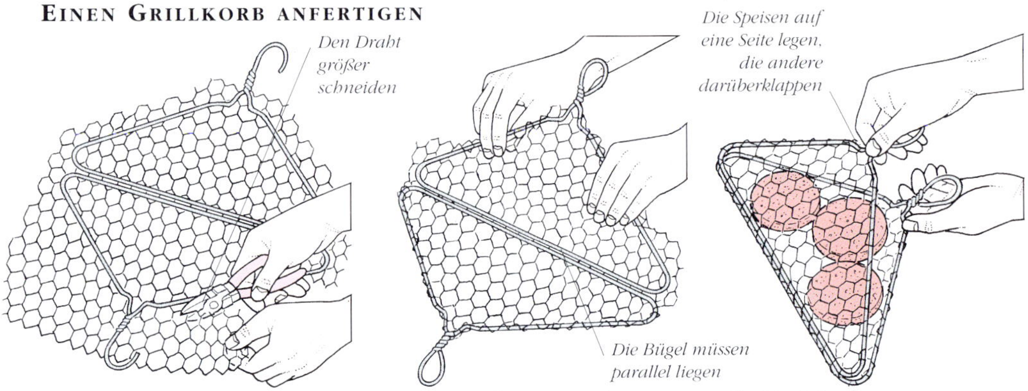

1 Der aufklappbare Drahtkorb eignet sich gut zum Grillen empfindlicher Speisen. Zwei Drahtkleiderbügel über ein Stück Hasendraht legen. Den Draht in Form schneiden.

2 Die Aufhänger nach innen biegen und zu einem runden Griff formen. Den Hasendraht über die Bügel biegen, und alle scharfen Spitzen nach innen drücken.

3 Die Bügel zusammenklappen. Den Korb zum beidseitigen Grillen empfindlicher Speisen (Fisch) verwenden, die beim Anfassen mit der Zange häufig zerfallen.

MIT BAMBUSSTÄBEN

- **Wässern** Will man Speisen zum Grillen auf Bambusstäbe stecken, die Stäbe zuerst etwa 20 Minuten lang wässern. Dann verbrennen sie beim Grillen nicht.

MIT HOBELSPÄNEN

- **Einweichen** Man kann die Brennzeit der Grillkohle verlängern, indem man Eichenholzspäne, die zuvor einige Minuten lang eingeweicht wurden, darüberstreut.

GRILL VORBEREITEN

- **Einölen** Den Grillrost mit Öl einpinseln, damit die Speisen nicht hängenbleiben. Den Grill auf eine hohe Temperatur aufheizen, bevor man die Speisen auflegt.

ERFOLGREICH GRILLEN

- **Mit Folie** Die Grillpfanne mit Alufolie (glänzende Seite nach oben) auslegen. So wird die Hitze auf die Speisen reflektiert, und die Pfanne läßt sich später leichter reinigen.
- **Vorheizen** Den Grill immer vorheizen, damit die Speisen sofort genügender Hitze ausgesetzt sind. Offenes Feuer nicht unbeaufsichtigt lassen!
- **Wenden** Immer eine Zange, nie eine Gabel verwenden, damit das Fleisch nicht nur Einstiche Saft verliert.
- **Magere Speisen** Hähnchen und andere magere Speisen vor dem Grillen sorgfältig mit Öl bepinseln, damit sie schön saftig bleiben.

WÜRSTCHEN AM SPIESS

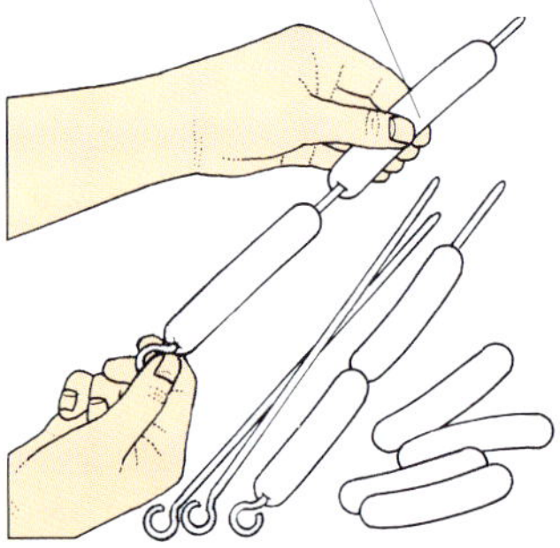

Metallspieße verwenden
Bei kurzen Würsten mehrere auf einen Metallspieß stecken, damit sie schneller gewendet werden können. Die Spieße leiten auch die Wärme ins Wurstinnere, wodurch die Garzeit verkürzt wird.

SICHERHEIT

- **Aufstellen** Einen mit offenem Feuer betriebenen Grill auf einer windgeschützten, ebenen Fläche aufstellen. Nie in die Nähe von Bäumen oder Gebäuden stellen!
- **Kinder** Kinder von der Feuerstelle fernhalten!
- **Feuerschutz** Feuerlöscher oder einen Eimer Sand in die Nähe des Grills stellen.
- **Spezialbesteck** Langstielige Grillbestecke zum Wenden und Begießen des Grillguts verwenden.
- **Verderbliches** Hamburger, rohen Fisch und andere leicht verderbliche Speisen unbedingt bis kurz vor der Zubereitung kühl lagern.

Fritieren und braten

Fritieren, braten bzw. sautieren von Fleisch und Geflügel sind schnelle Zubereitungsmethoden, bei denen sich die Poren rasch schließen, so daß das Fleisch wenig Saft verliert. Die Zufuhr der Wärme muß kontrolliert werden, damit die Speisen gleichmäßig garen.

Temperatur prüfen

Mit Brot testen
Wenn Sie kein Thermometer zum Messen der Öltemperatur haben, legen Sie ein Stück Brot in das Öl. Wenn das Brot innerhalb einer Minute braun wird, ist das Öl heiß genug zum Fritieren.

Öl wiederverwenden

Schmutzstoffe ausfiltern
Bevor Öl vom Fritieren wieder verwendet wird, alle darin schwimmenden Schmutzteilchen ausfiltern. Dafür ein Sieb mit Küchenpapier auskleiden, dann das Öl durchseihen.

Gesundheitstip

Gerillte Pfanne
Für sehr fetthaltige Speisen, z. B. Speck oder Würstchen, eine schwere Bratpfanne mit gerilltem Boden verwenden. Durch die Rillen liegt die Speise nicht im eigenen Fett. Das Fett weggießen.

Panieren und bräunen

- **Abtrocknen** Speisen mit Küchenpapier trockentupfen, bevor sie in Ausbackteig getaucht werden. So haftet der Teig besser, und die Hülle wird gleichmäßig braun.
- **Butter und Öl** Um beim Anbraten eine goldbraune Farbe zu erhalten, je zur Hälfte Öl und Butter verwenden. Die Butter bräunt rasch, das Öl verhindert ein Anbrennen.

Einen Wok verwenden

Im Wok fritieren
Einen Wok zum Fritieren verwenden, da man dabei weniger Öl braucht als bei den üblichen Fritiermethoden. Wenn der Wok einen gewölbten Boden hat, auf einen Wokständer stellen.

- **Temperatur** Um zu testen, ob ein Wok heiß genug ist, bevor Öl hineingegeben wird, die Handfläche einige Zentimeter über den Boden der Pfanne halten, bis man die Hitze aufsteigen fühlt. Oder warten, bis etwas Rauch vom Boden des leeren Woks aufsteigt.
- **Schütteln** Beim kurzen Anbraten von Speisen in einem Wok die Pfanne immer wieder schütteln und die Speisen ständig rühren. Dadurch garen sie gleichmäßig und schnell mit einem Minimum an Fett.
- **Mit Stäbchen** Mit langen Holzstäbchen die im Wok zubereiteten Speisen wenden, weil Holz nicht zu heiß wird.

Probleme vermeiden

- **Gerüche** Beim Fritieren eine Duschhaube tragen, dann gelangt der Geruch nicht in die Haare. Nach dem Fritieren das Gefäß zudecken, während das Fritieröl abkühlt.
- **Spritzendes Öl** Das läßt sich vermeiden, wenn man die Speisen trockentupft, bevor man sie ins heiße Öl gibt. Falls das Öl dennoch spritzt, das Fritiergefäß mit einem Spritzschutz aus Draht oder einem Metallsieb abdecken.

Sicherheit

- **Aufpassen** Beim Fritieren von Speisen immer in der Nähe des Topfes bleiben.
- **Kontrollieren** Die Öltemperatur mit einem Thermometer kontrollieren.
- **Löschen** Falls das Fritierfett Feuer fängt, den Herd ausstellen und den Topf abdecken. Nie versuchen, mit Wasser zu löschen.

Geflügel braten

Geflügel muß sehr gründlich gegart werden, um alle schädlichen Bakterien abzutöten. Hähnchen sind fertig, wenn der Saft, der beim Anstechen des dicksten Bereiches des Fleisches herausläuft, klar und nicht rosa ist. Ente muß nicht ganz so stark durchgegart werden.

Erfolgreich braten

- **Aromatisieren** Ein Kräutersträußchen, eine Zitrone oder eine ganze Zwiebel in die Körperhöhle des Geflügels stecken. Das Aroma dringt ins Fleisch ein und ergibt einen schmackhaften Fond.
- **Ruhen lassen** Geflügel nach dem Braten etwa 20 Minuten ruhen lassen. Dann läßt es sich einfacher zerteilen. Den Braten im abgestellten Ofen lassen oder herausnehmen und mit Folie abdecken.
- **Bratfolie** Geflügel in einem Bratbeutel braten, um sich das Begießen zu ersparen. Soll die Haut knusprig werden, den Beutel 20 Minuten vor Ende der Garzeit öffnen.
- **Mikrowelle** Geflügel mit Paprika bestreuen, damit es Farbe bekommt, da es in der Mikrowelle nicht bräunt.

Truthahn braten

- **Saft erhalten** Den Truthahn eine Stunde mit der Brust nach unten garen, damit er saftig bleibt. Dann umdrehen und zu Ende garen.

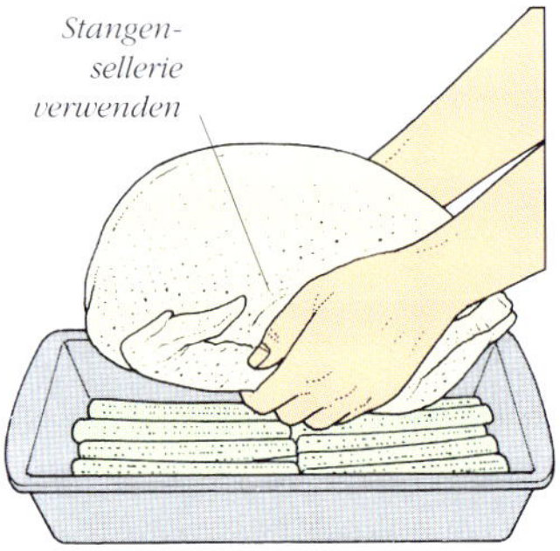

Auf einem Selleriebett
Den Boden des Bräters mit frischem, knackigem Stangensellerie auslegen. Die Stangen wirken ähnlich wie ein Grillrost und verleihen dem Bratensaft ein feines Aroma.

Hähnchen braten

- **Bräunen** Die Haut wird goldbraun, wenn man etwas gemahlenes Kurkuma mit dem Fett, das zum Bepinseln verwendet wird, vermischt.

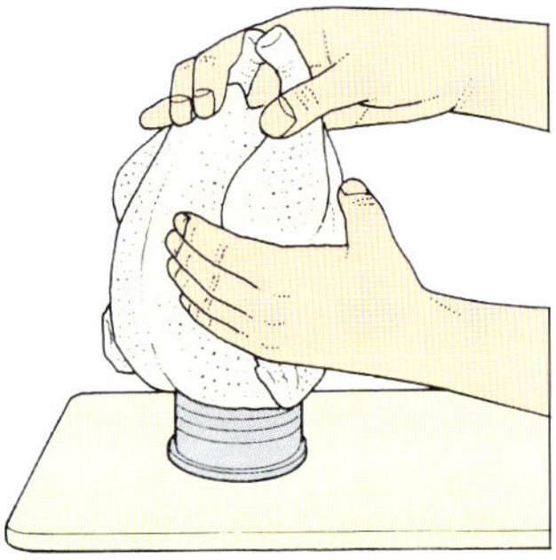

Mit Wein aromatisieren
Etwa 150 Milliliter Rotwein in eine große Dose füllen. Das Hähnchen auf die Dose setzen. In eine Grillpfanne stellen. Der Wein aromatisiert den Bratensaft, der sich in der Dose sammelt.

Mit Speck bedecken

- **Belegen** Die Brust des Geflügels bleibt saftig und zart, wenn man eine Speckschwarte oder durchwachsenen Speck darüberlegt.

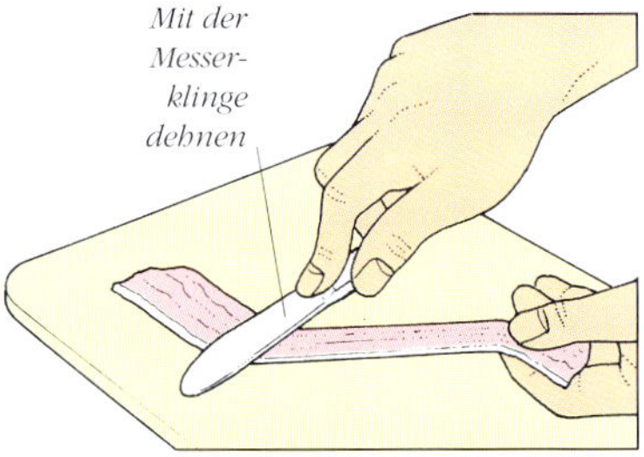

Saftig und in Form halten
Kleines Geflügel bleibt saftig und in Form, wenn man es mit Streifen von durchwachsenem Speck umwickelt. Jeden Streifen zuerst dehnen, indem man der Länge nach mit einer rundlichen Messerklinge darüberstreicht.

Ente braten

- **Knusprig** Die Haut der Ente mit einer Gabel einstechen, mit Salz bestreuen. Die Ente auf einem Gitter braten, damit sie nicht im Fett liegt.

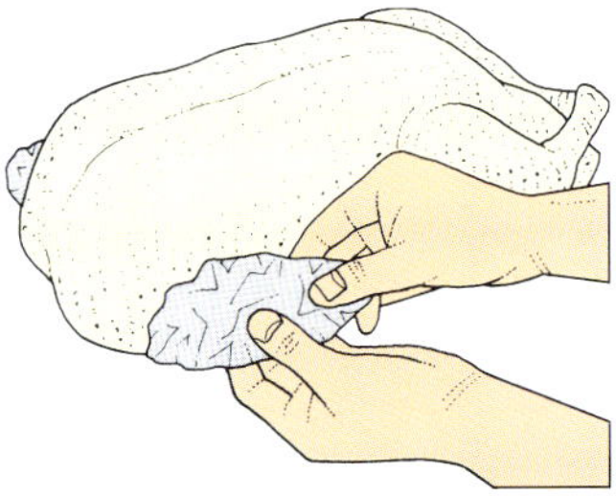

Flügel schützen
Damit die Flügelspitzen einer Ente nicht verbrennen, diese vor dem Braten mit Alufolie umwickeln. Die Folie für die letzten 30 Minuten der Garzeit entfernen, damit auch die Flügel braun werden.

Bewährter Tip

In Musselin wickeln
Eine doppelte Lage Musselin in geschmolzene Butter oder Öl tauchen und auf die Haut eines großen Hähnchen oder eines Truthahnes legen. Durch das Musselin wird die Haut braun und knusprig, ohne daß Dampf – wie bei einer Abdeckung mit Folie – eingeschlossen wird.

Fleisch braten

Heizen Sie den Backofen vor, während Sie den Braten vorbereiten. Der Ofen sollte richtig heiß sein, wenn Sie den Braten hineinstellen, damit die schmackhaften Säfte rasch eingeschlossen werden. Die Hitze verringern, sobald des Fleisch beginnt, braun zu werden.

Fettes Fleisch braten

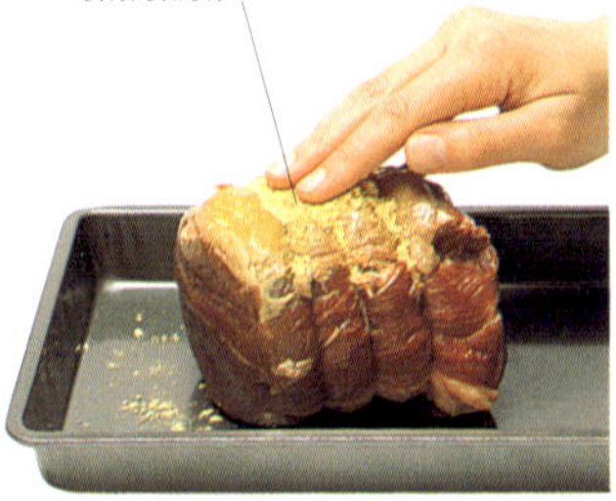

Mit Senfpulver
Vor dem Braten von sehr fetthaltigen Rind- oder Schweinefleischstücken die Oberfläche mit Senfpulver einreiben. Das neutralisiert das Fett und würzt außerdem den Bratensaft.

Temperatur prüfen

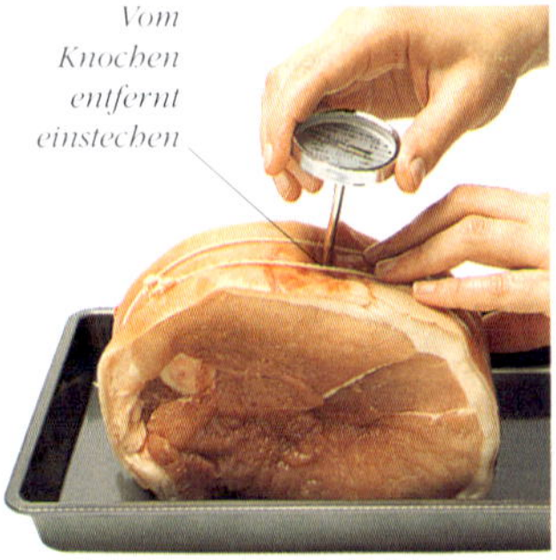

Mit einem Thermometer
Ein Fleischthermometer an der dicksten Stelle des Fleisches, aber nicht am Knochen einstecken. Knochen leitet die Hitze schneller als Fleisch und verfälscht daher das Ergebnis.

Knusprige Schwarte

- **Einschneiden** Lassen Sie die Schwarte des Schweinebratens am besten gleich vom Metzger tief und gitterförmig einschneiden.
- **Salzen** Die eingeschnittene Schweineschwarte mit Öl bestreichen und mit Salz bestreuen, so wird sie knusprig und goldbraun.
- **Brühen** Vor dem Braten kochendes Wasser über die Schwarte gießen.
- **Getrennt garen** Mit einem scharfen Messer die Schwarte abtrennen, in Streifen schneiden und mit Salz bestreuen. Braten, bis sie knusprig ist.

Beilagen zubereiten

Gebratenes Fleisch und Geflügel werden oft mit Standardbeilagen serviert – Schweinebraten beispielsweise mit Knödeln und Krautsalat. Durchbrechen Sie solche „Regeln", und reichen Sie besser leichte, kalorienärmere Beilagen zu einem ohnehin schweren Braten.

Zeit sparen

- **Sauce andicken** Zwei Eßlöffel Kartoffelmehl einrühren.
- **Minzesauce** Eine Handvoll frische Minzeblätter mit zwei Eßlöffeln braunem Zucker und zwei Eßlöffeln kochendem Wasser im Mixer zerkleinern. Mit Weinessig abgeschmeckt an die Bratensauce geben.
- **Speckröllchen** Wenn Speckröllchen zu gebratenem Geflügel gereicht werden sollen, die Röllchen auf einen Metallspieß stecken, damit man sie leicht wenden kann. Im vorgeheizten Grill schnell garen.
- **Preiselbeeren** 250 Gramm Preiselbeeren in 300 Milliliter Wasser im Mikrowellengerät bis zum Kochen erhitzen, dann weitere fünf Minuten bis die Beeren zerplatzen.

Fond verfeinern

Fett entfernen
Um eine unerwünschte Fettschicht vom Bratenfond abzunehmen, ein Stück saugfähiges Küchenpapier über die Oberfläche der Flüssigkeit ziehen. Falls nötig, wiederholen, bis alle Fettspuren beseitigt sind.

Zutaten und Beilagen

- **Sauce würzen** Einen kräftigen Schuß Weinbrand oder Portwein in den Bratenfond geben. Vor dem Servieren zwei Minuten aufkochen.
- **Bällchen** Beim Füllen von Fleisch oder Geflügel etwas mehr Füllung zubereiten als benötigt wird. Die überschüssige Menge zu Bällchen formen und während der letzten 20 Minuten der Garzeit in die Flüssigkeit rund um den Braten legen.
- **Glasieren** Kurz vor dem Servieren den Braten mit warmem Johannisbeer- oder Preiselbeergelee bestreichen.
- **Pastete** An den Teig für eine würzige Fleischpastete einen Eßlöffel Worcestershiresauce geben.

Fisch und Meeresfrüchte

Fisch lässt sich schnell und auf vielfältige Weise garen. Fischfilet ist besonders vielseitig, es kann in kurzer Zeit gebraten, gedünstet und sogar gegrillt werden. Im Ganzen gegart besitzt Fisch das feinste Aroma.

Fisch würzen

Die meisten frischen Fische würzt man nur wenig. Oft genügen schon ein paar Spritzer Zitronensaft und einige frische Kräuter. Mehr würde nur den feinen Geschmack beeinträchtigen. Mit Marinaden oder Panaden kann man Fisch ein ausgeprägtes Aroma verleihen.

Aromatisiertes Öl

Mit Ingwer
Einige Scheiben frischen Ingwer in das Öl geben. Bei mittlerer Hietze drei bis vier Minuten unter Rühren erhitzen, dann herausnehmen, und den Fisch in dem aromatisierten Öl braten.

Fisch würzen

Mit Marinade
Kleine, ganze Fische vor dem Grillen oder Braten in regelmäßigen Abständen einritzen. Nach dem Garen mit einer Weißwein-Kräuter-Marinade beträufeln. Etwas einziehen lassen.

Panaden verwenden

- **Mit Kräutern** Beim Panieren von Weißfisch den Semmelbröseln einige getrocknete, gerebelte Kräuter, Curry oder zerkrümelte, getrocknete Chillischoten beimengen.
- **Mit Kokosnuß** Weißfischstücke in leicht geschlagenes Ei tauchen, dann in frischen Kokosraspeln wälzen. Das verleiht dem Fisch ein feines, nußartiges Aroma.
- **Mit Sesam** Einen Teelöffel Sesamöl zu dem zum Panieren verwendeten Ei geben. Sesamsamen mit den Semmelbröseln vermischen, um der Panade intensives Aroma zu verleihen.

Rohen Fisch einlegen

- **Marinaden** Für weißen Fisch eine Marinade auf Ölbasis wählen, damit der Fisch saftig und aromatisch wird. Eine säuerliche Marinade auf der Basis von Zitrussaft oder Essig für Fettfische verwenden, um deren Schwere auszugleichen.
- **Mit Joghurt** Eine würzige Marinade mit Joghurt zubereiten. Über Grillfisch geben. So bildet sich eine würzige, fettarme Kruste.
- **Einlegen** Frischen Weißfisch in dünne Streifen schneiden. Auf 500 Gramm Fisch den Saft von vier Zitronen zufügen. Je eine Zwiebel, Chillischote und Knoblauchzehe klein schneiden und einrühren. Vor dem Servieren vier Stunden kalt stellen.

Fettfisch würzen

- **Mit Senf** Herings- oder Makrelenfilets mit einer dünnen Schicht Senf bestreichen und in Haferflocken oder Hafermehl wälzen, dann braten.

Sandwichfilets
Zitronen-, Limetten- oder Orangenscheiben und Thymianzweige zwischen zwei Makrelen- oder Heringsfilets legen. Im Ofen backen oder fest mit Schnur zusammenbinden und grillen.

Mit Kräutern würzen

- **Frische Kräuter** Vor dem Garen ein Kräuterbündel in die Bauchhöhle ganzer Fische geben, damit das Kräuteraroma gut in das Fleisch eindringt.

Mit Fenchel
Fenchelknollen zerkleinern und in einer gleichmäßig dicken Schicht in einer gebutterten feuerfesten Form verteilen. Den Fisch auf das Fenchelbett legen und garen.

Fisch und Muscheln grillen

Fische, vor allem Fettfische, lassen sich gut grillen und müssen nur gelegentlich mit Öl bepinselt werden, damit sie nicht austrocknen oder festbacken. Zarte Weißfischfilets müssen während des Grillens mit Öl beträufelt und gewendet oder in Folie eingewickelt werden.

Erfolgreich grillen

- **Kebabs** Bei der Zubereitung von Fischkebabs Zutaten wie Pilze oder Kirschtomaten verwenden, die in derselben Zeit wie der Fisch gar werden.
- **Einritzen** Bei ganzen Fischen oder dicken Filets die dicksten Teile des Fleisches einritzen, damit die Hitze gleichmäßig eindringt und den Grillvorgang beschleunigt.
- **Wenden** Eingeölte, extrastarke Alufolie über den Grillrost legen. So läßt sich der Fisch leicht wenden und backt nicht fest. Oder Fischsteaks auf einem vorgeheizten Backblech grillen, damit man sie nicht wenden muß.
- **Vorheizen** Damit der Fisch nicht am Grillrost hängenbleibt, den Rost stark vorheizen.

Fischfilets grillen

- **Anordnen** Die Haut des Filets und den Rost mit Öl bepinseln. Mit der Hautseite nach unten auflegen.

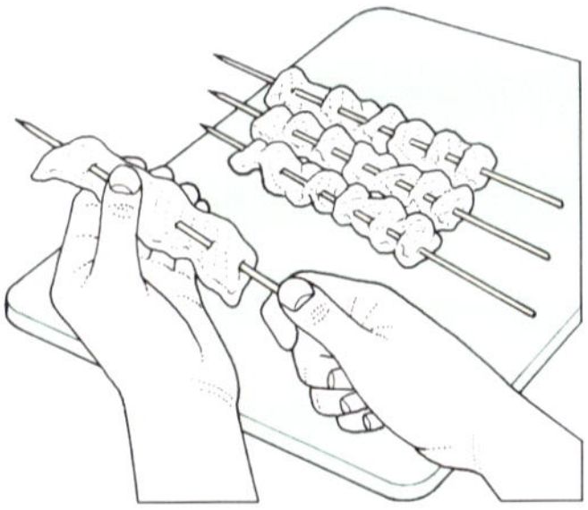

Am Spieß grillen
Kleine Fischfilets auf Holzspieße stecken. So lassen sie sich beim Grillen leicht wenden und fallen nicht auseinander. Die Spieße vorher gründlich wässern, damit sie nicht verbrennen.

Muscheln grillen

- **Feucht halten** Muscheln ohne Schalen in Speckstreifen einwickeln, damit sie saftig bleiben. Auf Spieße stecken.

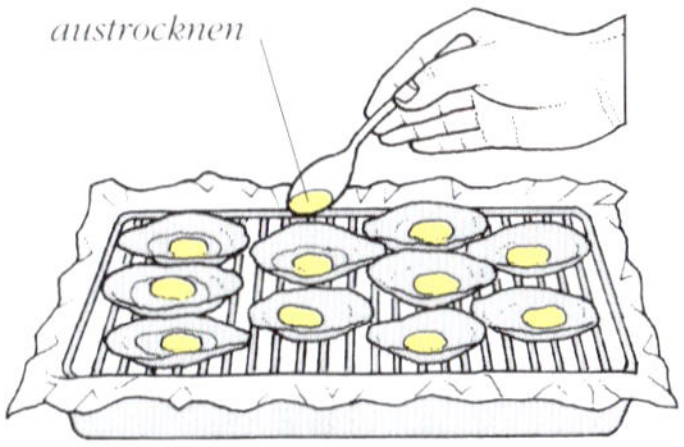

Austern grillen
Die Austern in den Schalenhälften auf eine Grillpfanne legen. Auf jede ein Stückchen Kräuterbutter geben. Mit Semmelbröseln bestreuen. Grillen, bis die Austern Blasen werfen.

Fisch braten und backen

Bei hohen Temperaturen gebratener Fisch ist in der Regel aromatisch, zart und saftig. Backen in Folie verhindert ein Austrocknen des Fisches und ermöglicht, daß er im eigenen Saft gegart wird. Den Saft an Saucen oder vor dem Servieren über den Fisch geben.

Fisch im „Päckchen" garen

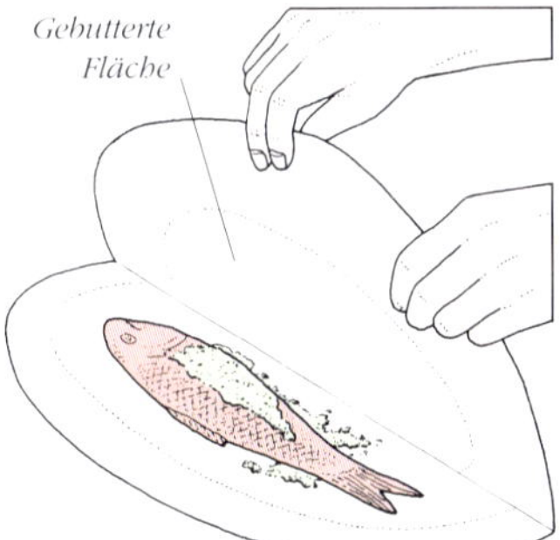

1 Für kleine ganze Fische oder Fischfilets ein Stück Pergamentpapier ungefähr herzförmig ausschneiden. Die Mitte der Papiers buttern, den Fisch auf das Papier legen, und Gewürze hinzufügen.

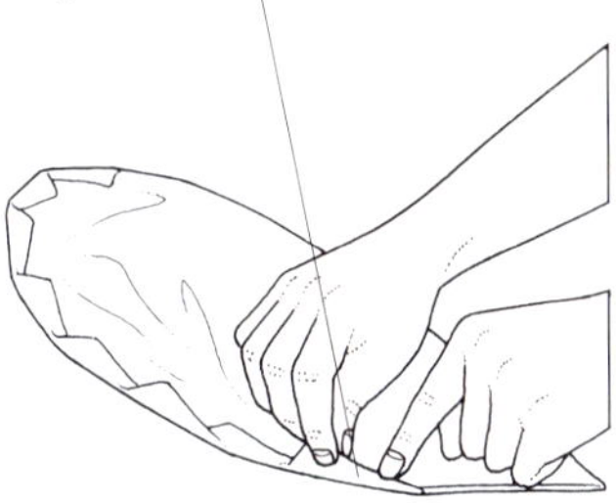

2 Die andere Papierseite über den Fisch legen und entlang der Kante zusammenfalten. Am abgerundeten Ende anfangen, am spitzen mit einer Doppelfalte abschließen. Auf einem Backblech backen.

Mehr Aroma

- **Mit Folie** Beim Backen ganze Fische, z. B. Lachs, locker in Folie einwickeln, damit sie im eigenen Saft liegen und saftig bleiben.
- **Mit Butter** Die Haut von Barsch oder Forelle mit Butter bestreichen, dann würzen. Bei hoher Temperatur braten.
- **In Salz** Einen ganzen Fisch auf eine Schicht aus grobem Salz legen. Vollständig mit Salz bedecken, damit der Saft im Inneren bleibt. Dann mit Wasser beträufeln. Bei 200 °C backen, bis das Salz hart und trocken ist. Die Kruste mit einem Hammer zerkleinern. Salz und Haut wegwerfen.

Fisch und Meeresfrüchte fritieren

Fritieren ist eine klassische Methode, um Fisch zu garen. Dabei muß sich nicht unbedingt der Fettanteil Ihrer Nahrung stark erhöhen. Gibt man den Fisch in sehr heißes Öl, bildet sich nämlich sofort eine Kruste, so daß kaum Fett aufgenommen wird.

Das richtige Öl

● **Auswählen** Hochwertiges, sauberes Öl zum Fritieren von Fisch verwenden, da der zarte Fischgeschmack durch stark aromatisiertes oder verdorbenes Öl ruiniert wird. Öle mit zartem Aroma wie Mais- oder Sonnenblumenöl sind ideal.

● **Erhitzen** Für eine knusprige Kruste muß das Öl heiß genug sein, bevor der Fisch fritiert wird. Die Temperatur des Öls sollte 180 bis 190 °C betragen.

● **Gefrorenes** Um tiefgefrorenen Fisch zu fritieren, das Öl auf etwa 180 °C aufheizen. Dann kann der Fisch innen gar werden, bevor die Haut braun wird.

Ausbackteig

Mit Bier

Um eine leichte, knusprige Teighülle für Fisch zu erhalten, den Teig mit Bier anrühren. Oder den Teig lockerer machen, indem man, kurz bevor der Fisch hineingetaucht wird, ein steif geschlagenes Eiweiß unterzieht.

Tintenfisch

Das Fleisch einschneiden

Vor dem Fritieren des Fleischmantels von Tintenfischen in die glatte Oberfläche mit einem scharfen Messer ein Rautenmuster einritzen. Dadurch dringt die Hitze gleichmäßiger in das Fleisch ein.

Krustentiere

● **Mit Schwanz** Wenn frische Garnelen für das Fritieren geschält werden, den Kopf, die Beine und die Häute entfernen, aber den Schwanz am Körper belassen.

Riesengarnelen

Stärkemehl verwenden

Riesengarnelen vor dem Fritieren in gewürztem Stärkemehl wälzen, dann in leicht geschlagenes Eiweiß tauchen. Die Garnelen bekommen so eine zarte, knusprige Kruste.

Mehr Aroma

● **Öle mischen** Zum Braten von Fischfilets einen Eßlöffel Sesamöl mit unter ein Öl mischen, das ein zartes Aroma besitzt, z. B. Sonnenblumenöl. Darin den Fisch braten.

Panieren, umhüllen

● **Muscheln** In einen leichten Teig tauchen und in heißem Öl etwa 30 Sekunden lang ausbacken.

● **Fischfilet** Zarte Filets erst durch Mehl, dann durch geschlagenes Ei ziehen. Gleichmäßig mit feinen Semmelbröseln bestreuen, diese leicht festdrücken.

● **Ganzer Fisch** Um kleine Fische mit gewürztem Mehl zu panieren, die Fische samt dem Mehl in einen Gefrierbeutel geben und schütteln, bis sie gleichmäßig überzogen sind.

● **Geschälte Garnelen** In Strudel- oder Blätterteig wickeln. Der Schwanz soll frei bleiben. Dann fritieren.

Spritzschutz

● **Mit Sieb** Wenn beim Fritieren von Fisch das Öl spritzt, ein Metallsieb über das Fritiergefäß stülpen. So spritzt das Öl nicht heraus, aber der Dampf kann gut entweichen.

Kurz anbraten

● **Feste Stücke** Fleischige Stücke von Meeresfrüchten oder Tintenfisch wählen. Weiches fällt auseinander.

● **Zarte Fische** Kabeljau und andere zarte Fische vor dem Kurzbraten in Stärkemehl wälzen. Die Pfanne schütteln, nicht rühren, damit die Fischstücke ganz bleiben.

● **Kleine Mengen** Damit die Hitze groß genug bleibt, um die Poren zu schließen, nur kleine Fischmengen gleichzeitig zubereiten.

● **In Öl tauchen** Tintenfischstücke vor dem Kurzbraten in Sesamöl tauchen, damit sie nicht zusammenkleben.

Fisch dünsten

Dünsten ist eine klassische und äußerst gesunde Methode, um Fisch zuzubereiten, da der Fisch in Flüssigkeit ohne Fettzugabe gegart wird. Sie eignet sich hervorragend für die Zubereitung ganzer Fische – wie Lachs oder Heilbutt – und zarter Filets von Weißfischen.

Perfekt dünsten

- **Schonend** Zarten Fisch in warme Flüssigkeit legen, so daß er gerade bedeckt ist. Die Flüssigkeit langsam erhitzen und leise köcheln lassen.
- **Kalt servieren** Zum Garen von Fisch, der kalt serviert werden soll, die Flüssigkeit aufkochen und eine Minute kochen lassen. Den Herd abschalten, und den Fisch mit der Restwärme garen lassen.
- **In Brühe** Lassen Sie Ihre Gäste den Fisch am Tisch mit durchlöcherten Löffeln in einer aromatischen Brühe dünsten. Am besten einen chinesischen Dampftopf oder ein Fondue-Set verwenden.

Grosse Fische zubereiten

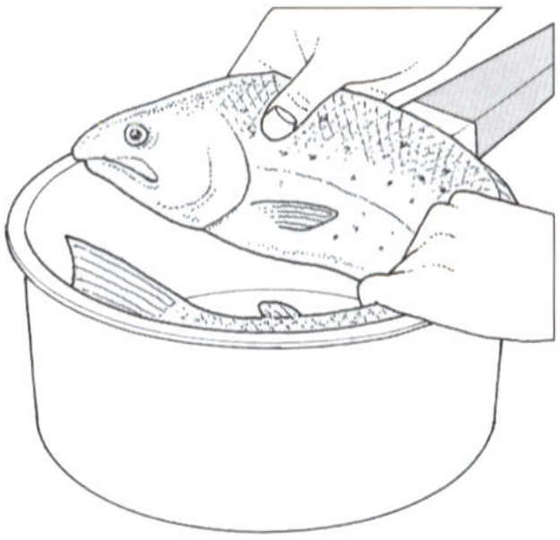

In den Topf „rollen“
Wenn Sie keinen Fischtopf besitzen, in dem man große, ganze Fische kochen kann, den Fisch in einen großen Kochtopf mit der Wirbelsäule nach oben so hineinrollen, daß er vollständig hineinpaßt.

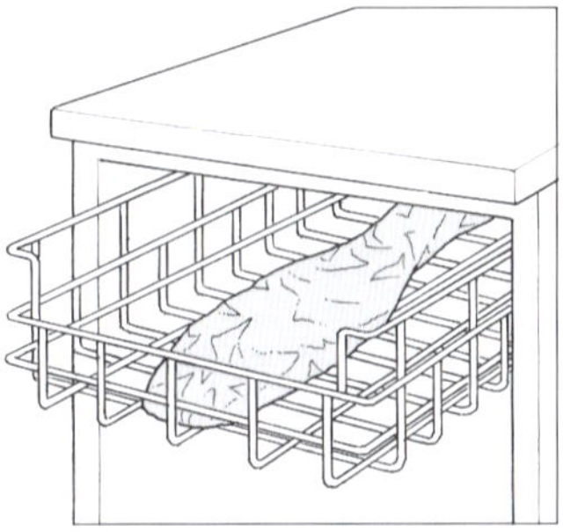

Im Geschirrspüler
Einen sehr großen Fisch in Alufolie doppelt einwickeln und absolut dicht verschließen. In den oberen Korb des leeren Geschirrspülers legen. Bei 65 °C ohne Spülmittel, Vorwäsche und Trocknen laufen lassen.

Fisch dämpfen

Dämpfen ist eine gesunde Zubereitungsmethode, die für Fischfilets oder dünne Steaks geeignet ist. Wichtig ist, daß der Fisch nicht mit Wasser in Berührung kommt. Man benötigt zwar keinen Dampfkochtopf, aber doch schon einen passenden Dampfeinsatz.

Speisen kombinieren

Über Kartoffeln dämpfen
Beim Dämpfen von Fisch Energie sparen, indem der Fisch in einem Dampfeinsatz in einen Topf mit kochenden Kartoffeln gesetzt wird. Zudecken. 10 bis 15 Minuten garen lassen.

Erfolgreich dämpfen

- **Große Fische** Um einen ganzen Fisch zu dämpfen, der nicht in den Dampfkochtopf paßt, etwas Wasser in eine tiefe Grillpfanne gießen und ein Gitter hineinlegen. Darauf den dicht in Folie verpackten Fisch legen. Auf dem Herd pro 450 Gramm Fisch fünf Minuten kochen lassen.
- **Einsätze** Chinesische Dampfeinsätze, die sich leicht stapeln lassen, zum Dämpfen und Servieren von einzelnen Fischportionen verwenden.
- **Auffüllen** Immer Wasser in einem Kessel kurz vor dem Siedepunkt halten, während man Speisen dämpft, damit man die Flüssigkeit im Dampftopf auffüllen kann, ohne daß die Temperatur abfällt.

Gute Idee

Zwischen Tellern
Kleine Fischfilets oder Fischstücke zwischen zwei hitzebeständige Teller legen. Diese auf einen Topf mit sprudelnd kochendem Wasser stellen. Der Fisch gart so gleichmäßig und schnell im eigenen Saft.

Suppen, Brühen und Saucen

Wer einmal selbst erfahren hat, wie einfach eigentlich die Zubereitung von Suppen, Brühen und Saucen ist, läßt in Zukunft Fertigprodukte garantiert stehen. Frische Zutaten und der eigene Geschmack sind eben unschlagbar.

Brühen und Suppen zubereiten

Die Basis einer selbstgemachten Suppe ist eine aromatische Brühe. Zwar sparen Brühwürfel Zeit, aber es ist sehr einfach und preiswert, selber eine Brühe aus Knochen oder Gemüseresten zu kochen. Einer individuellen „Suppenküche" steht also nichts mehr im Weg.

Suppen zubereiten

- **Anschwitzen** Bevor mit Brühe aufgefüllt wird, das Gemüse in einem verschlossenen Topf in etwas Butter anschwitzen. Einen Eßlöffel Sherry hinzugeben. Eine Stunde bei niedriger Hitze garen, dabei ab und zu schütteln, damit nichts anbackt.
- **Salatblätter** Die zähen, äußeren Blätter eines Salates nicht wegwerfen, sondern zerkleinert in einer Brühe kochen, dann pürieren und etwas Sahne hineinrühren.
- **Reste verwerten** Für eine schnelle Kartoffelsuppe Lauch oder Zwiebeln anbraten, dann mit gekochten Kartoffeln und Gemüsebrühe pürieren. Mit Sahne abschmecken.

Gemüse pürieren

Mit einer Schöpfkelle
Um gekochtes Gemüse für Suppen per Hand zu pürieren, das Gemüse in einem großen Sieb mit einer Suppenkelle durchpassieren. Das geht schneller als mit einem Holzlöffel und strengt weniger an.

Suppen andicken

Beurre manié, Mehlbutter
Um Suppen schnell und einfach anzudicken, gleiche Teile Butter und Mehl zu einem dicken Brei vermischen. Löffelweise die Mischung an die heiße Suppe geben, und unter Erhitzen rühren, bis sie dick genug ist.

Brühen verwenden

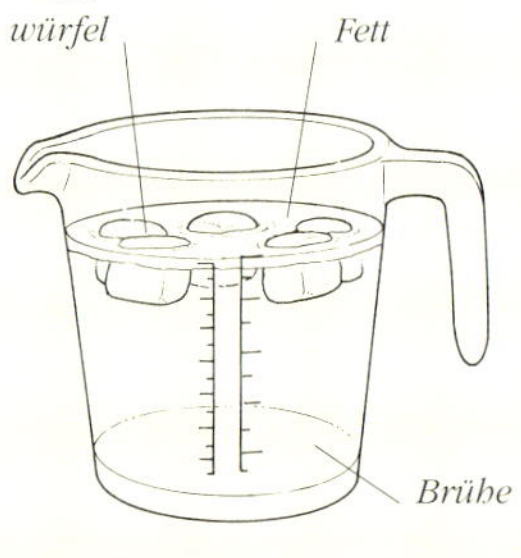

Fett entfernen
Einige Eiswürfel in die Brühe geben. Wenn sich das Fett um die Eiswürfel herum abgesetzt hat, diese herausnehmen.

- **Schwache Hitze** Um eine gehaltvolle, klare Brühe zu erhalten, die Zutaten langsam bei schwacher Hitze köcheln lassen. Kochende Brühen werden trübe.
- **Einkochen** Um eine gekochte Brühe aufzubewahren, sie in einem offenen Topf einkochen, bis sie sirupartig ist. Beim Abkühlen geliert die Brühe. Sie hält so länger als in flüssiger Form.
- **Reste verwerten** Gemüse- und Fleischreste zum Würzen von Brühen oder (gegart) als Einlage verwenden. Keine Kartoffeln mitkochen, da sie die Brühe trüben.

Abwechslung

- **Mit Gewürzen** Currypaste in Möhren- oder Pastinakensuppe einrühren, damit sie ein warmes Aroma erhalten.
- **Einlage** Bevor Gemüse für eine Suppe püriert wird, einen kleinen Teil des gegarten, zerkleinerten Gemüses herausnehmen und später als Einlage in die fertige Suppe geben.
- **Pesto** Drei Knoblauchzehen, zwei Eßlöffel Pinienkerne, eine Handvoll Basilikum, 50 Gramm Pecorino und zwei Eßlöffel Olivenöl im Mixer pürieren. Mit Salz, Pfeffer und Zitronensaft abschmecken. In Gemüsesuppen einrühren.

SAUCEN MIT EIERN ZUBEREITEN

Saucen, die mit Eiern zubereitet werden, erfordern eine längere Zubereitungszeit als manch andere Sauce, aber ihre cremige Konsistenz ist unschlagbar. Klassiker dieses Saucentyps sind Mayonnaise oder Holländische Sauce, auf der süßen Seite ist es die Vanillesauce.

PANNENHILFE

- **Mit Eis** Wenn Holländische Sauce zu heiß geworden ist und zu gerinnen beginnt, einen Eiswürfel einrühren, damit sie schnell abkühlt.
- **Wieder aufschlagen** Um geronnene Holländische Sauce zu retten, einen Eßlöffel Essig in eine Schüssel geben. Die Sauce langsam dazugeben und kräftig verschlagen, bis sie andickt.
- **Mit Eigelb** Mayonnaise auffrischen, indem man sie löffelweise in ein frisches Eigelb einrührt, bis sie dick wird.
- **Mit Speisestärke** Gerinnt die Vanillesauce, den Topf in kaltes Wasser stellen, dann die Sauce durch ein Sieb streichen. Einen Teelöffel Stärkemehl in die Sauce geben. Diese wieder erhitzen, ohne zu kochen, bis sie wieder dick wird.

MAYONNAISE

- **Fett verringern** Für eine fettarme Mayonnaise ganze Eier anstatt nur die Dotter verwenden. Oder die Mayonnaise mit Naturjoghurt aufschlagen.

Mixer verwenden
Alle Zutaten für die Mayonnaise außer dem Öl in einen Mixer geben. Bei laufendem Mixer das Öl in einem dünnen Strahl hinzufügen, bis die Masse dick wird. Dann frische Kräuter zugeben.

HOLLÄNDISCHE SAUCE

- **Mikrowelle** 100 Gramm Butter erhitzen, dann zwei Eigelbe und Gewürze damit verschlagen. Eine Minute bei mittlerer Stufe kochen.

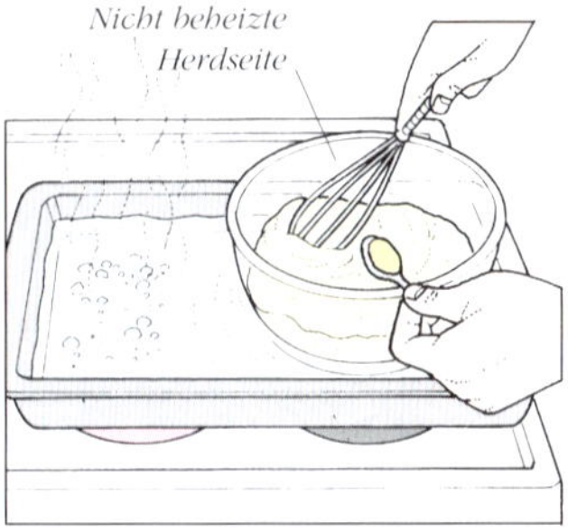

Gerinnen vermeiden
Holländische Sauce gerinnt nicht, wenn man sie in einer Schüssel zubereitet, die in einer Grillpfanne steht, in der Wasser kocht. Die Schüssel darf nicht über der Wärmequelle stehen.

SAUCENTIPS

Es gibt wohl bei kaum einer Speise mehr Varianten als bei Saucen. Die Welt steht Ihnen hier tatsächlich offen, denn jedes Land bietet Spezialitäten, für die man die Zutaten problemlos bekommt. Viele solcher Saucen sind preiswert, schnell und einfach zu kochen.

SALSAS ZUBEREITEN

Salsas gehören zur mexikanischen Küche und verleihen einfachen Gerichten kräftiges Aroma und intensive Farbe.

- **Salsa cruda** Chillischoten, Knoblauch, Zwiebeln, Tomaten und entkernte Paprika in der Küchenmaschine mixen, bis alles zerkleinert ist. Um den strengen Geschmack zu mildern, die Masse fünf bis acht Minuten bei schwacher Hitze köcheln lassen.
- **Mit Früchten** Chillischoten, frische Mango und Papaya kombinieren und zu gegrilltem Fisch oder Hähnchen reichen.

SAUCENTIPS

- **Mit Speisestärke** Um eine glatte Sauce schnell anzudicken, einen Teelöffel Stärkemehl in zwei Teelöffel kaltes Wasser einrühren, in die Sauce geben, dann bei mittlerer Hitze rühren, bis sie andickt.
- **Klümpchen** Eine klumpig gewordene Sauce in die Küchenmaschine gießen und mixen, bis sie glatt ist.
- **Püree** Ein glattes Püree aus roten Paprikaschoten als bunte, fettarme Sauce verwenden. Die Paprika grillen, um die Schale zu entfernen, dann in der Küchenmaschine pürieren. Nach Belieben würzen.

BEWÄHRTER TIP

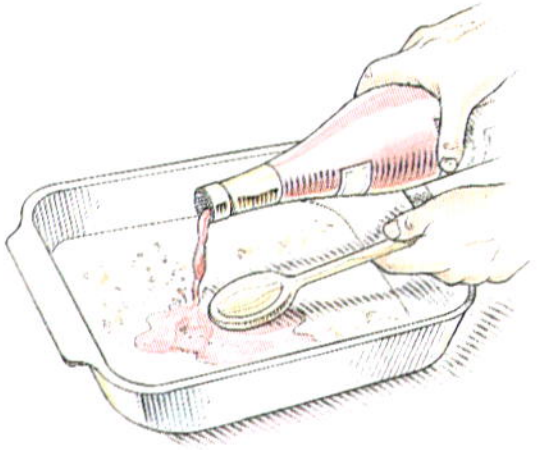

Bratensatz aufgießen
Nach der Zubereitung von Fleisch oder Geflügel Wein, Brühe oder Sahne zu den Rückständen im Bräter geben. Aufkochen, dabei gut rühren.

Getreide, Nudeln, Hülsenfrüchte

Die grosse Vielfalt an Getreide, Nudeln und Hülsenfrüchten, die es heute auf der ganzen Welt gibt, bietet viele Möglichkeiten für gesunde Speisen, die einfach zuzubereiten sind. Sie bilden häufig die Basis gängiger Hauptgerichte.

Getreide und Reis

Getreide wird in der Regel gekocht oder gedämpft, entweder allein oder mit vielen anderen Zutaten in Gerichten wie Pilaws oder Risottos. Vollkorngetreide muß länger kochen als Weizenkörner, aber die meisten Getreidesorten werden in etwa 30 Minuten gar.

Stärke entfernen

Basmatireis
Basmatireis waschen, damit er nicht zusammenklebt: In eine Schüssel mit kaltem Wasser geben, und den Reis mit der Hand verrühren. Abgießen, wiederholen, bis das Wasser klar bleibt.

Reis abkühlen

Einen Holzlöffel benutzen
Um gekochten Reis für Salate schnell abzukühlen, in einem Sieb abtropfen lassen. Den Stiel eines Holzlöffels immer wieder in den Reis stecken, damit Dampf und Hitze entweichen.

Couscous dämpfen

Ein Sieb auskleiden
Ein Metallsieb mit einem Stück Musselin auskleiden und auf einen Topf mit kochendem Wasser setzen. Das Couscous in das Sieb geben und zudecken. Dämpfen, bis es weich ist.

Bewährter Tip

Gegen Sodbrennen
Weißen Reis kochen, ohne ihn vorher zu waschen. Die stärkehaltige Kochflüssigkeit abgießen und abkühlen lassen, dann dem Patienten zu trinken geben.

Reis perfekt kochen

- **Einweichen** Die Kochzeit von Reis und vielen Getreidesorten läßt sich verkürzen, wenn man sie erst 30 Minuten in kaltem Wasser einweicht.
- **Kleine Flamme** Für sehr klebrigen Reis einen großen Topf verwenden. Den Reis in viel Wasser auf kleiner Stufe köcheln lassen. Beim Kochen den Deckel aufsetzen.
- **Mikrowelle** 250 Gramm weißen Reis in eine große Schüssel mit 450 Milliliter kochendem Wasser geben. Auf höchster Stufe neun Minuten kochen. Brauner Reis braucht 15 bis 20 Minuten.
- **Lockern** Gekochten Reis nur mit einer Gabel lockern.

Abwechslung

- **Mit Brühe** Getreide erhält ein angenehmes Aroma, wenn man es in einer kräftigen Brühe aus Fleisch, Hühnchen oder Gemüse gart.
- **Reis färben** Wenn kein Safran zur Verfügung steht, nach dem Kochen eine Prise Kurkuma unter den Reis oder ins Risotto mischen.
- **Mit Kokosmilch** Langkörnigen Reis als Beilage zu orientalischen Gerichten in Kokosmilch kochen. Für 200 Gramm Reis benötigt man 400 Milliliter Kokosmilch. Kochen, bis die Flüssigkeit verdampft ist.
- **Mit Kräutersauce** Bei Polenta die Butter oder das Olivenöl durch Pesto ersetzen.

NUDELN

Beim Kochen von frischen oder getrockneten Nudeln muß man nur einige einfache Regeln beachten. Die wichtigste Regel: Man kocht Nudeln in reichlich sprudelnd kochendem Wasser, bis sie *al dente* sind – das bedeutet, daß sie noch „Biß" haben sollen.

LANGE NUDELN

In den Topf schieben
Damit Spaghetti in einen kleinen Topf passen, das Bündel festhalten und ein Ende ins Wasser stecken. Sobald die Enden weich werden, die Nudeln biegen und nach und nach hineinschieben.

GEFÜLLTE NUDELN

Mit dem Schaumlöffel
Um gefüllte Nudeln aus dem Wasser zu heben, ohne sie zu beschädigen, einen Schaumlöffel verwenden. Die Nudeln in Öl oder Sauce schwenken, damit sie nicht zusammenkleben.

NUDELN FÄRBEN

Um hausgemachtem Nudelteig Farbe und Aroma zu verleihen, sollte man natürliche Zutaten untermischen.

- **Mit Tomaten** Zwei Teelöffel Tomatenmark pro Ei zu den geschlagenen Eiern geben und gut verrühren.
- **Mit Spinat** 50 Gramm gefrorenen, zerkleinerten Spinat pro Ei auftauen. Ausdrücken, bevor er zu den geschlagenen Eiern gegeben wird.
- **Mit Roter Bete** Einen Eßlöffel gekochte, pürierte Rote Bete pro Ei zugeben.

HÜLSENFRÜCHTE

Erbsen, Bohnen und Linsen sind eine wertvolle Eiweißquelle und vielseitig genug, um für alle Arten von Gerichten verwendet zu werden. Getrocknete Bohnen brauchen einige Zeit zum Garen, aber die Zubereitung ist einfach, und sie sind preiswerter als Konserven.

KOCHZEITEN

Die meisten Hülsenfrüchte müssen mindestens vier bis acht Stunden in kaltem Wasser eingeweicht werden. Man kann sie auch etwa eine Stunde in kochendem Wasser einweichen. Die folgenden Kochzeiten sind nur Richtwerte. Daher immer sorgfältig kontrollieren.

- Halbierte Linsen: 15 bis 20 Minuten.
- Ganze Linsen, Mungobohnen, halbierte Erbsen: 25 bis 30 Minuten
- Schwarze Bohnen, Limabohnen, Cannelibohnen, Kidneybohnen: etwa eine Stunde
- Pintobohnen, Kichererbsen, 1¼ Stunde.
- Dicke Bohnen, Haricotbohnen: 1½ Stunde.

BOHNEN KOCHEN

- **Würzen** Bohnen erst gegen Ende der Garzeit würzen, da Salz verhindern kann, daß sie weich werden.
- **Abkühlen** Bohnen, die kalt serviert werden sollen, nach dem Kochen lieber im Kochwasser abkühlen lassen als in einem Sieb. Dann platzen ihre Schalen nicht.
- **Im Dampftopf** Die Bohnen garen darin in etwa einem Drittel der normalen Garzeit.

SICHERHEIT

Manche Bohnen, z. B. getrocknete, rote Kidneybohnen, müssen anfangs zehn Minuten lang kräftig gekocht werden, um schädliche Stoffe zu zerstören, die Magenbeschwerden verursachen können.

SNACKS ZUBEREITEN

- **Bohnendip** Gekochte, abgetropfte Butterbohnen mit einer Gabel zerdrücken. Gründlich mit zerdrückten Knoblauchzehen, Chillipaste und Olivenöl mischen.

Kichererbsen-Snack
Gekochte Kichererbsen mit gewürztem Vollkornmehl und zerdrücktem Knoblauch vermischen. In etwas Butter und Öl auf großer Flamme anbraten, bis sie knusprig und goldbraun sind.

DESSERTS

HEISSE ODER KALTE Desserts runden ein Menü ab. Auch wenn Sie noch wenig Erfahrung im Zubereiten von Desserts haben, die Auswahl ist so groß, daß jeder ein delikates Dessert als krönenden Menüabschluß zubereiten kann.

KUCHEN MIT OBST

Nichts ist einfacher als Torteletts dick mit Obst der Saison zu belegen und sie mit einer Sahnehaube zu verzieren. Doch es gibt noch viele andere Möglichkeiten, Obstkuchen oder -torten raffiniert zu verfeinern und so ein Dessert für Schleckermäulchen zu zaubern.

VERFEINERN

- **Mit Käse** Mit kleinen Würfeln eines würzigen, reifen Käses die Füllung eines süßen Apfelkuchens ergänzen.
- **Schnell und fein** Frische, samenlose Weintrauben mit Dörrobst mischen. Auf einen Tortenboden verteilen und backen, bis alles heiß ist. Mit Schlagsahne servieren.
- **Glasieren** Um frische Früchte für eine Obsttorte oder eine Kuchenfüllung zu glasieren, einige Löffel voll Johannisbeer- oder Preiselbeergelee mit dem Saft einer Zitrone oder Orange vermischen. Die Früchte hineingeben, um sie zu glasieren.

„KUCHENHAUBEN"

Mit Blätterteig
Als Abdeckung von Fruchtfüllungen Blätterteig verwenden, und ihn zu einem „Rüschenmuster" zusammendrücken. Mit Butter bepinseln und backen. Mit Puderzucker bestreut servieren.

VERZIERUNGEN

- **Marshmallows** Damit die Früchte bedecken. Grillen, bis sie goldgelb sind.
- **Marzipan** Würfeln und auf dem Kuchen verteilen. Grillen oder backen, bis das Marzipan goldgelb ist.
- **Mandelspltter** Gemahlene Mandeln, braunen Rohrzucker und Mandelblättchen zu gleichen Teilen mischen. Auf den Früchten verteilen. Backen, bis sich eine goldbraune Kruste gebildet hat.
- **Baiser** Ein Eiweiß steif schlagen, dann 50 Gramm Zucker einrühren. Die Masse auf die Früchte spritzen und backen, bis sie fest ist.

GELDSPARTIP

Mit altbackenem Brot
Die Brotscheiben mit Butter und Marmelade bestreichen und in eine feuerfeste Form legen. Zwei Eier in 300 Milliliter Milch verschlagen und darübergeben, dann backen.

MEHR AROMA

Mit Kokosraspeln
Den Tortenboden mit einer dünnen Schicht aus getrockneten Kokosraspeln bedecken, bevor man ihn mit Früchten belegt. Das verhindert, daß der Boden durchweicht.

ABWECHSLUNG

- **Torte verkehrt** Den Boden einer Kuchenform buttern und zuckern, darauf eine Schicht Früchte geben und mit ausgerolltem Teig bedecken. Goldgelb backen.
- **Süße Pizza** Blätterteig oder Brotteig ausrollen und mit Obst, z. B. Äpfel, Birnen oder Pflaumen, belegen. Mit braunem Zucker und Gewürzen bestreuen, Butterflöckchen daraufsetzen. Bei starker Hitze goldgelb und bis sich Blasen bilden backen.
- **Teiggitter** Strudelteig mit in Streifen schneiden, um daraus schnell ein Gitter für einen Obstkuchen zu machen. Mit Butter bepinselt backen.

Heisse Desserts

Heiß oder warm servierte Desserts gehören zu den beliebtesten Nachspeisen. Bei ungezwungenen Gelegenheiten kann man gut Zitronenpfannkuchen servieren oder einen leckeren Pudding. Für besonders festliche Anlässe bieten sich flambierte Crêpes Suzette an.

Feines aus Teig

- **Mit Kakao** Für leckere Pfannkuchen mit Schokoladengeschmack zwei Teelöffel der im Rezept angegebenen Mehlmenge durch Kakaopulver ersetzen.
- **Teigpudding** Für Fruchtpudding einen Yorkshire Puddingteig über gezuckerte Obststücke in eine vorgeheizte, gefettete Kuchenform geben. Bei starker Hitze goldgelb backen.
- **Mit Gries** 70 Gramm Gries in gezuckerter Milch kochen. Etwas Vanillearoma dazugeben. Dann zwei Eigelb darunterziehen. Die Eiweiße steif schlagen und ebenfalls unterziehen. In einer gebutterten Auflaufform backen. Mit heißem Obst servieren.
- **Mit Früchten** Johannisbeertrauben in Ausbackteig tauchen. Goldgelb ausbacken. Mit Puderzucker bestreuen.

Soufflés verfeinern

Karamelisieren
Gegen Ende der Garzeit ein heißes, süßes Soufflé mit etwas Puderzucker bestäuben. Schnell arbeiten. Das Soufflé weitere vier bis fünf Minuten backen, bis der Puderzucker braun wird.

Mit Waffelteig

Beignets zubereiten
Waffelteig zu Beignets verarbeiten. Den Teig vorsichtig löffelweise in heißes Öl geben und fritieren, bis er locker und goldgelb ist. Die Beignets mit Ahornsirup oder Vanillezucker servieren.

Süsse Varianten

- **Weincreme** Die Creme und Löffelbiskuits in Schichten in eine Auflaufform füllen. Eischnee darübergeben, backen bis der Eischnee gebräunt ist.
- **Mit Früchten** Eine gebutterte Puddingform vor dem Befüllen mit Orangenscheiben auslegen. Nach der Zubereitung des Puddings stürzen.

In der Mikrowelle

- **Biskuit** Ein Stück Pergamentpapier über den Teig beim Zubereiten im Mikrowellengerät legen, damit er nicht austrocknet und gleichmäßig gart. Das Dessert aus dem Gerät nehmen, wenn es in der Mitte noch leicht flüssig ist. Stehen lassen. Mit der Restwärme gart es zu Ende.
- **Milchpudding** Ein sehr großes, tiefes Gefäß zum Zubereiten von Milchpudding im Mikrowellengerät verwenden, da die Milch an den Wänden stark hochsteigt.
- **Baiser** Die Baiserhauben für Desserts im Mikrowellengerät zubereiten. Geröstete Nüsse darüber streuen, da die Oberfläche sehr blaß ist.

Milch aromatisieren

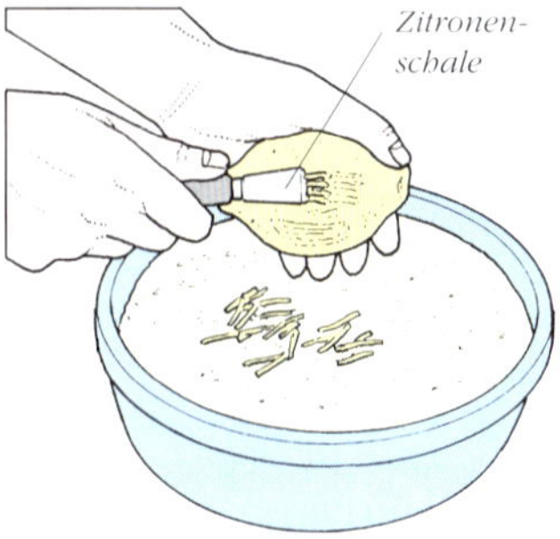

Mit Zitrusschalen
Um das Aroma eines einfachen Reis- oder Grießbreies zu verbessern, mit dem Sparschäler einige feine Streifen von einer unbehandelten Zitronen- oder Orangenschale abschälen und vor dem Kochen unterrühren.

Schnelle Desserts

- **Gefüllte Croissants** Warme Croissants aufschneiden, mit heißem Pflaumenmus füllen und mit Mandelblättchen bestreuen. Sofort servieren. Irish Coffee dazu reichen.
- **Gebackene Bananen** Die Früchte schälen und in dicke Scheiben schneiden. In etwas Butter und braunem Zucker zwei Minuten braten. Mit Orangensaft und einem Spritzer Rum beträufeln.
- **Grillbeeren** Gemischte, gefrorene Beeren in eine feuerfeste Form geben und mit etwas Kirschwasser beträufeln. Dann mit Mascarpone und braunem Zucker bedecken und grillen, bis sich Blasen bilden.

KALTE DESSERTS

Mit kalten Desserts liegen Sie eigentlich immer richtig. Die Auswahl ist groß. Sie reicht von frischen, leichten Obstsalaten, Obstpüree und Mousse bis hin zu Eiercremes und gefüllten Baisers. Sie alle haben den Vorteil, daß sie im voraus zubereitet werden können.

PROBLEME VERMEIDEN

- **Hautbildung** Ein Stück Pergamentpapier beim Abkühlen über Milchpudding und Vanillecreme legen, damit sich auf der Oberfläche keine Haut bildet.
- **Baiser schneiden** Die Messerklinge einfetten oder in kochendes Wasser tauchen, dann bleibt die Baisermasse nicht daran kleben.
- **Mit Sekt** Das Aroma eines zu süßen oder nicht angemachten Obstsalates verbessern, indem man kurz vor dem Servieren etwas Sekt darübergießt.
- **Schüssel** Bevor man sehr Heißes in eine Schüssel gibt, diese mit heißem Wasser ausspülen, dann platzt sie nicht.

CRÈME BRÛLÉE

Zucker karamelisieren
Für eine perfekte Karamelschicht auf Crème brûlée die Vanillecreme dick mit Zucker bestreuen und mit einem feinen Wasserstrahl besprühen. Unter einem sehr heißen Grill karamelisieren.

PAWLOWAS ZUBEREITEN

Risse vermeiden
Zum Backen die Baisermasse für die Pawlowa auf einem feuerfesten Teller verstreichen. Mit Obst belegen. Auf diesem Teller servieren. So vermeidet man Risse durch Umsetzen der Torte.

DESSERTS MIT GELATINE

Gelatine ist das häufigste Geliermittel. Es gibt sie in Pulverform und als Blattgelatine. Beide Produkte sollten vor der Verwendung gründlich in heißem Wasser aufgelöst werden. Agar-Agar, ein vegetarisches Geliermittel aus Algen, wird ebenso verwendet.

GELATINE VERWENDEN

- **Auflösen** Gelatine immer in heißen Flüssigkeiten auflösen. Nicht die Flüssigkeit zu der Gelatine geben, sondern stets umgekehrt.
- **Obst vorbereiten** Frische Ananas oder Kiwis blanchieren, bevor sie mit Gelatine verarbeitet werden. Dadurch wird das Enzym zerstört, das ein Gelieren verhindert.
- **Picknick** Wenn ein Dessert draußen bei warmem Wetter serviert wird, die Gelatinemenge erhöhen. Pro Beutel Gelatine einen Teelöffel mehr davon nehmen.
- **Dessert stürzen** Die Form für dicke Mischungen einölen, sonst mit Wasser ausspülen.

GELEES VERZIEREN

Mit Früchten auslegen
Die Form mit flüssiger Geleemasse ausschwenken. Die Früchte an den Seiten oder am Boden anordnen. Kühlen oder in Eiswasser stellen, bis die Masse fest ist. So verfahren, bis die Form voll ist.

GELIERTE DESSERTS

- **Aroma erhalten** Desserts mit Gelatine 15 Minuten vor dem Servieren aus dem Kühlschrank nehmen, da niedrige Temperatur das Aroma des Desserts vermindert.
- **Kalt abspülen** Bevor ein Dessert auf eine Servierplatte gestürzt wird, diese mit kaltem Wasser abspülen. So läßt sich das Dessert zurechtrücken.
- **Stürzen** Um die Masse zu stürzen, die Form kurz in heißes Wasser tauchen. Einen Teller über die Form legen, umdrehen und schütteln, damit sich das Dessert lockert.
- **Soufflé** Ein kaltes Soufflé, das nicht fest geworden ist, einfrieren, dann servieren.

SCHOKOLADENDESSERTS

Wenn Schokolade für Desserts verwendet wird, die bestmögliche Qualität kaufen. Je besser die Schokolade ist, um so besser wird das Aroma des Desserts. Gekochte Speisen bekommen durch Kakao Schokoladenaroma, dabei nach Belieben Zucker zusetzen.

SCHOKOLADENLOCKEN

Locken schneiden
Um Schokoladenlocken herzustellen, einen Sparschäler oder Zestenschneider verwenden. Geschmolzene Schokolade auf einer kühlen Unterlage verstreichen und hart werden lassen.

SCHOKOBLÄTTER

Mit einem weichen Pinsel
Saubere, ungiftige Blätter verwenden. Geschmolzene Schokolade gleichmäßig auf die Oberseite der Blätter streichen. Hart werden lassen, und vorsichtig von den Blättern ablösen.

SCHOKOLADENTIPS

- **Schmelzen** Eine hitzebeständige Schale über heißes, nicht kochendes Wasser stellen. Darin die zerbröckelte Schokolade schmelzen.
- **Locken** Gekaufte Kuvertüre mit geschmolzener Schokolade mischen, damit die Masse beim Formen von Locken geschmeidiger ist.
- **Glanz verleihen** Schokoladensaucen oder -überzüge glänzen schön, wenn man ein Stück ungesalzene Butter in die Masse einrührt.
- **Mit Kakao** Falls man keine Schokolade zum Schmelzen vorrätig hat, pro 25 Gramm benötigter Schokolade drei Eßlöffel Kakao und einen Eßlöffel Butter verwenden.

EISCREMES UND SORBETS

Eiscreme besteht aus einfachen Mischungen und kann leicht mit oder ohne Eismaschine hergestellt werden. Cremige Eismischungen aus Sahne und Eimasse lassen sich gut von Hand zubereiten. Sorbets und gefrorene Joghurtdesserts gelingen in der Maschine besser.

EIS UND SORBETS

- **Aromatisieren** Eiscreme sollte leicht überaromatisiert und übersüßt werden, da durch das Gefrieren das Aroma vermindert wird.
- **Mit Gelatine** Um ein festes, portionierbares Sorbet zu erhalten, vor dem Einfrieren etwas aufgelöste Gelatine in die Masse geben.
- **Mit Honig** Für eine weiche Struktur lieber mit Honig statt mit Zucker süßen.
- **Eis per Hand** Von Hand gemachte Eiscreme während des Gefrierens immer wieder kräftig durchmischen, um die Eiskristalle zu zerbrechen und eine geschmeidige Struktur zu erhalten.

IMPROVISIERTE EISBOMBENFORM

1 Eine Glasschale in eine Schüssel mit Eiswürfeln stellen. Boden und Wände der Schale mit geschmeidiger Eiscreme bedecken. Die Mitte mit Fruchtsorbet auffüllen. Die Schale ins Gefriergerät stellen.

2 Die Schüssel kurz in ein ausgewrungenes Tuch einschlagen, das mit heißem Wasser angewärmt wurde. Mit dem Messer am Rand entlangfahren, dann die Eisbombe auf eine Servierplatte stürzen.

Backen

Selber backen ist eine der lohnendsten Arbeiten in der Küche. Wer noch wenig Erfahrung im Backen hat, sollte sich genau an die Rezepte halten. Mit der Zeit können Sie dann auch Rezepte nach eigenen Geschmack abwandeln.

Kuchen backen

Grundlegende Methoden beim Backen sind das Rühren, Kneten und Schlagen. Unabhängig von der Methode sollte der Backofen vorgeheizt und die Formen vorbereitet werden. Wiegen Sie die Zutaten immer sorgfältig ab, das trägt zum Gelingen des Kuchens viel bei.

Backformen

- **Backpapier** Wenn eine bestimmte Form häufig zum Backen genommen wird, mehrere Lagen Backpapier zurechtschneiden. Übriggebliebenes aufheben.
- **Kuchenrand** Die Form für Obstkuchen mit einer doppelten Schicht Papier auslegen, um den Kuchenrand vor übermäßiger Hitze zu schützen.
- **Einfetten** Kuchenformen mit Öl einfetten. Es brennt weniger schnell an als Butter.
- **Trick** Ein kleines Quadrat Backpapier auf den Boden der Form legen. So läßt sich der Kuchen leichter stürzen.

Ringform herstellen

Mit einer Konservendose
In die Mitte einer runden Backform eine hohe, mit getrockneten Bohnen gefüllte Konservendose stellen. Die Bohnen verhindern, daß die Dose verrutscht, wenn der Teig eingefüllt wird.

Herzform herstellen

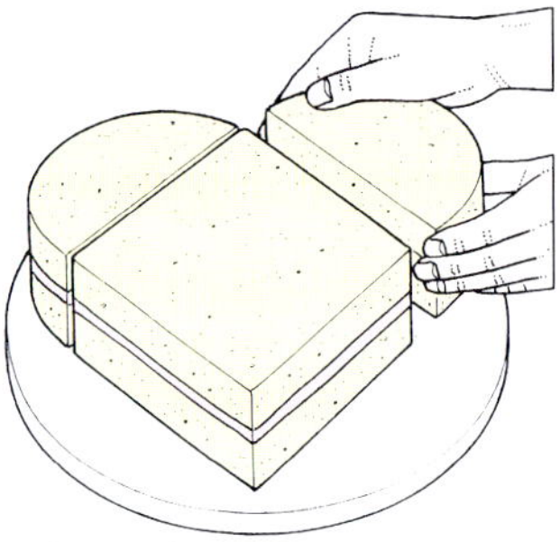

Mit zwei Kuchen
Einen runden und einen quadratischen Kuchen (Seitenlänge wie Durchmesser der runden Form) backen. Den runden Kuchen durchschneiden, und die Hälften an das Quadrat legen.

Gesundheitstip

Mit Kleie bestäuben
Die Kuchenform wie gewohnt einfetten, dann anstatt mit Mehl mit etwas Weizen- oder Haferkleie bestäuben. Das verleiht dem Kuchen etwas mehr Ballaststoffe und Aroma.

Kuchen stürzen

- **Stehen lassen** Einen Rührkuchen vor dem Stürzen zwei bis drei Minuten in der Form stehen lassen, damit er sich etwas setzen kann. Einen Obstkuchen vollständig auskühlen lassen, bevor er gestürzt wird.
- **Rand lockern** Mit einem Messer am Rand entlangfahren, um die Seiten des Kuchens zu lockern.
- **Umdrehen** Ein Rührkuchen trocknet nicht aus, wenn er auf ein Gitter gestürzt und die Form übergestülpt wird.
- **Abkühlen** Ein Ofengitter als Auskühlgitter verwenden. Auf einen Kuchenring oder eine Dose stellen, damit es Abstand zur Arbeitsfläche hat.

Gartest

- **Biskuitkuchen** Leicht mit den Fingerspitzen auf die Oberseite eines Biskuitkuchens drücken. Sie sollte sich fest anfühlen und wieder die alte Form annehmen, ohne einen Abdruck zu hinterlassen.
- **Kuchenrand** Die Ränder des Kuchens anschauen. Sie ziehen sich leicht von dem Rand der Form zurück, wenn der Kuchen durch ist.
- **Hinhören** Ein brutzelndes Geräusch bedeutet, daß der Kuchen noch nicht durch ist.
- **Stäbchen** Mit einem Holzspieß oder einer Stricknadel in den Kuchen stechen. Bleibt nichts daran hängen, ist der Kuchen durch.

Aromastoffe und Füllungen

Ein einfacher Rühr- oder Obstkuchen kann durch phantasievolle Füllungen und Aromastoffe verfeinert werden. Man kann dafür Cremes aller Art, Obst, Säfte, Likör oder Weinbrand genausogut nehmen wie duftende, eßbare Blätter oder einen üppigen Zuckerguß.

Mehr Aroma

Mit Geranienblättern
Bevor ein Rührteig zum Backen in eine Form gefüllt wird, ein nach Zitrone duftendes Geranienblatt auf den Boden der Form legen. Der zarte Duft durchdringt dann den Kuchen.

Doppeldecker

Saftig-frische Füllung
Einen einfachen Rührkuchen waagerecht durchschneiden. Eine Füllung aus Marmelade oder Creme auf beiden Hälften verteilen. Die obere Hälfte auflegen und nur leicht andrücken.

Gesundheitstip

Fettarme Füllung
200 Gramm Weichkäse aus entrahmter Milch mit zwei Eßlöffeln Honig vermischen. Dann mit geriebener Zitrusschale aromatisieren. Als Füllung oder Belag für einen Rühr- oder Biskuitkuchen als Alternative zu einem reichhaltigen Käse-Sahne-Überzug verwenden.

Missgeschicke kaschieren

Fehler oder Mißgeschicke beim Backen können jedem passieren. Zum Glück läßt sich die Panne meist schnell beseitigen. Bei einem verbrannten Kuchen kann man rasch die Kruste mit einem Messer abschaben und die Oberfläche mit Zuckerguß überziehen.

Rührkuchen retten

- **Gerinnen** Wenn ein Rührkuchenteig beim Mischen der Zutaten zu gerinnen beginnt, einen Eßlöffel Mehl zufügen und den Teig kräftig schlagen.
- **Zerbrochenes** Um einen Kuchen zu reparieren, der beim Stürzen zerbrochen ist, die Stücke mit warmer Aprikosenmarmelade bestreichen. Den Kuchen in der Backform zusammensetzen und darin abkühlen lassen.
- **Risse** Risse in einer Biskuitrolle verstecken, indem man sie mit Sahne bestreicht.
- **Saftig machen** Zu trockenen Rührkuchen mit frischem Orangensaft beträufeln.

Halbgarer Kuchen

Ringkuchen „zaubern"
Wenn ein runder Obst- oder Rührkuchen in der Mitte nicht gar ist und zusammenfällt, das Zentrum mit einem scharfen Messer herausschneiden. Den Ring mit Zuckerguß überziehen.

Zu trockener Kuchen

Saftiger machen
Zu trockener Kuchen läßt sich saftiger machen, indem man ihn stürzt, mit einem Spieß mehrmals hinsticht und Weinbrand Whisky, Rum oder Obstsaft auf die Oberfläche träufelt.

Kuchen verzieren

Kuchen lassen sich hübsch verzieren, ohne daß man Stunden in der Küche stehen muß. Die einfachsten Methoden sind nämlich häufig am wirkungsvollsten. Wenn man mit Sahne oder Zuckerguß arbeitet, sollte man nach Möglichkeit für eine kühle Küche sorgen.

Kuchen überziehen

Zuckerguß Den Kuchen auf ein Drahtgitter über einem Backblech stellen, und den gesamten Zuckerguß auf einmal auf die Oberfläche gießen. An den Rändern mit einem Messer glatt streichen. Fest werden lassen.

Marzipan Ausgetrocknetes Marzipan, das sich schwer ausrollen läßt, im Mikrowellengerät 30 Sekunden auf mittlerer Stufe erwärmen. Die Masse kneten, bis sie weich genug zum Ausrollen ist.

Fondant Zum Ausrollen einer Fondantmasse die Arbeitsfläche mit Stärkemehl bestäuben.

Rand glätten Um die Ränder eines Kuchens, der mit Fondant überzogen ist, zu glätten, mit einem geradwandigen Glas rundherum über die Masse rollen. Das Glas mit Stärkemehl bestäuben, damit nichts festklebt.

Mit Zucker verzieren

Spitzenmuster Um einen Rührkuchen zu verzieren, ein Papierspitzendeckchen darauflegen und mit Puderzucker bestäuben. Vorsichtig abheben.

Mit Schablonen
Beliebige Formen aus Papier ausschneiden und auf dem Kuchen hübsch anordnen. Den Kuchen mit Puderzucker bestäuben. Dann die Formen vorsichtig wegnehmen.

Mit Blumen

Waschen Eßbare Blüten vor der Verwendung unter einem sehr feinen Wasserstrahl waschen und auf Küchenpapier trocknen lassen.

Eßbare Blüten überziehen
Mit einem kleinen, weichen Pinsel Eiklar auf die Blütenblätter streichen. Die Blütenblätter leicht mit Zucker oder Puderzucker bestreuen, dann 24 Stunden trocknen lassen.

Zuckerguss färben

Einen Spieß benutzen
Mit Hilfe eines Metallspießes (Rouladennadel), den man wie eine Pipette benutzt, läßt sich flüssige Lebensmittelfarbe genau dosiert an den Zuckerguß geben, um ihn zu färben.

Spritzbeutel füllen

Einen Becher verwenden
Die Spritztülle befestigen, und den Spritzbeutel in einen Becher stellen. Den Beutelrand über den Becherrand legen oder mit einer Wäscheklammer daran festklemmen. Den Guß einfüllen.

Spritzbeutel selbst herstellen

Wenn Sie keinen Spritzbeutel zum Verzieren von Kuchen besitzen, können Sie schnell improvisieren:

Gefrierbeutel Für Zuckerguß eine Ecke eines stabilen Gefrierbeutels abschneiden und eine Tülle hineinstecken.

Papierkegel Ein Quadrat mit 20 cm Seitenlänge aus Pergamentpapier schneiden und diagonal falten. Die linke Spitze nach oben falten, die rechte ebenfalls, aber auf der Rückseite. Die Spitze des so entstandenen Kegels abschneiden, den Guß einfüllen und durch das Loch spritzen.

Kleine Kuchen und Plätzchen

Kleine Kuchen und Plätzchen sind schnell gebacken, da die Technik einfach und die Backzeit kurz ist. Kleine Kuchen und Butterplätzchen schmecken frisch am besten. Es gibt jedoch viele Plätzchensorten, die man in einem verschlossenen Gefäß länger aufheben kann.

Muffins backen

In der Mikrowelle
Zylindrische Tassen verwenden, nicht die speziellen Muffinformen. Die Tassen mit Öl auspinseln, bevor der Teig hineingegeben wird. Die Muffins in kleinen Mengen backen.

In der Mikrowelle

- **Kuchenplatte** Zum Backen von Pfannkuchen und Blechkuchen in der Mikrowelle eine runde Kuchenplatte aus Porzellan verwenden.
- **Mehr Farbe** In der Mikrowelle gebackene Kuchen mit Honig bestreichen und mit gerösteten Nüssen bestreuen.

Kleine Kuchen

- **Spritzbeutel** Wenn große Mengen von kleinen Rührkuchen zubereitet werden sollen, den Teig in einen Spritzbeutel mit einer großen, geraden Tülle geben. Den Teig in die Kuchenformen spritzen und gleich backen.
- **Mit Zucker** Rührkuchen bekommen einen knusprigen Überzug, wenn sie vor dem Backen mit etwas braunem Rohrzucker bestreut werden.
- **Verfeinern** In einfache, kleine Kuchen jeweils ein Stück Schokolade in die Mitte des rohen Teiges drücken.

Plätzchen ausstechen

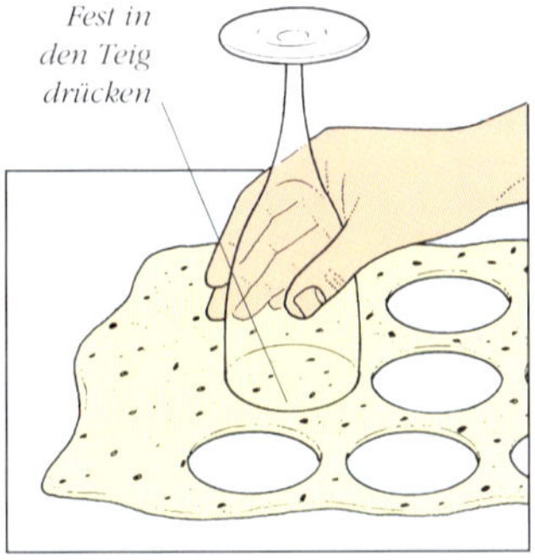

Kreise ausstechen
Wenn keine Ausstechförmchen zur Verfügung stehen, können Sie mit jedem Glas Kreise aus dem ausgerollten Teig stechen. Den Rand in Mehl tauchen, damit der Teig nicht hängenbleibt.

Vorbereiten

- **Vorrat** Festen Plätzchenteig zu Rollen formen und in Folie einwickeln. Im Kühlschrank aufbewahren und nach Bedarf portionsweise backen.
- **Mehr Aroma** Ingwerplätzchen mehrere Tage vor dem Verzehr in einer Dose lagern, um ihr Aroma zu verbessern.

Zartes Gebäck formen

- **Mit einem Glas** Mit einem Fischwender Mandelbögen auf die Wände sauberer Marmeladengläsern legen, sobald sie aus dem Ofen kommen. So kühlen sie schnell ab und erhalten ihre gebogene Form.
- **Röllchen** Den gebackenen, noch warmen Teig zum Formen von Röllchen um den Stiel eines Holzlöffels rollen. Die Rolle von dem Stiel ziehen und auf einem Gitter auskühlen lassen. Falls der Teig hart wird, bevor er geformt worden ist, ihn für 30 Sekunden in den Ofen geben.

Butterplätzchen

- **Statt Milch** Die Plätzchen gehen besser auf, wenn man Buttermilch oder Sauerrahm statt Milch verwendet und statt Backpulver die gleiche Menge Natriumbikarbonat und Weinstein zugibt.
- **Von der Rolle** Den Teig zu einer glatten Rolle formen und mit einem scharfen Messer in regelmäßigen Abständen tief einschneiden. Die Rolle backen. Man kann dann ein Plätzchen nach dem anderen von der Rolle ziehen.
- **Pikantes Aroma** Einen Teelöffel Selleriesalz oder einige gerebelte Kräuter unter den Plätzchenteig mischen.

Klebriger Teig

- **Nasse Hände** Damit Teig nicht an den Händen klebt, vor der Arbeit mit kaltem Wasser naß machen.
- **Kühlen** Wenn Plätzchenteig zu klebrig ist, ihn in Frischhaltefolie wickeln, 30 Minuten kühlen. Wenn nötig, dann noch etwas Mehl einarbeiten.

Über einer Orange formen
Um zartes Gebäck in Körbchenform zu bringen, jedes Stück vorsichtig über eine Orange legen, sobald es aus dem Ofen kommt. Ausformen, dann auf der Orange hart werden lassen.

BROT BACKEN

Brotbacken erfordert erstaunlich wenig Zeit. Mit der Küchenmaschine den Teig kneten, und die Zeit zum Gehen des Teigs verkürzen, indem Schnellbackhefe verwendet wird. Oder den Teig über Nacht im Kühlschrank gehen lassen, damit er am nächsten Tag backfertig ist.

HEFE VERWENDEN

- **Trockenhefe** Wenn statt frischer Hefe Trockenhefe verwendet wird, zwei Teelöffel Trockenhefe an Stelle von 15 Gramm frischer Hefe nehmen.
- **Schnellbackhefe** Immer zu der trockenen Mehlmischung geben, nicht zur Flüssigkeit, da sonst die Aktivität der Hefe verzögert wird.
- **Einfrieren** Wenn der Brotteig roh eingefroren werden soll, muß die Hefemenge um etwa ein Drittel erhöht werden, da das Einfrieren einen Teil der Hefepilze abtötet.
- **Kartoffelwasser** Dieses für Brotteig verwenden, da der Teig dadurch besser geht.

SO GEHT DER TEIG

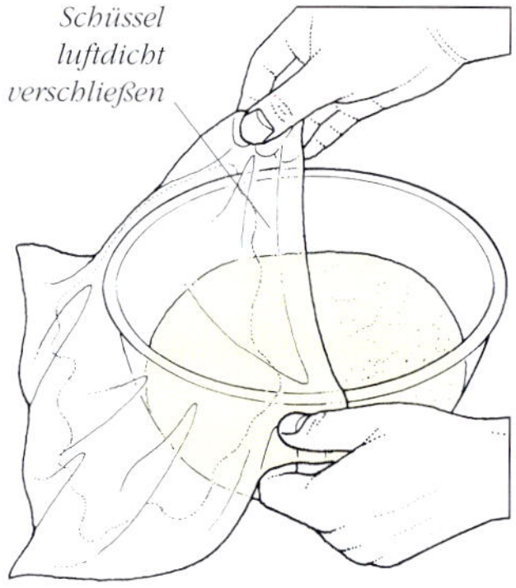

Mit Frischhaltefolie
Damit Brotteig besser aufgeht, ihn in eine Schüssel geben. Mit Frischhaltefolie, die mit Öl bepinselt wurde, abdecken. Die Feuchtigkeit und Wärme beschleunigen den Vorgang.

GUTE IDEE

Im Blumentopf backen
Brot in einem neuen, leicht eingeölten Tontopf backen. Der Ton verleiht dem Brot eine knusprige, goldgelbe Kruste. Den Topf erst 30 Minuten im Ofen bei 190 °C aufheizen.

GROSSE LAIBE BACKEN

- **Gartest** Um sicherzugehen, daß ein großer Brotlaib richtig durch ist, den Laib umdrehen, und mit den Fingerknöcheln auf den flachen Boden klopfen. Wenn es sich hohl anhört, ist das Brot fertig. Wenn nicht, noch ein paar Minuten in den Ofen legen.

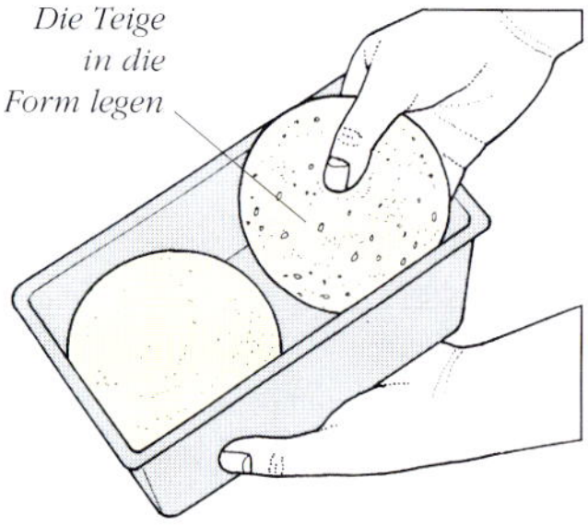

Teigarten kombinieren
Wenn man sowohl Vollkornbrot als auch Weißbrot mag, beide Teigarten zubereiten und nebeneinander in eine Brotform legen. So kann das Brot von beiden Enden angeschnitten werden.

KNUSPRIGE KRUSTE

- **Nachbacken** Für eine wirklich knusprige Kruste den Laib aus der Form nehmen, wenn er durchgebacken ist. Dann direkt auf das Blech in den Ofen legen und weitere fünf Minuten backen, damit er rundum knusprig wird. Das Brot auf einem Gitter auskühlen lassen.

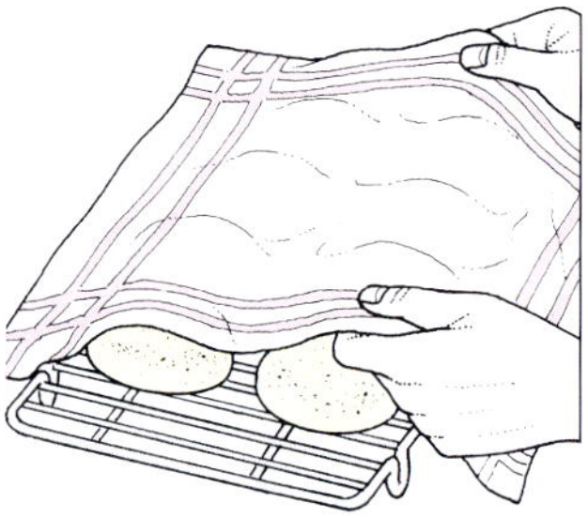

Weiche Kruste
Für eine weiche Brotkruste Milch statt Wasser in den Teig geben, und die Teigoberfläche vor dem Backen mit Mehl bestäuben und beim Abkühlen mit einem Tuch abdecken.

TEIG GEHEN LASSEN

- **Mit Ascorbinsäure** Bei Verwendung von frischer Hefe die Zeit zum Aufgehen verkürzen, indem man dem Teig pro Kilogramm Mehl 25 Milligramm Ascorbinsäure zusetzt.
- **Mehl anwärmen** Damit Teig an einem kalten Tag gut geht, das Mehl in einer Schüssel im Ofen bei 110 °C anwärmen.
- **Mit der Mikrowelle** Den Teig in eine eingeölte Schüssel geben, mit Öl bepinseln und mit Pergamentpapier abdecken. Die Schüssel in eine flache Schale mit heißem Wasser stellen, und das Gerät auf niedriger Stufe vier Minuten laufen lassen. 20 Minuten stehen lassen. Wiederholen, bis sich das Volumen des Teigs verdoppelt hat.
- **Test** Mit einem bemehlten Finger leicht auf den Teig drücken. Hinterläßt dies keinen Abdruck, ist der Teig genügend aufgegangen.

Aroma verbessern

Sogar das einfachste Brot kann durch Zugabe von verschiedenen Aromastoffen in eine ungewöhnliche Delikatesse verwandelt werden. Kräuter oder Gewürze gibt man in die trockene Backmischung, saftige Zutaten wie Oliven werden direkt vor dem Formen eingeknetet.

Mehr Aroma

- **Mediterranes Aroma** Einige zerkleinerte Oliven, Kräuter, Walnüsse oder sonnengetrocknete Tomaten in den Brotteig einkneten.
- **Mehle kombinieren** Das strenge Aroma von Buchweizenmehl mildern, indem man es zur Hälfte mit Reismehl mischt.
- **Würziger Überzug** Die Brotoberseite mit einer Kräutersauce oder einer Mischung aus Öl und Curry bestreichen.
- **Mit Kräutern** Zwei Teelöffel Salz in zwei Eßlöffel warmem Wasser auflösen und damit die Brötchen bepinseln. Dann mit getrockneten Kräutern nach Belieben bestreuen.

Pikante Brote

Mit Selleriesalz
Für ein zartes, pikantes Aroma das Tafelsalz durch Sellerie- oder Knoblauchsalz ersetzen. Große Salzkristalle in Flüssigkeit auflösen, und diese dann mit dem Teig vermischen.

Süßer Überzug

Mit Honig
Brote oder Brötchen mit erwärmtem Honig oder Ahornsirup bestreichen, sobald sie aus dem Ofen kommen. Das ergibt eine süße, glänzende Glasur. Einen Backpinsel benutzen.

Teig formen und verzieren

Klassische Formen – neben dem Laib – wie Zöpfe oder Hörnchen können sowohl für große Brote als auch für Brötchen verwendet werden. Wenn Sie wenig Zeit haben, verzieren Sie den Teig mit einem Gittermuster, das Sie mit einem scharfen Messer in die Oberfläche ritzen.

Brote verzieren

Den Teig mit einer Schere schneiden

Dekorative Schnitte
Bevor man den Brotlaib aufgehen läßt und backt, mit einer Schere Schlitze quer über die Teigoberseite schneiden. Die Schlitze öffnen sich, wenn der Teig aufgeht.

Runde Brotlaibe

- **Bauernbrot** Mit dem Finger ein Loch in die Mitte einer großen Brotteigkugel bohren, und eine kleinere Kugel hineinsetzen.

Kreuzweise einschneiden
Mit einem bemehlten, scharfen Messer ein tiefes Kreuz in einen runden Brotlaib vor dem Gehen einschneiden. Die Schnitte öffnen sich und bilden nach dem Backen eine Kronenform.

Abwechslung

- **Mit Samen** Sesam- oder Mohnkörner als schmackhaften Belag nach dem Bestreichen mit Honig über weiche Brötchen streuen.
- **Marmoriert** Je einen Teig aus Vollkornmehl und einfachem Mehl zubereiten. Kleine Stücke abziehen und vor dem Formen zusammenkneten, damit der Teig marmoriert aussieht.
- **Form bestreuen** Nach dem Einfetten die Brotform leicht mit Weizenschrot oder Haferflocken bestreuen, bevor der Teig eingefüllt wird.
- **Brötchen** Dicht nebeneinander auf ein Backblech legen. Beim Servieren nach Bedarf abbrechen.

Knetteig

Mürbeteig bildet die Grundlage von vielen Speisen und Gebäckarten, ob heiß oder kalt, pikant oder süß. Welche Art von Knetteig Sie auch zubereiten, es gelten immer dieselben Regeln: Geräte, Arbeitsfläche und Hände sollten kühl sein, und man sollte zügig arbeiten.

Knetteig zubereiten

- **Kühle Hände** Die Handgelenke vor dem Zubereiten des Teiges einige Minuten unter kaltes Wasser halten.
- **Verfeinern** Um einen gehaltvollen, lockeren Mürbeteig zu erhalten, mit dem Wasser ein Eigelb zugeben.
- **Ruhen lassen** Mürbeteig mit Frischhaltefolie abdecken und vor dem Ausrollen 30 Minuten in den Kühlschrank stellen. Dann schrumpft er beim Backen nicht.
- **Schneller Teig** Verarbeiten Sie: 100 Gramm Mehl (in eine Schüssel sieben), eine Prise Salz, zwei bis drei Eßlöffel Öl und einen Eßlöffel Eiswasser sowie den Saft einer Zitrone.

Verzierungen

Mit Teigraspeln
Gefrorenen Mürbeteig als Verzierung über das Obst raspeln, und dann goldgelb backen. Übrige Teigraspeln in einen Gefrierbeutel geben und für eine spätere Verwendung einfrieren.

Gesundheitstip

Mehr Ballaststoffe
Anstatt Mürbeteig auf einfachem Mehl auszurollen, die Arbeitsfläche mit Haferflocken oder Weizenkleie bestreuen. Den fertigen Teig wie gewohnt ausrollen. Der Teig erhält so zusätzliche, wertvolle Ballaststoffe.

Lockerer Teig

- **Mit Wasser** Bevor ein Backblech zum Backen von Brandteig oder Blätterteig benutzt wird, leicht mit Wasser beträufeln, statt es einzufetten. Das Wasser verdunstet im Ofen, und der Dampf fördert das Aufgehen des Teiges

Brandteig einfrieren

- **Vorrat** Brandteig zubereiten und einfrieren. Erst kurz vor dem Backen auftauen.
- **Auftauen** Gefrorenen Teig im Mikrowellengerät auf niedriger Stufe auftauen. Für 200 Gramm Teig rechnet man zwei bis drei Minuten.

Süßer Mürbeteig

- **Mit Zucker und Ei** Einen süßen Mürbeteig für Obstkuchen zubereiten, indem man 50 Gramm Zucker und ein Eigelb auf 100 Gramm Mehl gibt. Bei niedrigerer Temperatur (190 °C) als normalen Knetteig backen.

Durchweichen verhindern

- **Anwärmen** Das Backblech für Obstkuchen im Ofen vorwärmen, während dieser vorgeheizt wird.
- **Metallformen** Eine Metallform für Kuchen aus Knetteig verwenden. Metall leitet die Hitze schnell zum Teig.
- **Mit Eiweiß** Den ausgerollten Teig dünn mit Eiweiß bestreichen, um ihn zu versiegeln und ein Durchweichen zu verhindern, wenn eine sehr saftige oder dünnflüssige Füllung verwendet wird.

Probleme vermeiden

- **Blätterteig** Nur die Oberfläche von Blätterteig mit geschlagenem Ei oder Milch bepinseln und alle Schnitt- oder gebogenen Flächen aussparen. Der Teig geht dann gleichmäßiger auf.
- **Eifüllungen** Beim Einfüllen einer Masse aus geschlagenen Eiern den Teig erst im Ofen vorbacken, damit die Füllung zu stocken beginnt, sobald sie den Teig berührt.
- **Fleischkuchen** Den Teig erst bräunen und aufgehen lassen, dann die Temperatur verringern und fertig garen.

Mehr Aroma und Struktur
Bei Mürbe- oder Brandteig sehr fein gehackte Nüsse, z. B. Walnüsse oder gemahlene Mandeln, mit dem Mehl vermischen. Oder Gewürze und frische, gehackte Kräuter zugeben.

Knetteig dekorativ formen

Es gibt viele Möglichkeiten, einen Knetteig dekorativ zu verzieren. Mürbeteig ist am vielseitigsten, da er beim Backen die vorgegebene Form behält. Teigreste kann man in dekorative Formen schneiden, separat backen und als schnelle Verzierung aufbewahren.

Gittermuster

- **Reste verwerten** Ausgerollte Teigreste in dünne Streifen schneiden. Daraus auf einem Obstkuchen ein Gitter formen.

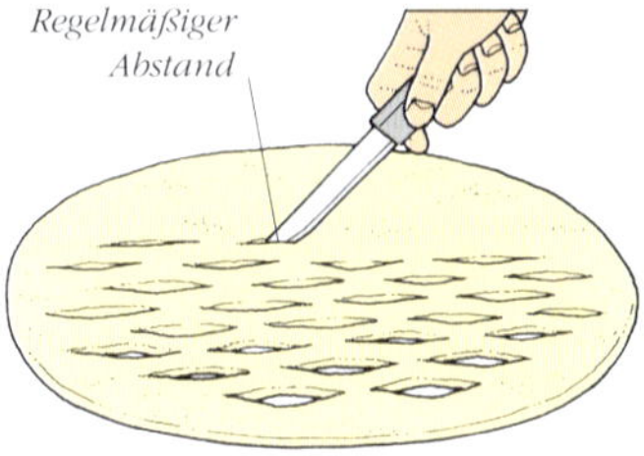

Einschneiden
Für ein Gittermuster auf einem Obstkuchen den Mürbeteig ausrollen, so daß er auf den Kuchen paßt. Kurze Schlitze hineinschneiden. Den Teig etwas dehnen, daß sich die Schlitze öffnen.

Dekorative Ränder

- **Mit Formen** Teigreste ausrollen, Herzen oder Blüten ausschneiden, backen und abkühlen lassen. Mit Zuckerguß an den Rand eines fertigen, hohen Obstkuchens kleben.
- **Zopfmuster** Teigreste ausrollen, in lange, dünne Streifen schneiden. Diese zusammenflechten. Auf den angefeuchteten Rand des Teiges legen, und die Verbindungsstellen andrücken.
- **Zusammendrücken** Die Ränder eines gedeckten Kuchens verschließen, indem man sie im Winkel mit Daumen und Zeigefinger zusammendrückt. Das sieht dann aus wie ein Seil.

Gute Idee

Teigetiketten
Aus Teigresten ein „Etikett" ausschneiden, das die Füllung des Kuchen anzeigt, z. B. einen Apfel. Man kann auch Buchstaben für einen Namen ausschneiden. Vor dem Aufsetzen mit geschlagenem Ei bestreichen.

Strudelteig

Strudelteig ist ein zarter Knetteig, der vorsichtig behandelt werden muß. Trotzdem ist er einfach für Törtchen und gefüllte Kuchen zu verwenden. Arbeiten Sie zügig, und decken Sie den Teig, der gerade nicht bearbeitet wird, immer ab, damit er nicht austrocknet.

Praxistips

- **Mit Öl** Vor dem Backen pikanter Kuchen Strudelteig mit Nuß- oder Olivenöl einpinseln. Für süße Kuchen Butter oder ein Öl mit sehr mildem Aroma verwenden.
- **Mit Eiweiß** Strudelteig leicht mit Eiweiß bestreichen. Das macht ihn sehr knusprig.
- **In der Mikrowelle** Gefüllte Strudeltaschen mit Butter bestreichen und im Bräunungsgeschirr auf höchster Stufe backen, bis der Teig knusprig ist. Nach der Hälfte der Zeit die Taschen umdrehen.
- **Frühlingsrollen** Den pikant gefüllten Strudelteig mit Eiweiß zusammenkleben. Die Rollen drei Minuten in Öl schwimmend ausbacken.

Umgang mit dem Teig

- **Aufbewahren** Nicht benötigten Strudelteig in Frischhaltefolie wickeln. Hält sich im Kühlschrank etwa drei Tage.

Mit einem feuchten Tuch
Strudelteig, der gerade nicht verarbeitet wird, vor Austrocknung schützen, indem man ihn mit einem feuchten Tuch abdeckt. Für einen längeren Zeitraum mit Frischhaltefolie bedecken.

Reste verwerten

- **Verwenden** Ausgetrocknete oder zerbrochene Teigplatten aus Strudelteig zwischen zwei ganze Teigplatten legen.

Teigtaschen aus Resten
Reste von Strudelteig mit Öl bepinseln, aufeinanderlegen und in die Mitte einen Löffel voll Früchte geben. Den Teig oben zusammendrehen. Goldgelb backen.

KONSERVIEREN

FRÜHER WAR ES EINE NOTWENDIGKEIT, frische Lebensmittel selbst einzukochen. Heute macht man es häufig, weil man so etwas Besonderes, beispielsweise bestimmte Marmeladen oder Chutneys, in den Vorratsschrank bekommt.

VORBEREITUNGEN

Das Wichtigste beim Konservieren ist, die Lebensmittel auf dem Höhepunkt ihrer Frische zu verarbeiten, um möglichst viele ihrer Nährstoffe zu erhalten. Damit das Haltbarmachen auch erfolgreich ist, sollte man sich für die Vorbereitungsarbeiten genug Zeit nehmen.

GERÄTSCHAFTEN

- **Töpfe** Um säurehaltige Produkte wie Chutneys oder sauer Eingelegtes herzustellen, sollte ein rostfreier Edelstahltopf verwendet werden, da es bei Aluminium oder Kupfer zu chemischen Reaktionen mit der Säure kommen kann.
- **Topfgröße** Fürs Einkochen von Marmelade immer einen ausreichend großen Topf nehmen, damit sich die Masse ausdehnen kann. Der Topf sollte nur halb voll sein, nachdem der Zucker zugegeben wurde.
- **Thermometer** Damit das Thermometer nicht platzt, in heißem Wasser anwärmen, bevor es in die heißen Mischungen gesteckt wird.

ZUTATEN ABWIEGEN

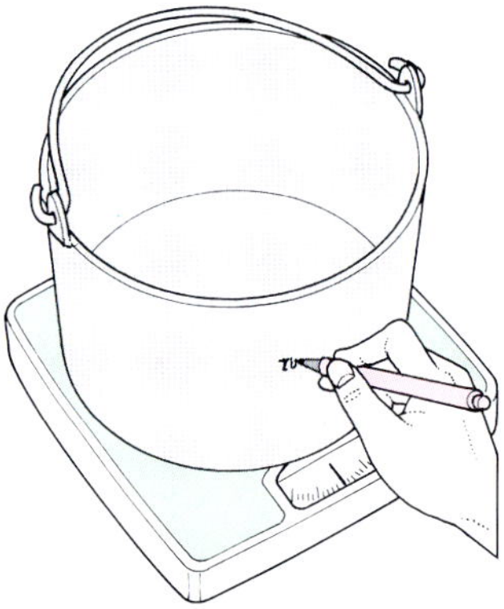

Mit einer Personenwaage
Um große Mengen abzuwiegen, eine Personenwaage benutzen. Zuerst das genaue Gewicht des Topfes notieren. Dann die Zutaten im Topf wiegen und das Gewicht des Topfes abziehen.

SCHÄUMEN VERHINDERN

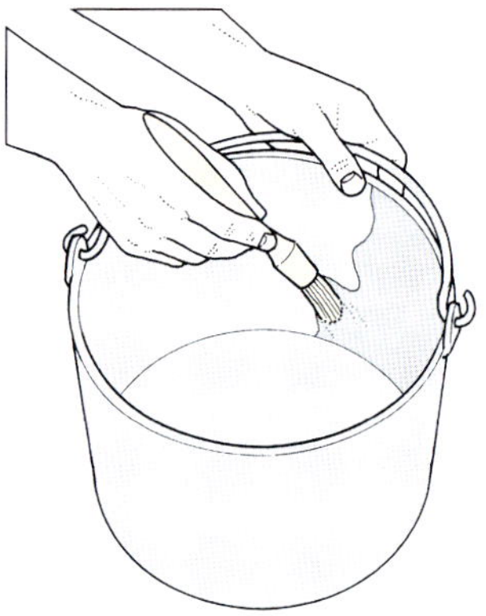

Glyzerin auftragen
Die Innenseite des Topfes ganz dünn mit Glyzerin ausstreichen, bevor darin Marmelade oder Gelee eingekocht wird. So vermeidet man, daß die Masse beim Kochen schäumt.

GLÄSER VORBEREITEN

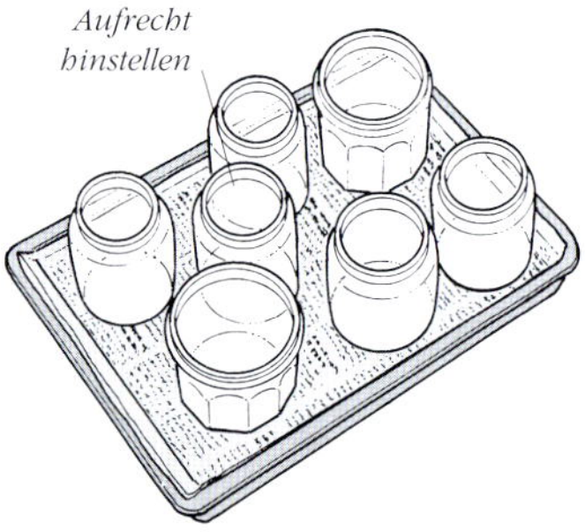

Platzen verhindern
Damit Gläser beim Einfüllen einer heißen Masse nicht platzen, die gereinigten Gläser auf einem mit Zeitungspapier ausgelegten Backblech zehn Minuten in den warmen Ofen stellen.

DECKEL STERILISIEREN

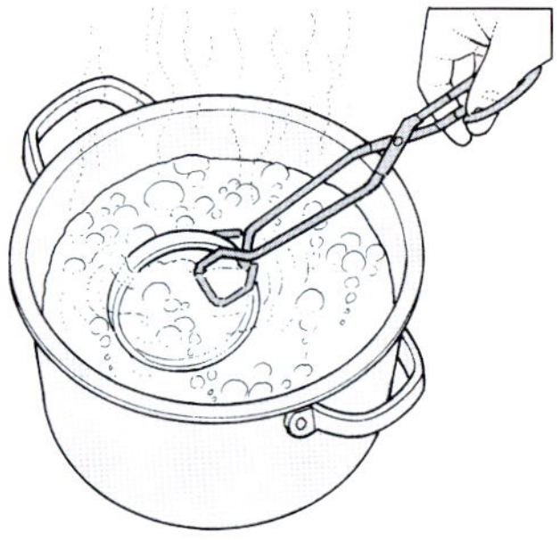

In kochendem Wasser
Die Metalldeckel von Marmeladengläsern sterilisieren, indem man sie sechs Minuten in kochendes Wasser legt. Die heißen Deckel mit einer Grillzange herausnehmen!

ANDERE METHODEN

- **In der Mikrowelle** Wenn man Marmeladen, Gelees oder Chutneys im Mikrowellengerät zubereiten möchte, nur kleine Mengen auf einmal herstellen. Damit sich die Zutaten beim Kochen problemlos ausdehnen können, eine mikrowellengeeignete Schüssel nehmen, die dreimal größer ist als die eingefüllte Menge.
- **Im Schnellkochtopf** Die Kochzeit für Marmeladen und Gelees ist wesentlich kürzer, wenn man sie im Schnellkochtopf zubereitet. Man braucht nur die Hälfte der im Rezept angegebenen Flüssigkeit.

Marmeladen und Gelees

Gute Marmeladen oder Gelees sind fest und klar und besitzen ein fruchtiges Aroma. Frische, unbeschädigte Früchte, am besten reife mit unreifen gemischt, verwenden. Pektin ist das natürliche, in Früchten vorkommende Geliermittel. Unreife Früchte enthalten viel Pektin.

Fruchtmus passieren

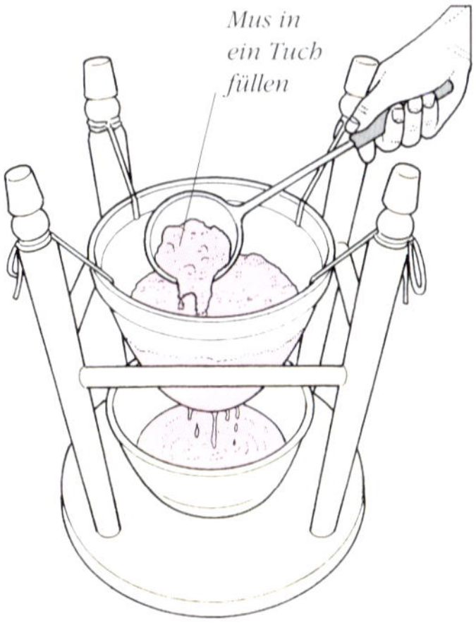

Einen Hocker verwenden
Eine Hocker umdrehen, eine große Schüssel in die Mitte der Sitzfläche stellen. Zwischen den Stuhlbeinen ein Tuch befestigen. Dieses mit Fruchtmus füllen. Über Nacht abtropfen lassen.

Probleme vermeiden

- **Mehltau** Früchte pflücken, wenn es trocken ist, da Feuchtigkeit auf den Früchten Mehltau verursachen kann.
- **Zucker** Früchte für Marmelade kochen, bis sie weich sind, bevor Zucker zugesetzt wird, da durch ihn die Schalen zäh werden können. Den Zucker vorher anwärmen, damit er sich schnell auflöst und die Marmelade klar wird.
- **Schaum** Von Marmeladen und Gelees den Schaum abschöpfen, damit sie klar werden. Die letzten Spuren können mit einem Küchenpapier entfernt werden.
- **Verschließen** Marmeladengläser sofort nach dem Befüllen verschließen, um einen Bakterienbefall zu verhindern.

Früchte auswählen

Manche Früchte gelieren besser als andere:

- **Gut:** Stachelbeeren, Johannisbeeren, Äpfel, Pflaumen.
- **Mittel:** Himbeeren, Eierpflaumen, Aprikosen.
- **Schlecht:** Birnen, Erdbeeren, Kirschen, Brombeeren, Rhabarber.
- **Gut kombiniert:** Brombeeren und Äpfel; Rote Johannisbeeren und Erdbeeren; Birnen und Pflaumen.

Früchte einkochen

Der Erfolg beim Einkochen hängt von der richtigen Sterilisation ab. Moderne Einweckgläser verlängern die Haltbarkeit von eingelegten Früchten. Es gibt sie mit Schnappverschluß oder mit Gummiring und Spanner. Eingekochtes ist heute ein beliebtes Geschenk.

Gläser befüllen

Hübsch arrangieren
Es sieht sehr dekorativ aus, wenn man Scheiben von Orangen vor dem Befüllen an die Wand des Glases legt. Ohne Lücken befüllen, da sonst die Früchte beim Einkochen aufsteigen.

Fruchtschalen

Ganze Früchte anstechen
Damit die Schale nicht platzt, ganze Früchte wie Kirschen und Pflaumen vor dem Einfüllen anstechen. Außerdem dringt dadurch die Flüssigkeit besser in die Früchte ein.

Verschlüsse

- **Dichtung** Um sicherzugehen, daß ein Einweckglas nach dem Einkochen tatsächlich dicht schließt, die Spanner abnehmen und das Glas am Deckel hochheben (die Hand darunterhalten). Wenn der Deckel festhält, ist das Glas dicht verschlossen.
- **Öffnen** Um einen Deckel, der mit einer Gummidichtung fest auf einem Glas sitzt, zu lockern und abzuheben, das Glas einige Minuten in heißes Wasser stellen. Anschließend den Deckel vorsichtig mit einem Messer anheben. Nicht mit Gewalt vorgehen!

Chutneys und sauer Eingelegtes

Früchte und Gemüse mit Zucker und Essig zu konservieren, ist eine klassische und recht einfache Methode. Ein gutes Chutney besitzt eine weiche Struktur und ein rundes Aroma. Dies wird durch langes, langsames Kochen und den Reifeprozeß im Glas erreicht.

Gewürztip

- **Ersetzen** Wenn gemahlene Gewürze gegen ganze ausgetauscht werden, dann die im Rezept angegebene Menge verdoppeln.

Gewürze zerkleinern
Ganze Gewürze wie Nelken oder Zimt sollten für Chutneys oder sauer Eingelegtes etwas zerkleinert werden, damit sie ihr Aroma besser entfalten. In Musselin eingewickelt hinzufügen.

Richtig salzen

- **Das richtige Salz** Meersalz zum Einlegen verwenden, da Tafelsalz mitunter Zusätze enthält, die das Aroma der Zutaten verändern können.

Knackiges Gemüse
Gemüse bleibt knackig, wenn es vor dem Einlegen mit trockenem Salz statt mit Salzlake gewürzt wird. Über Nacht Saft ziehen lassen. Vor der Weiterverwendung abspülen und trocknen.

Bewährter Tip

Salzlösung prüfen
Um zu kontrollieren, ob eine Salzlösung konzentriert genug ist, um die Lebensmittel vor dem Einlegen zu salzen, ein frisches Ei in die Salzlösung legen. Wenn es schwimmt, ist die Konzentration richtig. Auf 600 Milliliter Wasser rechnet man etwa 50 Gramm Salz.

Zitronen

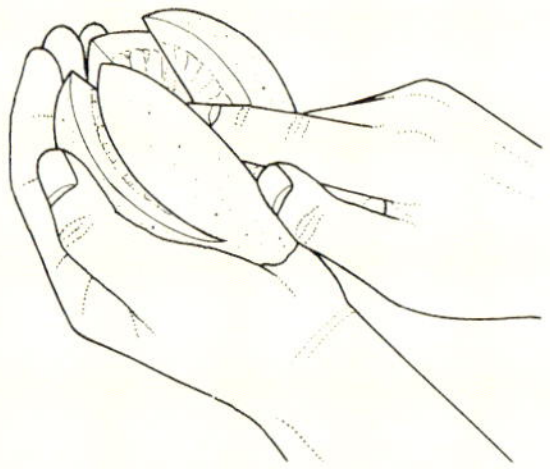

Vierteln und salzen
Sechs Zitronen in Viertel teilen, wobei an einem Ende nicht ganz durchgeschnitten wird. Meersalz in die Schnittflächen reiben, und die Zitronen in ein Einweckglas legen. Den Saft einer Zitrone und einen Eßlöffel Salz zufügen. Mit kochendem Wasser auffüllen und dicht verschließen. Vor der Verwendung zwei bis drei Wochen stehen lassen.

Chutneys kochen

- **Flüssigkeit** Damit Chutney zur richtigen Konsistenz eindickt, immer ohne Deckel kochen, damit genügend Flüssigkeit verdampfen kann.

Gartest
Um zu kontrollieren, ob ein Chutney fertig zum Abfüllen ist, einen Holzlöffel über den Boden des Topfes ziehen. Läßt es sich einfach teilen und fließt keine Flüssigkeit heraus, ist es fertig.

Rezepte anpassen

- **Mehr Farbe** Durch braunen Zucker bekommen Chutneys mit einer kurzen Kochzeit eine intensive Farbe. Mit weißem Zucker werden nur Chutneys mit langer Kochzeit dunkler.
- **Aufhellen** Für eine helle Farbe und ein mildes Aroma weißen Essig für Chutneys, sauer Eingelegtes und Relishes verwenden. Den Zucker erst hinzugeben, wenn die anderen Zutaten eingekocht sind.
- **Weniger Zucker** Getrocknete Früchte,, z. B. Datteln, Rosinen oder Sultaninen, statt Zucker zum Chtuney geben.
- **Zwiebeln** Vor dem Einlegen die Zwiebeln einige Minuten in etwas Wasser weichkochen, bevor Essig zugegeben wird, der sie etwas fester macht.

TROCKNEN

Trocknen ist eine Konservierungsmethode, die sich die Wirkung von Sonne und Wind auf Fisch, Obst und Gemüse zunutze macht. Dieser natürliche Prozeß kann nachgeahmt werden, indem Lebensmittel unter kontrollierter Temperatur und Belüftung getrocknet werden.

KRÄUTER TROCKNEN

In der Mikrowelle
Kräuterblätter auf Küchenpapier legen und mit einem Glas Wasser in das Gerät geben. Auf höchster Stufe 30 Sekunden erhitzen. Wiederholen, bis die Blätter durchgetrocknet sind.

TROCKENMETHODEN

- **Aufhängen** Frische Sommerkräuter wie Petersilie, Minze, Salbei und Thymian in gemischten Sträußen aufhängen. Um sie vor Staub zu schützen, in eine gelöcherte Papiertüte oder in ein luftdurchlässiges Säckchen stecken.
- **Auffädeln** Frische Chillischoten auf Baumwollfäden ziehen und aufhängen.
- **Pilze** Die Stiele von Pilzen vor dem Trocknen entfernen, da sie zäh werden.
- **Haltbarkeit** Getrocknete Kräuter nicht länger als zwölf Monate lagern. Zerkleinerte Kräuter besser in einem luftdicht verschlossenen Glas aufbewahren.

PROBLEME VERMEIDEN

- **Braunwerden** Damit Äpfel beim Trocknen nicht braun werden, sie einige Minuten in Salzwasser legen (ein Teelöffel Salz auf 500 Milliliter Wasser).

Ohne Abdruck
Wenn Früchte für dekorative Zwecke getrocknet werden, Pergamentpapier oder Musselin zwischen die Früchte und das Gitter legen, damit die Stäbe keine Abdrücke verursachen.

BEIZEN UND RÄUCHERN

Beizen ist eine Methode, bei der Nahrungsmittel durch trockenes Salz oder eine Salzlake haltbar gemacht werden. Heutzutage wird es meist wegen des Aromas durchgeführt. Viele Fleischsorten werden vor dem Räuchern gebeizt. Beide Methoden konservieren gut.

VORBEREITEN

- **Käse** Rinde und Wachs von Hartkäsen wie Cheddar oder Emmentaler entfernen, bevor sie geräuchert werden. Den Käse in fingerdicke Stücke schneiden und zwei bis vier Stunden räuchern.
- **Nüsse** Ganze Nüsse wie Mandeln oder Haselnüsse vor dem Räuchern blanchieren, dann in einer Lage auf einem feinen Drahtgitter verteilen.
- **Geflügel** Beim Räuchern von ganzem Geflügel die Brust mit Speck oder Schweineschmalz bedecken, damit sie nicht zu trocken wird.
- **Fleisch und Fisch** Mehrere Stunden in einer Marinade ziehen lassen, damit sie ein salziges Aroma bekommen.

IN HOLZASCHE

- **Gebeiztes Fleisch** In Musselin eingewickelt in Holzasche legen, um Insekten fernzuhalten. An kühlem Platz lagern.

SALZ ENTFERNEN

- **Kalt wässern** So überschüssiges Salz von Lebensmitteln, die länger als eine Woche gebeizt wurden, entfernen.

GEBEIZTEN LACHS ZUBEREITEN

1 Das Lachsfilet mit der Haut nach unten in eine Schale legen. Mit Öl einreiben. Eine Schicht Salz und Zucker darübergeben, dann mit Dill und grobem Pfeffer bestreuen.

2 Ein zweites Filet (Haut nach oben) darauflegen. Mit Frischhaltefolie abdecken. Für zwölf Stunden in den Kühlschrank stellen, nach sechs Stunden den Fisch wenden.

EINFRIEREN

RICHTIGES EINFRIEREN ERHÄLT den Frischezustand der Lebensmittel, wobei der Verlust an Vitaminen gering ist. Einfrieren verwandelt das Wasser in den Zellen zu Eis. Dies muß schnell erfolgen, damit die Zellen nicht zerstört werden.

ZUM EINFRIEREN VORBEREITEN

Die meisten Lebensmittel kann man ohne Vorbereitung einfrieren. Gemüse allerdings sollte man blanchieren, da so verderblichkeitsfördernde Enzyme zerstört werden und Farbe, Aroma sowie Nährstoffe erhalten bleiben. Alle Lebensmittel luftdicht verpacken!

FLÜSSIGKEITEN

Den Beutel über einen offenen Karton ziehen

In einer Schachtel
Zum leichteren Lagern Flüssigkeiten „vorformen". Dafür einen Gefrierbeutel in eine Schachtel stecken. Die Flüssigkeit hineingießen und einfrieren. Die Tüte herausnehmen und verschließen.

EINTOPF VORFORMEN

Eine ausreichend große, extrastarke Alufolie nehmen

Mit Folie auslegen
Eine Kasserolle mit Folie auslegen, und den Eintopf darin einfrieren. Dann das Gericht aus dem Topf heben, die Folie schließen. Ins Gefriergerät legen. Zum Zubereiten ohne Folie in die Kasserolle legen.

BLANCHIERDAUER

Die Blanchierzeiten gelten für durchschnittlich große Stücke.

- Auberginen: 4 Minuten
- Blumenkohl, Sellerie, Paprika: 3 Minuten
- Erbsen: 1 bis 2 Minuten
- Grüne Bohnen: 2 bis 3 Minuten
- Kohl: (gehobelt), rot oder weiß: 1 bis 2 Minuten
- Kürbis: 3 Minuten
- Möhren: 3 bis 5 Minuten
- Rosenkohl, Brokkoli: 3 bis 4 Minuten
- Spargel: 2 bis 4 Minuten
- Zucchini: 1 Minute
- Zuckererbsen: 2 bis 3 Minuten
- Zuckermais: 4 bis 8 Minuten
- Zwiebeln: 2 Minuten

GEFRIERTIPS

- **Schnell abkühlen** Gemüse nach dem Blanchieren in Eiswasser tauchen. Vor dem Einfrieren gut abtropfen lassen.
- **Farbe erhalten** Geschnittene Früchte wie Äpfel in Zitronensaft oder Ascorbinsäure tauchen, bevor sie eingefroren werden, um die Farbe zu erhalten und den Vitamingehalt zu erhöhen.
- **Saison nutzen** Für Kuchenfüllungen Saisonfrüchte mit Zucker vermischen und in mit Alufolie ausgekleideten Förmchen einfrieren. Herausnehmen und die Folie schließen.

UNVERPACKT EINFRIEREN

Einzeln legen
Damit zarte Früchte beim Einfrieren nicht zusammenkleben oder zerdrückt werden, sie erst auf einem Tablett einfrieren. Dann zum Aufbewahren in einen Gefrierbeutel geben.

PROBLEME VERMEIDEN

- **Kuchen** Überzogene oder verzierte Kuchen unverpackt einfrieren. Dann erst einwickeln, damit die Verzierung nicht zerdrückt wird.
- **Druckschutz** Die Oberseite von Pasteten oder zarten Desserts schützen, indem man eine Aluform überstülpt. Mit Klebeband befestigen.
- **Knoblauch** Beim Zubereiten von Speisen, die eingefroren werden sollen, den Knoblauch weglassen. Er kann muffig schmecken, wenn er eingefroren war. Knoblauch erst nach dem Auftauen zufügen.

Ordnung im Gefriergerät

Der Gefrierschrank sollte gut geordnet sein. Die Lebensmittel müssen innerhalb der empfohlenen Haltbarkeitsdauer verbraucht werden. Eine sorgfältige Beschriftung der Gefrierbeutel oder -dosen lohnt sich daher. Gefrierdosen kann man immer wieder verwenden.

Verpacken

- **Abgepacktes Fleisch** Vor dem Einfrieren immer die Verpackung entfernen und neu verpacken und das abgeschnittene Etikett aufkleben.
- **Hamburger** Zwischen jeden Hamburger ein Stück Gefrierfolie legen, damit sie nicht zusammenkleben.
- **Sammeln** Kunststoffbehälter mit Schnappdeckeln sammeln. Ausprobieren, ob sie bei niedrigen Temperaturen brüchig werden. Wenn ja, nicht mehr zum Einfrieren verwenden.
- **Alufolie** Extrastarke Alufolie eignet sich gut zum Verpacken von festen, großen unförmigen Stücken wie Geflügelteile.

Gekochtes Obst

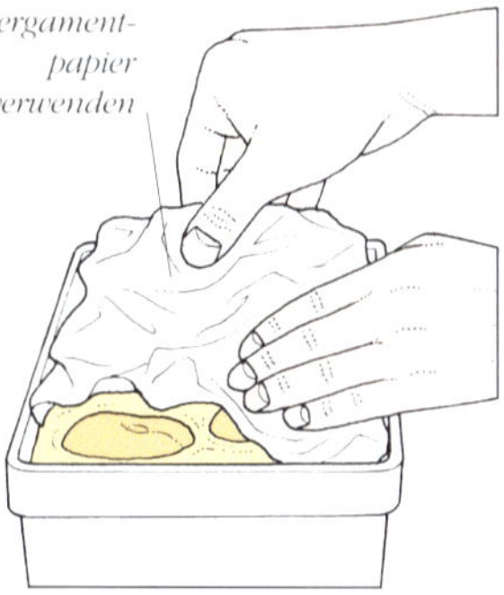

Mit zerknülltem Papier
Um beim Einfrieren von Speisen mit Flüssigkeit (Früchte) zu verhindern, daß Teile aus der Flüssigkeit herausragen, zerknülltes Pergamentpapier auflegen, bevor man den Deckel schließt.

Dosen beschriften

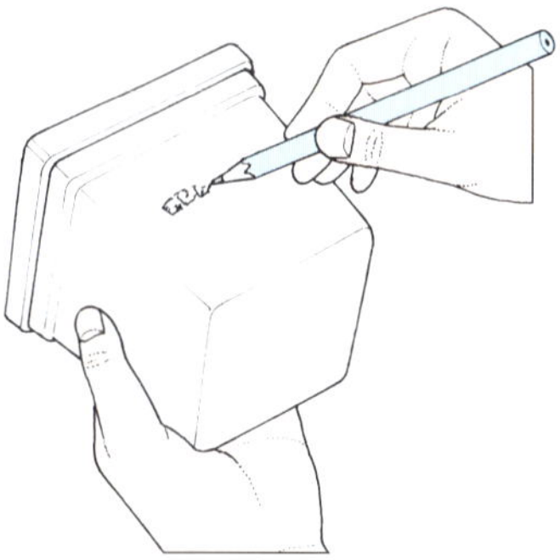

Abwaschbar
Wenn man Gefrierdosen, die man wiederwenden möchte, beschriften will, sollte man einen abwaschbaren Stift, z. B. einen Wachsstift benutzen. Besser: Etiketten benutzen.

Für alle Anlässe einfrieren

Einfrieren von Lebensmitteln ermöglicht nicht nur eine zeitsparende Vorratshaltung im Alltag, sondern man kann damit auch gut Feste streßfrei organisieren. Aufwendige Verzierungen für Kuchen oder Desserts beispielsweise lassen sich frühzeitig zubereiten und einfrieren.

Zeit sparen

- **Griffbereit** Fertig gekochte Speisen auf Alutellern einfrieren. Die Speisen so anordnen, daß Fleisch von Bratensaft oder Sauce bedeckt ist. Dann mit Alufolie dicht verschließen und einfrieren.
- **Butterbällchen** Für Feste Bällchen und Locken aus Butter auf Vorrat anfertigen, in Eiswasser legen, dann abtropfen lassen und in Dosen einfrieren. Vor der Verwendung etwa eine Stunde bei Zimmertemperatur auftauen lassen.
- **Zitrusfrüchte** In Scheiben einfrieren und gefroren in Getränke geben.
- **Nachtisch** Eiscremekugeln oder Sorbets auf ein mit Papier ausgelegtes Tablett legen und einfrieren.

Schokolade

- **Formen erhalten** Beim Einfrieren von zarten Schokoladenformen, mehrere Lagen Küchenpapier zwischen die einzelnen Schichten und in die Zwischenräume legen.

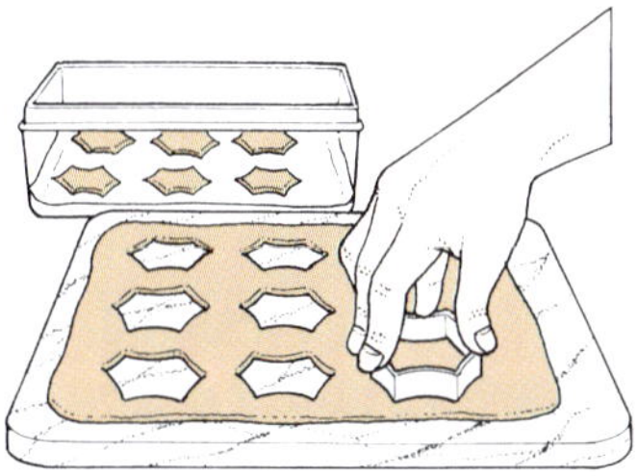

Ausstechförmchen
Geschmolzene Schokolade auf einer kalten Fläche verstreichen, hart werden lassen und mit Ausstechförmchen ausstechen. In eine Dose zwischen Pergamentpapier legen und einfrieren.

Vorrat einfrieren

- **Milch** Packungen mit Milch zur Reserve einfrieren. Im Kühlschrank über zwei Tage oder bei Zimmertemperatur in sechs Stunden auftauen.
- **Reste** In Portionen aufteilen, damit man genau die benötigte Anzahl herausnehmen kann.
- **Tomaten** Ganze Tomaten in Gefrierbeuteln einfrieren. Sie können gefroren zu Eintöpfen oder Suppen gegeben werden.
- **Teig** Teigreste ausrollen und Formen ausstechen. In Gefrierdosen einfrieren. Gefroren damit Kuchen verzieren, bevor dieser gebacken wird.
- **Eiswürfelschalen** Sauce oder Fond zubereiten und in Eiswürfelschalen einfrieren. So kann man leicht genau die benötigte Menge entnehmen.

GETRÄNKE

DER VORTEIL VON SELBSTGEMACHTEN heißen oder kalten Getränken ist, daß man Aromastoffe und Mischungen ganz individuell zusammenstellen kann. Die Möglichkeiten für schmackhafte Kompositionen sind endlos.

OBST- UND GEMÜSESÄFTE

Was die Nährstoffe und das frische Aroma betrifft, sind Obst- und Gemüsesäfte unschlagbar. Wenn Sie frische Säfte mögen, ist ein elektrischer Entsafter wirklich eine lohnende Anschaffung. Aber auch mit Fertigsäften kann man erfrischende Getränke zubereiten.

AROMA VERFEINERN

Frisches, feines Aroma
Der Geschmack eines einfachen Obstsaftes wird viel feiner, wenn man einige Tropfen Rosen- oder Orangenblütenwasser zusetzt. Gut umrühren.

FRISCHER RÜHRLÖFFEL

Eßbarer Rührlöffel
Frühlingszwiebeln als eßbare Rührlöffel verwenden. Vor dem Servieren das Wurzelende und die Spitzen der Blätter – etwas Grün belassen – abschneiden.

GETRÄNKE KÜHLEN

Mit gefrorenen Früchten
Frische Früchte, z. B. Weintrauben oder Zitronenscheiben, einfrieren. Unmittelbar vor dem Servieren in die Getränke geben, um diese zu kühlen.

SAFT AUSPRESSEN

- **Äpfel** Wenn Apfelsaft in einem elektrischen Entsafter hergestellt wird, ein paar rote Früchte wie Erdbeeren oder Himbeeren dazugeben, damit der Saft leicht rosa wird und mehr Aroma bekommt. Einen Spritzer Zitronensaft zugeben.
- **Fruchtfleisch** Das ballaststoffreiche Fruchtfleisch, das nach dem Auspressen zurückbleibt, nicht wegwerfen, sondern beim Kochen zum Aromatisieren verwenden. Fruchtfleisch von Möhren- oder Sellerie zu Suppen oder Brotteig geben, und das von Äpfeln oder Pfirsichen für Früchtekuchen verwenden.

ABWECHSLUNG

- **Mit Knoblauch** Um das Aroma von Gemüsesäften zu verfeinern, die Innenseite des Glases oder Kruges mit einer Knoblauchzehe abreiben oder eine Prise Knoblauch- oder Selleriesalz hinzufügen.
- **Mit Kräutern** Das Aroma und die Farbe von Gemüsesäften durch die Zugabe von gehackten Kräutern verfeinern. Für Tomatensaft Basilikum, Petersilie oder Liebstöckel und für Möhrensaft Estragon oder Koriander nehmen.
- **Noch frischer** In Sommergetränke Stücke von frischen Früchten geben. Säfte mit Mineralwasser spritziger machen.

GESUNDHEITSTIP

Nussiger Obstshake
Für einen nahrhaften Shake ohne Milch Cashewkerne oder blanchierte Mandeln mit Erdbeeren oder Bananen in den Mixer geben. Mit Wasser bedecken und pürieren.

WÜRZIGE GETRÄNKE

Glühwein und gewürzte Getränke eignen sich für viele Anlässe, ob als festlicher Party-Punsch oder als Gute-Nacht-Getränk. Gewürze wie Ingwer, Zimt und Nelken verleihen einem einfachen heißen Punsch ein belebendes Aroma, auch ohne Zugabe von Alkohol.

AROMASTOFFE

- **Sternanis** Kleine Stücke von Sternanis verleihen Glühwein ein würziges Aroma.
- **Kaffee aromatisieren** Eine belebende Winter-Kaffee-Mischung zubereiten, indem man gemahlene Gewürze mit Kaffeepulver vermischt oder ganze Gewürze wie Piment, Ingwer, Muskatnuß oder Zimt mit frischen Kaffeebohnen gemahlen werden.
- **Saftmischung** Preiselbeersaft und Ginger Ale (halb und halb) mischen und langsam mit Nelken oder Zimt zu einem Punsch aufkochen.
- **Kreuzkümmelsamen** Einige geröstete Samen über Joghurtgetränke streuen.

MIT FRÜCHTEN

Mit Nelken spicken
Damit ein heißer Party-Punsch ein würziges Aroma bekommt, ganze Nelken in die Schale von Tafeläpfeln stecken. Die Äpfel beim Erhitzen und Servieren im Punsch schwimmen lassen.

HEISSE SCHOKOLADE

Mit Zimt
Heiße Schokolade oder heißer Kakao bekommt durch eine Zimtstange eine milde Würze. Oder bei der Zubereitung eine Prise gemahlenen Zimt zu dem Pulver geben.

TEES UND TEEAUSZÜGE

Tee ist ein uraltes Getränk, das je nach Teeart und -mischung beruhigend und heilend oder erfrischend und aufmunternd wirkt. Die meisten Tees werden heiß serviert, aber Eistee beispielsweise ist eine wunderbare Erfrischung an heißen Sommertagen.

MIT KRÄUTERN

- **Minze** Für Eistee einige frische Minzezweige in einen großen Krug geben, mit einem Holzlöffel zerdrücken. Mit Tee aufgießen. Beim Servieren die Gläser mit zarten Minzeblättern garnieren.
- **Gegen Kopfschmerzen** Ein Rosmarinauszug schlückchenweise getrunken soll gegen Spannungskopfschmerz helfen. Einige frische Rosmarinzweige in einen Topf geben und kochendes Wasser darübergießen. Vier bis fünf Minuten ziehen lassen.
- **Grüner Tee** Frische Minzezweige in frisch zubereiteten Grünen Tee geben. So erhält man einen erfrischenden Tee nach marokkanischer Art.

MEHR AROMA

Einfach, aber aromatisch
Ein einfacher Tee bekommt ein interessantes Aroma, indem man einige getrocknete Kräuter, z. B. Kamillenblüten, zugibt, wenn der Tee aufgebrüht wird. Mit Zitrone und Zucker servieren.

FRÜCHTE UND BLÜTEN

- **Zitrusschalen** Für einen zarten, nach Früchten duftenden Tee dünne Streifen von Zitrusschalen in eine Kanne mit indischem Tee geben.
- **Mit Blüten** Einige getrocknete, duftende Rosen- oder Jasminblütenblätter mit Teeblättern vermischen, und den Tee wie gewohnt aufgießen.
- **Mit Mango** In einen frisch aufgegossenen Tee ein wenig Saft einer frisch aufgeschnittenen Mango zugeben.
- **Teepunsch** Eistee mit Ananas- oder Apfelsaft zu einem durstlöschenden Sommergetränk kombinieren.
- **Mit Vanille** Eine Schote in die Teedose geben. Das gibt Tee ein intensiveres Aroma.

Gäste bewirten

Überblick

Für das Gelingen einer Party gibt es keine Garantie. Aber Sie können ein Fest – ob groß oder klein – so gut vorbereiten, daß eigentlich wenig schiefgehen kann. Je mehr Gäste kommen, um so früher sollten Sie mit der Planung und der Organisation anfangen. Dazu gehört beispielsweise die Auswahl des Menüs und möglichweise auch die Buchung von Hotelzimmern für auswärtige Gäste. Am Ende der Party können Sie dann sicher Ihre Gäste mit dem großartigen Gefühl und der Gewißheit verabschieden, daß die Gäste – und Sie – diese Feier wirklich genossen haben.

Zeitplan

Wenn Sie viele Gäste zu Ihrem Fest einladen, lohnt es sich, rechtzeitig eine Einkaufsliste sowie einen Zeit- und Arbeitsplan vorzubereiten und alles Stück um Stück abzuarbeiten. So gestalten sich die Tage vor dem Fest nicht zu einem Wettlauf gegen die Uhr.

Zeit- und Arbeitsplan

Zeitraum	Vorausplanen	Erledigen
4 Wochen vorher	Gästeliste anfertigen, Menü zusammenstellen	Einladungen verschicken, eventuell Geschirr und Dekoration bestellen
3 Wochen vorher	Einkaufliste sowie Koch- und Arbeitsplan anfertigen	Blumen und Getränke bestellen, Speisen zum Einfrieren zubereiten
1 Woche vorher	Sitzordnung ausarbeiten, Gästezahl (Zu- und Absagen) überprüfen	Lebensmittel bestellen, Namens- und Menükarten schreiben
3 Tage vorher	Prüfen, ob ausreichend Geschirr und Bestecke vorhanden sind	Speisen zubereiten, die wieder erwärmt oder kalt serviert werden
1 Tag vorher	Kontrollieren, ob alle Arbeiten planmäßig erledigt sind	Restliche Lebensmittel einkaufen, Gemüse und Salate vorbereiten
Party-morgen	Liste mit Arbeiten aufstellen, die Helfer erledigen sollen	Frisches Brot einkaufen, den Tisch decken, heiße Speisen vorbereiten
1 Stunde vorher	Erledigte Arbeiten abhaken, sich entspannen und umziehen	Heiße Speisen fertig machen, Platten mit Häppchen hinstellen

Menüs planen

Das Partymenü hängt nicht nur von Ihrem persönlichen Geschmack ab, sondern auch von der Jahreszeit, dem Anlaß und natürlich von Ihrem Geldbeutel. Wenn Sie nicht gerade ein Party-Routinier sind, wählen Sie ein einfaches Menü und erprobte Rezepte.

Rezepte auswählen

- **Hauptgang** Diesen zuerst planen, da er meist der aufwendigste Teil ist. Dann die Vorspeisen und das Dessert.
- **Gänge** Wählen Sie Vorspeisen und ein Dessert, die Sie ein paar Tage vor dem Fest fix und fertig zubereiten können, das entlastet Sie sehr bei den Arbeiten am Festtag.

Ausgewogene Menüs

- **Abwechslung** Keine Gänge wählen, die sich ähnlich sind, beispielsweise alle auf Ei- oder Käse-Basis.
- **Ausgleichen** Einen reichhaltigen oder würzigen Hauptgang sollte man mit einer einfachen Vorspeise und einem leichten, erfrischenden Dessert ausgleichen.

Probleme vermeiden

- **Alternativen** Schon bei der Menüplanung Alternativen notieren, da manche Zutaten vielleicht nicht verfügbar sind.
- **Diät** Rechtzeitig feststellen, ob Gäste bestimmte Diäten einhalten müssen.
- **Begrenzen** Wenn Sie keine Hilfen haben, das Menü auf drei Gänge begrenzen.

Mengen abschätzen

Es ist ein merkwürdiger Effekt: Je mehr Personen man bewirtet, um so weniger Essen pro Kopf muß man rechnen, vor allem bei kalten Buffets. Wenn Sie beispielsweise 100 Personen bewirten wollen, reicht es, wenn Sie die Menge für 85 Personen zubereiten.

Lebensmittelmengen

Speisen	10 Portionen	20 Portionen	40 Portionen
Suppe, heiß oder kalt	1,75 l	4 l	8 l
Kaltes Fleisch in Scheiben	900 g	1,75	3,5 kg
Fleisch ohne Knochen für Schmorbraten usw.	1 kg	2,25	4,5 kg
Bratenfleisch mit Knochen, heiß oder kalt	1,75 kg	3 kg	6,5 kg
Geflügel mit Knochen (ofenfertig)	3,5 kg	7 kg	14 kg
Fischfilet (in Gerichten)	1,25 kg	2,25 kg	4,5 kg
Reis oder Nudeln (ungekocht)	500 g	700 g	1,25 kg
Gemüse (ungekocht)	1,5 kg	3 kg	5,5 kg
Frisches Obst, Obstsalat	1,5 kg	2,75 kg	5,5 kg
Eiscreme	1,5 l	2,5 l	5 l
Käse für eine Käseplatte	350 g	900 g	1,25 kg
Kräcker für Käse	500 g	750 g	1 kg

DEN TISCH DECKEN UND DEKORIEREN

Ein hübsch gedeckter Tisch schafft von vornherein eine gute Atmosphäre. Lassen Sie Ihre Phantasie spielen, und schauen Sie sich auch um, was die Saison im Garten und in Blumengeschäften und anderen Läden zu bieten hat.

TISCHDECKEN VORBEREITEN

Ein Tischtuch dient nicht nur der Dekoration, sondern schützt auch die Tischplatte. Weiße Tischdecken aus Damast oder Leinen werden meist nur bei formellen Anlässen verwendet. Hübsch sieht es aus, wenn die Tischdecke zum Geschirr oder zum Anlaß paßt.

TISCH SCHÜTZEN

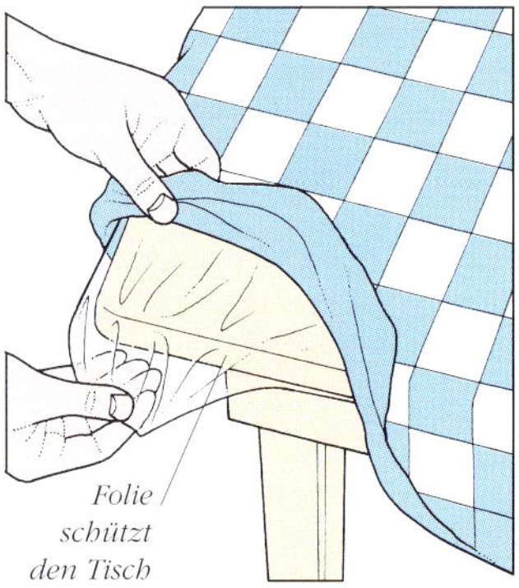

Folie unterlegen
Um eine polierte Tischplatte vor Feuchtigkeit und Beschädigungen zu schützen, sollte man eine Kunststoffolie oder eine Plastikdecke unter die Tischdecke aus Stoff legen.

GEWICHTE ANBRINGEN

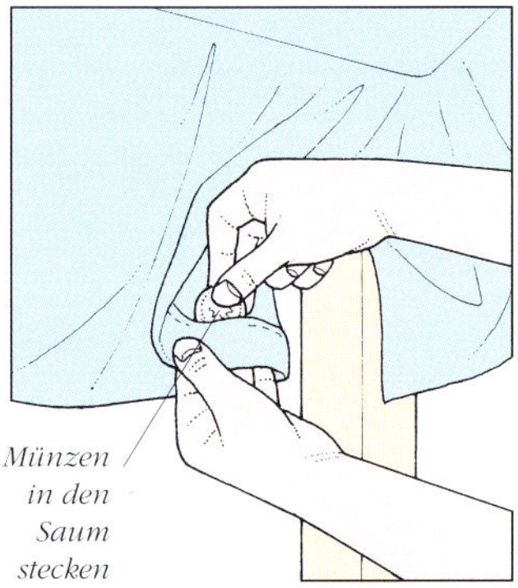

Münzen als Gewichte
Eine Tischdecke, die draußen verwendet wird, beschweren, indem man Münzen in den Saum steckt. Oder man bringt mit Clips kleine Gewichte an (gibt es im Handel zu kaufen).

ECKEN FIXIEREN

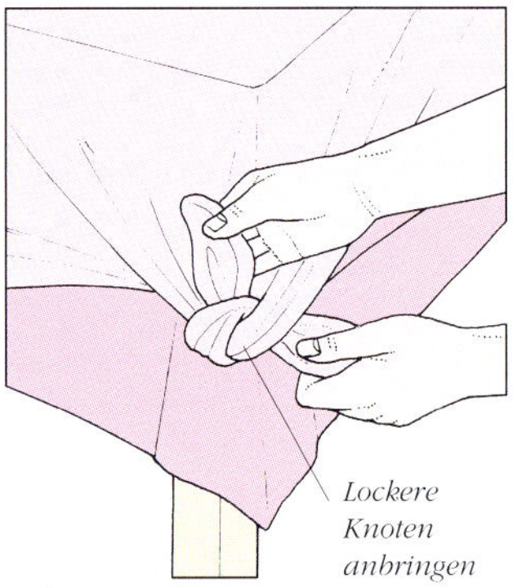

Mit Knoten
Wenn man draußen den Tisch deckt, die Ecken der Tischdecke verknoten, damit sie nicht hochklappen. Zur Dekoration Sträußchen aus getrockneten Blumen in jeden Knoten stecken.

ABWECHSLUNG

- **Mit Laken** Wenn Sie für eine große Party nicht genug Tischdecken haben, gestärkte Bettlaken verwenden.
- **Kleine Decken** Wenn man nur kleine Tischdecken hat, ein glattes Laken als Unterdecke nehmen und mehrere kleine, hübsche Tischdecken diagonal darauf legen.
- **Teppiche** Für eine Party im arabischen oder orientalischen Stil entsprechende Brücken statt Tischdecken nehmen.
- **Unterdecke** Wenn keine Unterdecke vorhanden ist, eine dicke Decke unter das Tischtuch legen, damit der Tisch nicht beschädigt wird.

EINFACHE TISCHDECKEN VERZIEREN

Kräutersträußchen
Frische Kräuter wie Rosmarin oder Thymian mit Schleifen zu Sträußchen binden. Diese auf dem Tischtuch befestigen – entweder in jeder Ecke oder entlang der Tischkante.

- **Schablonieren** Mit Stoffarbe und Schablonen eine Bordüre um jeden Platz aufmalen.
- **Farbspray** Für ein Kinderfest auf einfache Stoff- oder Papiertischdecken mit Farbspray bunte Muster aufsprühen.
- **Blütenblätter** Rosenblätter oder eßbare Blüten auf dem Tischtuch verteilen.
- **Glitzernd** Bei festlichen Anlässen goldene oder silberne Sternchen (aus Metallfolie) auf dem Tischtuch verteilen.
- **Bordüren** Die Ränder einer einfachen Tischdecke mit einer hübschen Tapetenbordüre verzieren, die mit doppelseitigem Klebeband befestigt wird.

Den Tisch richtig decken

Für das Tischdecken gelten bestimmte Grundregeln, wobei es von den Speisen abhängt, welche Bestecke aufgelegt werden sollten. Man legt nie mehr als drei Bestecke neben den Teller. Weitere Bestecke, z. B. Spezialbestecke, werden mit dem entsprechenden Gang gereicht.

Den Tisch für ein Menü decken

Gedeck auflegen
Das Besteck wird immer in der Reihenfolge der Benutzung von außen nach innen gelegt. Um Platz zu sparen, können Dessertlöffel und -gabel oben hingelegt werden. Die Gläser werden oben rechts hingestellt, so daß das Weinglas für den Hauptgang über der Spitze des Messers für den Hauptgang steht.

Gläser auswählen

Genauso sorgfältig wie die Getränke sollten Sie die jeweils dazu passenden Gläser auswählen. Bei großen Festen, vor allem aber bei Stehpartys, muß man bei der Anzahl der Gläser 10 Prozent hinzurechnen, da mit Sicherheit einige Gläser zu Bruch gehen werden.

Weingläser auswählen

Die richtige Form
Weiß- oder Rotwein in tulpenförmigen, dünnwandigen Gläsern servieren. Diese Form öffnet das Bouquet des Weines sehr gut.

Gläsertips

- **Etiketten** Klebrige Reste von Etiketten lassen sich von neuen Gläsern mit Feuerzeugbenzin entfernen.
- **Wasserflecken** Fleckige, trübe Gläser bekommen wieder Glanz, wenn man sie in Wasser spült, dem etwas Essig zugesetzt wurde. Gründlich mit kaltem Wasser nachspülen, abtropfen lassen und erst dann abtrocknen.
- **Kristall** Bleikristall mit der Hand in warmem Wasser und Spülmittel abwaschen. Mit klarem Wasser nachspülen und abtrocknen, solange das Glas noch warm ist. In der Geschirrspülmaschine werden die Bleikristallgläser trüb.

Krüge auswählen

Mit Rückhaltevorrichtung
Getränke, die mit Eiswürfeln gekühlt werden, in einem Glaskrug servieren, der einen verengten Ausgießer oder ein Sieb besitzt, damit das Eis nicht ins Glas fällt.

Geschirr auswählen

Schönes Geschirr trägt viel zur appetitlichen Präsentation der Speisen bei. Wählen Sie am besten schlichte, klare Formen und kräftige Farben. Das Geschirr sollte natürlich zum Anlaß des Festes ebenso passen wie zum Besteck und zu der Tischdecke.

Geschirr kombinieren

Farben mischen
Wenn ein Service nicht ausreicht, um alle Gäste zu bewirten, kombinieren Sie einfach mehrere. Wählen Sie Kontrastfarben, oder mischen Sie gemustertes mit weißem oder einfarbigem, Geschirr.

Grosse Platten

Dekoriert servieren
Fall keine passenden Teller für Quiche vorhanden sind, eine größere Platte nehmen. Die Quiche in die Mitte legen und außen herum Salatblätter und Tomaten arrangieren.

Alternativen zum klassischen Service

- **Einweggeschirr** Fur Buffets große Einweg-Aluminiumplatten kaufen. Damit sie dekorativ aussehen, mit Salatblättern belegen, bevor Sie die Speisen darauf anrichten.
- **Körbe** Brot, Brötchen und Canapés kann man gut in Körben servieren. Die Körbe mit Servietten auskleiden bzw. für Canapés erst mit Alufolie, dann mit großen Blättern auslegen.

Tafelaufsätze

Unter einem Tafelaufsatz verstehen wir heute nicht mehr die schweren Silberwaren, die einst fürstliche Tafeln zierten. Ein Blumenstrauß oder ein Früchtekorb kann den gewünschten Akzent genausogut setzen. Vasen mit Steinen oder Murmeln stabilisieren.

Früchte verwenden

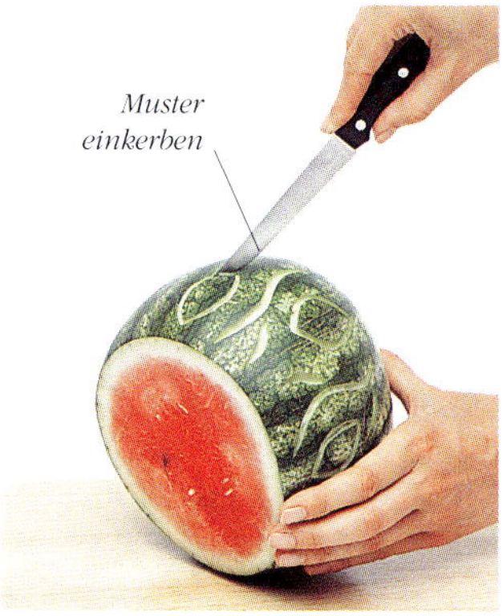

Melonenkorb
Zum Servieren von fruchtigen Desserts eine dicke Wassermelone aushöhlen. Die Melonenschale durch Einkerben verzieren. Dann mit Obstsalat oder anderem Fruchtigem füllen.

Früchte-Blumen-Arrangement

Mit Früchten
Blumen als Tafelaufsatz für ein Buffet in einer Glasschale mit frischen Obststücken anordnen. Die Früchte sind nicht mehr genießbar.

GEDECKE DEKORIEREN

Phantasievoll dekorierte Gedecke heißen die Gäste willkommen und bieten gleich netten Gesprächsstoff, wenn die Gäste am Tisch Platz nehmen. Die Dekorationen sollten nie zu pompös sein. Verwenden Sie eßbare Blüten, wenn diese in Kontakt mit den Speisen kommen.

EIN BUNTES BILD GESTALTEN

Mit Blüten
Damit das Gedeck ein frisches Aussehen erhält, eßbare Blüten oder frische Kräuter auf dem Platzteller rund um den Eßteller anordnen. Die Blüten mit Wasser besprühen, damit sie möglichst lange frisch bleiben.

SÜSSE GESCHENKE

Tüllsäckchen
Kleine süße Aufmerksamkeiten wie Bonbons oder Pralinen lassen sich gut in ein quadratisches Stück Tüll verpacken. Den Tüll mit einer Schleife zusammenbinden.

PLATZTELLER UND PLATZDECKCHEN

- **Schablonen** Mit Hilfe von Schablonen Muster wie einfache Blüten, Blätter oder Sterne auf dem Platztellerrand anbringen. Dafür ungiftige, abwaschbare Farbe benutzen.
- **Bildchen** Für ein Kinderfest Herzformen aus Papier oder Comicfiguren ausschneiden und mit doppelseitigem Klebeband auf den Stoffdeckchen festkleben.

DEKORATIVES

- **Herzige Girlande** Aus Mürbeteig Herzen ausstechen. In jedes Herz ein Loch stechen. Nach dem Backen die Herzen auf ein Band fädeln und als Girlande um jeden Teller legen.
- **Riesenschleifen** Aus Papier oder Stoff große Schleifen herstellen und damit die Rückseite von Stuhllehnen dekorieren. Durch die Schleifenränder Blumendraht ziehen, dann bleiben sie in Form.
- **Rosen** Eine einzelne rote Rose quer über jeden Teller legen als romantisches Geschenk für jeden Gast bei einer Hochzeit.
- **Apfelkerzen** Kurz bevor die Gäste Platz nehmen, einen roten Apfel mit einer eingesteckten, langen, dünnen Kerze neben jedes Gedeck stellen. Das Raumlicht dimmen, sobald alle Kerzen angezündet sind.

FRÜCHTE UND KRÄUTER

- **Gewürzsträußchen** Kleine Sträußchen aus Zimtstangen, Ingwerwurzeln und einigen Lorbeerblättern zusammenstellen. Mit Bändern zu kleinen Geschenken für die Gäste zusammenbinden.

Früchte dekorieren
Orangen oder Limetten mit Nelken spicken. Dann um jede ein buntes Band befestigen und mit einer dekorativen Schleife abschließen. Als Geschenk neben das Gedeck legen.

FINGER-FOOD

- **Früchte am Spieß** Für eine Sommerparty zwei oder drei frische Erdbeeren auf ein Holzspießchen abwechselnd mit Minzeblättern stecken. Als kleine Vorspeise auf jeden Teller ein Spießchen legen.

Duftende Dekoration
Jede Serviette locker um zwei oder drei lange Knabberstangen wickeln. Einige Zweige frischen Rosmarin, Thymian, Salbei oder ein paar Lorbeerblätter hineinstecken.

Menükarten anfertigen

Menükarten werden meist nur für formelle Essen angefertigt. Es gibt jedoch keinen Grund, solche Karten nicht auch für ein fröhliches Fest mit Freunden und Verwandten zu verwenden. Viele Menschen nehmen Menükarten nur zu gern als Andenken mit nach Hause.

Umschlag herstellen

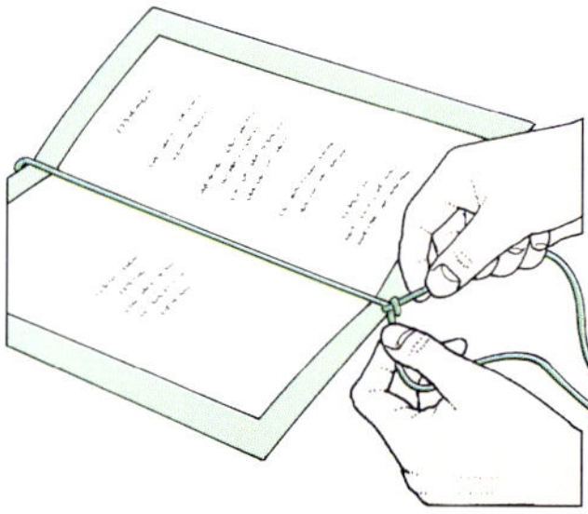

Mit Kordel und Karton
Als Umschlag für Menükarten können Sie Ton- oder Fotokarton verwenden. Es gibt sie in bezaubernden Farben. Eine farblich abgestimmte Kordel hält Umschlag und Karte zusammen.

Karten verzieren

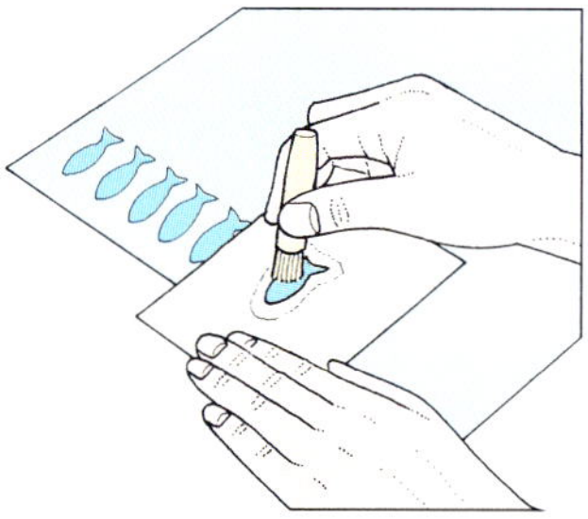

Mit einer Schablone
Malen Sie mit einer Schablone Bordüren auf die Karte. Dafür das Motiv aus festem Karton ausschneiden, und mit einem Schablonierpinsel die Farbe gleichmäßig auftragen.

Dekoratives

- **In Gold und Silber** Für festliche Anlässe zum Schreiben und Verzieren der Karten die speziellen Stifte für Gold- und Silberschrift benutzen (in Bastelgeschäften erhältlich).
- **Tellerkarten** Weiße Pappteller kaufen, und das Menü mit dickem Filzstift auf die Teller schreiben.
- **Collage** Bilder aus Zeitschriften ausschneiden und den Rand der Karten kleben.
- **Zum Nachkochen** Das Rezept eines besonderen Gerichtes auf die Rückseite der Karte schreiben.

Tischkarten gestalten

Tischkarten mit den Namen der Gäste verhelfen zu einer sinnvollen Sitzordnung und sind eine hübsche Tischdekoration. Falls sich noch nicht alle Gäste kennen, den Namen auf Vorder- und Rückseite schreiben, damit man auch sein Gegenüber ansprechen kann.

Dekoratives

- **Mit Früchten** Seitlich durch die Tischkarte einen Zahnstocher stechen, und die Karte wie ein Fähnchen auf eine Frucht, z. B. einen Apfel, eine Birne oder Zitrone, stecken.
- **Mit Lebkuchen** Figuren aus Lebkuchen- oder Mürbeteig backen, und den Namen mit Zuckerguß daraufschreiben. Oder ein Pappschildchen beschriften und vor dem Backen auf den Teig drücken.
- **Mit Eiern** Für eine Frühlingsparty Eier mit Namen beschriften. Im Eierbecher an jeden Platz stellen.
- **Zeit sparen** Gekaufte Geschenkanhänger als festliche Namensschilder verwenden.
- **Spirale** Namen auf Papierstreifen schreiben. Über einen Finger wickeln, und als Spirale auf den Teller legen.

Fest mit Thema

- **Masken** Für eine Kostümparty einfache Masken kaufen und dem Thema des Festes entsprechend verzieren. Bei jeder Maske den Namen des Gastes in die Verzierung einbauen. Auf den Teller legen.

Figuren formen

- **Mit Teig** Wasser und Mehl zu einem Brei mischen, zu Figuren formen und bei niedriger Hitze zwei Stunden backen, bis sie trocken sind. Bunt anmalen, die Namen der Gäste auf die Figuren ritzen.

Klappkarten gestalten

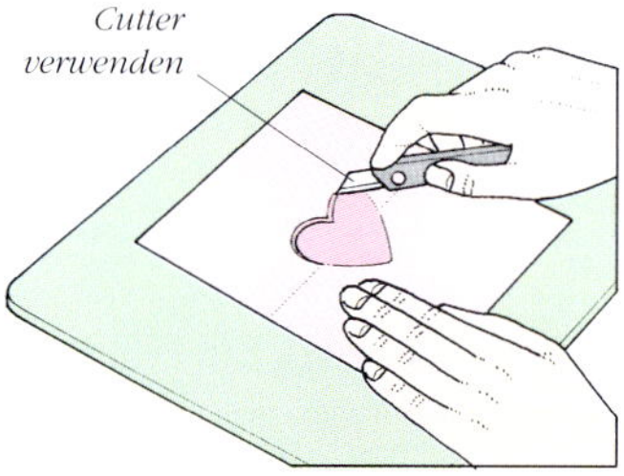

1 Die Kartonmitte mit einer feinen Linie markieren. Eine Form so zeichnen, daß sie sich zum Teil oberhalb der Linie befindet. Dann entlang der Umrisse im oberen Teil schneiden.

2 Die Karte entlang der markierten Linie falzen. Der obere, ausgeschnittene Teil der Form erhebt sich dann über die Karte. Den Gästenamen daraufschreiben.

Servietten falten

Schön gefaltete Servietten sollte man sich als Tischschmuck nicht entgehen lasse. Schon mit einfachen Faltmethoden kann man eine tolle Wirkung erzielen. Am besten eignen sich Servietten aus Leinen und Baumwolle, beides gestärkt, da sie die Form gut halten.

Fächer falten

1 Für den Serviettenfächer eine gestärkte und frisch gebügelte Stoffserviette oder eine hochwertige, feste Papierserviette benutzen. Die Serviette in Form einer Ziehharmonika falten.

2 Die Knicke festdrücken. Die gefaltete Serviette in der Mitte zusammenklappen, dann eine Hälfte umschlagen. Um das Umschlagene ein dekoratives Band wickeln und zur Schleife binden.

3 Die Serviette auf einen Teller legen, die Falte in der Mitte festhalten, und die übrigen nach beiden Seiten auffächern. Der Serviettenfächer kann auch aufrecht in ein Weinglas gestellt werden.

Serviettenringe gestalten

Serviettenringe sind eine schnelle Methode, um eine gerollte oder gefaltete Serviette zu verzieren. Ein hübsches Band oder ein bemalter Pappring können schon den dekorativen Zweck erfülllen. Muster sowie Farbe von Ring und Serviette sollten miteinander harmonieren.

Dekoratives

- **Mit Borten** Für festliche Anlässe gestickte, goldfarbene Borten, wie man sie für Schabracken verwendet, um die Servietten wickeln.
- **Mit Quasten** Gekaufte oder selbstgemachte Quasten an gerollte Servieten binden.
- **Mit Bast** Für ein Fest im ländlichen Stil Serviettenringe aus Bast flechten oder häkeln. Getrocknete Blüten in jeden Ring stecken.
- **Mit Bändern** Breite, lange Bänder um die Servietten schlingen, dann die Enden um den Finger wickeln, damit Spiralen entstehen.
- **Mit Schnüren** Aufgefädelte Kunst- oder Holzperlen um die Servietten binden.
- **Mit Muscheln** Muscheln auf einen Draht fädeln, und die Enden zum Ring schließen.

Mit Kräutern

- **Mit Duft** Die Serviette zusammenrollen und in einen schlichten Serviettenring stecken. Intensiv duftende Kräuterzweige oder Kräuterblüten dazustecken.

Mit Schnittlauch
Frisch geernteten Schnittlauch um eine zusammengerollte Serviette binden. Je länger die Stengel sind, um so einfacher lassen sie sich binden. Die Enden sauber abschneiden.

Blüten und Essbares

- **Kränzchen** Aus dickerem Draht einen Ring in Serviettenringgröße biegen. Darauf mit feinem Silber- oder Golddraht Blüten binden. Blumen mit dünnen Stengeln dabei zu Sträußchen zusammenfassen.
- **Blätterringe** Flache, lange Blätter, z. B. von Iris, oder lange Grashalme in einem lockeren Knoten um eine gefaltete Serviette binden.
- **Süße Ringe** Weiche Bonbons, z. B. bunte Lakritzbonbons oder Gummibärchen auf eine dicke Schnur fädeln und zu einem eßbaren Serviettenring binden.
- **Brotringe** Brotteig zu Serviettenringen formen, mit Ei bestreichen und mit Mohn oder Sesam bestreuen. Goldgelb backen.

Stehpartys

Stehpartys sind keineswegs formellen Anlässen vorbehalten, sondern bestens geeignet, eine größere Zahl an Gästen gut zu bewirten. Bei einem üppigen kalten Buffet vermißt keiner den festlich gedeckten Tisch und das Menü.

Canapés servieren

Mehr als erlesene, warme Speisen sind bei einer Stehparty phantasievolle Häppchen gefragt. Mit Canapés, Dips und vielen anderen Schlemmereien, die man mit einer Hand halten und in ein, zwei Bissen verzehren kann, werden Sie bei Ihren Gästen Anklang finden.

Partyspiesschen

Dreifarbige Spieße
Würfel aus Feta-Käse zusammen mit Quadraten aus grüner und roter Paprika auf Zahnstocher zu dreifarbigen Spießen stecken. Dazu ein Körbchen mit gewürfeltem Vollkornbrot reichen.

Canapés servieren

Spiegeltablett
Unterschiedliche Häppchen auf einem großen Spiegel servieren. Die beste Wirkung erzielt man dabei, wenn man zwischen den Canapés Platz läßt und am Rand Minzeblätter arrangiert.

Teigtablett für Canapés
Mürbe- oder Brotteig zu einer runden Form ausrollen, und den Rand mit einer Teigspirale einfassen. Auf ein Backblech legen, und mit geschlagenem Ei bestreichen, dann goldgelb backen.

Schnelle Canapés

- **Sellerie** Frischkäse in Stücke von Staudensellerie geben und mit feingehackten, frischen Kräutern bestreuen.
- **Pilze** Den Stiel von kleinen Hutpilzen entfernen, und den umgedrehten Hut mit würziger Pastete füllen.
- **Käsetrauben** Blauschimmelkäse und Butter zu gleichen Teilen vermischen. Kühl stellen, dann zu einem etwa fingerdicken Strang formen. Scheiben abschneiden und auf einen Zahnstocher zwischen die Hälften von großen, blauen oder weißen Weintrauben stecken.
- **Minigebäck** Kleines, pikantes Gebäck goldgelb backen und mit Frischkäse und einer Olive garnieren.
- **Hähnchenleber** Die Leber kurz in etwas Butter und Sherry anbraten. Mundgerechte Stücke auf kleine, leicht getoastete Baguettescheiben legen.
- **Schinkenröllchen** Dünne Streifen von rohem Schinken auf einen Blätterteigstreifen legen und zusammenrollen. Bei 200 °C backen, bis die Röllchen goldgelb sind. Das dauert etwa 15 Minuten.
- **Salamikegel** Dünne Salamischeiben zu einer Tüte formen, ein Melonenstückchen hineinlegen und seitlich einen Zahnstocher durchstecken.
- **Olivenröllchen** Mit Mandeln gefüllte Oliven mit Schinkenstreifen umwickeln. Diese mit einem Zahnstocher feststecken.

Probleme vermeiden

- **Teigformen** Sehr feuchte Füllungen erst etwa eine Stunde vor dem Servieren in aus Teig bestehende Formen füllen, damit der Teig nicht schon durchgeweicht ist, wenn die Gäste kommen.
- **Mundgerecht** Schnittchen nur so groß machen, daß man sie ganz in den Mund schieben kann. Auf Zahnstocher Gespießtes darf größer sein.
- **Platz schaffen** Die Gäste müssen Platz haben, ihr Glas abzustellen, um nicht mit Getränk und Essen jonglieren zu müssen.
- **Papierservietten** Großzügig kleine Stapel verteilen. Jeder Gast benötigt garantiert mehr als eine Serviette.

Rohkost und Dips

Bei Rohkost und fettarmen Dips können selbst kalorien- und gesundheitsbewußte Gäste kräftig zugreifen. Und für Sie als Gastgeber ist es angenehm, weil Sie fast alles, was serviert werden soll, schon einige Tage vor dem Fest in Ruhe vorbereiten können.

Rohkost servieren

Eisgekühltes in einer tiefen Platte servieren

Bunte Gemüsemischung zum Dippen

Mit einem Eisring
Gemüse bleibt länger frisch, wenn es in einem Eisring serviert wird. Für den Ring eine große Ringform mit Wasser füllen und einfrieren. Auf eine Servierplatte stürzen, dann das Gemüse in der Mitte anordnen.

Einfache Dips

- **Thunfisch** Thunfisch aus der Dose abtropfen lassen, mit Naturjoghurt mischen und mit gehacktem Dill bestreuen.
- **Teufelssauce** Worcestershiresauce unter Tomatenketchup rühren.
- **Kräutersauce** Pesto in Naturjoghurt einrühren.
- **Käsedip** Gleiche Teile Blauschimmelkäse und Frischkäse mit etwas Milch mischen.
- **Avocadodip** Avocado mit Mayonnaise pürieren. Mit Zitronensaft abschmecken.

Getränke servieren

Bieten Sie den Gästen gleich bei ihrer Ankunft Getränke an. Neben alkoholischen Getränken sollten auch genug alkoholfreie vorhanden sein. Sorgen Sie für gut gekühlten Nachschub, und achten Sie darauf, daß immer ausreichend viele Flaschen geöffnet sind.

Getränketips

- **Flaschen kühlen** Wenn im Kühlschrank nicht genügend Platz für die Flaschen ist, Eis in die Badewanne füllen und die Flaschen dort lagern.
- **Fruchtwürfel** Fruchtsaft in Eiswürfelbehältern einfrieren, dann werden die Getränke nicht verwässert.
- **Champagner** Gläser für Champagner sorgfältig mit klarem Wasser nachspülen, da Spülmittelreste das Perlen verhindern.
- **Alkoholfrei** Für Gäste, die keinen Alkohol trinken wollen, genügend alkoholfreie Cocktails, Fruchtsäfte sowie Mineralwasser bereithalten.
- **Geld sparen** Für gästereiche Stehpartys eine Sangria oder Bowle ansetzen.
- **Bier** Ein Fäßchen kaufen, gezapftes Bier schmeckt meist besser als Flaschenbier.

Getränke vorbereiten

Gurkengarnitur

Rührstab sorgt für Aroma

In Weinbrand getränkte Zuckerwürfel schäumen

Rand mit Lebensmittelfarbe und Zucker glasieren

Zitrusschale

Eisgekühlte Getränke mit Serviette reichen

Den letzten Schliff geben
Garnieren Sie die Gläser mit Früchten oder anderen zierenden Accessoires. Lieblos servierte Getränke können sogar die Stimmung verderben. Wenn ein Cocktail garniert werden soll, muß das Glas groß genug sein, damit das Getränk nicht überläuft.

BUFFETS

EIN SCHÖNES BUFFET herzurichten macht eine Menge Arbeit, hat aber viele Vorteile. Man kann Speisen wählen, die sich bequem vorbereiten lassen, und Sie können eine große Anzahl an Gästen vielseitig und ausgiebig bewirten.

EIN BUFFET HERRICHTEN

Widmen Sie viel Aufmerksamkeit der Anordnung der Speisen und des Zubehörs. Ein gutes Buffet wirkt weder überladen noch lückenhaft. Alles muß für die Gäste gut greifbar parat liegen. Bei größeren Buffets sollte eine Person sich ständig um die Gäste kümmern.

EIN BUFFET RICHTIG ANORDNEN

Reihenfolge
Beim Herrichten des Buffets rechts oben mit den Tellern beginnen, es folgen Beilagen, Hauptgericht (Fisch, Geflügel oder Fleisch), Gemüse und Salate. Ein Servierbesteck liegt jeweils daneben. Brot, Saucen, Besteck und Servietten finden auf der linken Seite ihren Platz. Dekorationen möglichst in der Mitte des Tisches plazieren.

BUFFETS ORGANISIEREN

- **Tisch** Hinter dem Buffettisch Platz lassen, damit man zum Nachlegen von Speisen ungehinderten Zugang hat.
- **Tischdecke** Die Decke sollte bis zum Boden reichen. Das sieht gut aus und man kann unter dem Tisch zusätzliches Geschirr, Bestecke und Servietten deponieren.
- **Stühle** Diese in Gruppen (drei bis fünf) zusammenstellen, damit die Gäste auch im Sitzen plaudern können.
- **Getränke** Getränke, Gläser und Tassen auf einen separaten Tisch stellen, damit der Buffettisch nicht zu voll wird.
- **Platz schaffen** Auf dem Buffettisch oder an anderer gut erreichbarer Stelle Platz lassen, damit die Gäste Gläser oder Teller abstellen können.

SPEISEN KALT HALTEN

- **Platten** Flache Aluformen halb mit Wasser füllen und einfrieren. Darauf die Platte stellen, um die Speisen zu kühlen.

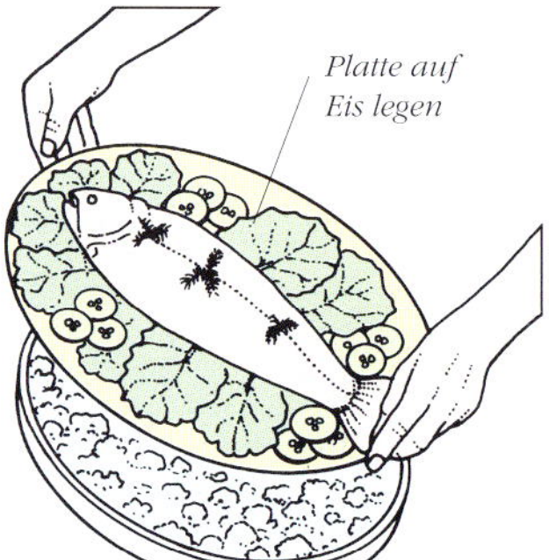

Mit zerstoßenem Eis
Gekühlte Speisen kurz vor dem Servieren aus dem Kühlschrank nehmen. Die Servierplatte auf dem Tisch auf eine breite Schüssel mit zerstoßenem Eis stellen.

MENGEN BERECHNEN

Diese kleine Checkliste hilft, die ungefähr benötigte Menge von Lebensmitteln zu berechnen, die für fast jedes Buffett gebraucht werden.

- **Brot** Ein großes, dünn geschnittenes Brot liefert 18 bis 20 Scheiben. Drei Baguettes reichen für zehn Personen.
- **Butter** 25 Gramm Butter reicht für sieben kleine Scheiben Brot.
- **Grüner Salat** Ein großer Romana-Salat für acht und ein Kopfsalat für vier Personen.
- **Wein** 0,7-Liter-Flasche füllt sechs Gläser, eine 1-Liter-Flasche neun Gläser.
- **Eis** 10 Kilogramm Eis kühlen 24 Flaschen Wein.

Speisen präsentieren

Speisen auf einem Buffet sollten immer frisch und appetitlich aussehen. Man sollte sie daher nicht nur dekorativ präsentieren, sondern auch während des Festes regelmäßig Ordnung auf dem Tisch schaffen, also beispielsweise die Schüsseln auffüllen und leere wegräumen.

Grosse Platten

- **Stapeln** Sandwiches in Viertel schneiden und mit der Spitze nach oben legen, damit man die Füllung sieht.

Salate arrangieren
Die Zutaten auf einer großen Platte anordnen. Das Dressing kurz vor dem Servieren darübergießen oder in einem kleinen Krug auf den Tisch stellen.

Frische Früchte

Obstpyramide
Das Fruchtfleisch einer großen Ananas abschneiden, dabei den Kern und den Blattschopf erhalten. Rundum Früchte zu einer Pyramide aufschichten.

Gute Idee

Kuchenständer
Auf eine kleinere, umgedrehte Schüssel Knetmasse geben. Einen großen Teller oder eine Platte daraufstellen und andrücken. Der Teller muß genau in der Mittel liegen. Durch die Knetmasse kann er nicht kippen.

Getränke servieren

Wenn Gäste sich bei einer Buffetparty die Getränke selber nehmen sollen, ist eine Bowle ideal, da sie einfach zu servieren ist. Heißen Punsch auf kleiner Flamme erwärmen, damit der Alkohol nicht verdampft. Punsch nur in hitzebeständigen Gläsern servieren.

Kalte Getränke

- **Bowle** Wer keine Bowleschüssel besitzt, kann eine große Glasschüssel nehmen. Den Schüsselrand mit Zucker oder Obstscheiben verzieren.
- **Kühl halten** Fruchtbowle oder andere Getränke in einer vereisten Wassermelone servieren. Dafür die Melone vollständig aushöhlen, und die Hülle zwei bis drei Stunden ins Gefriergerät legen.
- **Aromaeis** Um Fruchtcocktails zu kühlen und gleichzeitig zu aromatisieren, Erdbeeren, Maraschinokirschen oder Minzeblätter in Eiswürfelschalen legen, etwas Wasser darübergeben und einfrieren.

Cocktails servieren

Melonenglas
Fürs Servieren von Fruchtcocktails von einer kleinen Melone die Spitze abschneiden, und das Fruchtfleisch herausschälen. Für den Trinkhalm den Deckel ausbuchten.

Heisse Getränke

- **Warm halten** Um Glühwein oder heißen Punsch warm zu halten, das Getränk in einem Topf auf eine elektrische Heizplatte stellen.
- **Mit Äpfeln** Süße Tafeläpfel und Gewürze im Glühwein oder Punsch schwimmen lassen. Die Äpfel werden langsam gegart und sind nach etwa einer Stunde ein schmackhaftes Dessert.
- **Becher** Wenn Punsch in Papp- oder Kunststoffbechern serviert wird, vorher prüfen, ob sie hitzefest sind. Zwei Becher ineinanderstecken, damit sich keiner Ihre Gäste die Finger verbrennt.

DINNERPARTYS

EINE DINNERPARTY IST ein willkommener Anlaß, die Kochkünste unter Beweis zu stellen. Planen Sie sorgfältig, und bereiten Sie soviel wie möglich vor, damit Sie die Zeit mit Ihren Gästen in Ruhe genießen können.

SPEISEN ANRICHTEN

Viele Speisen lassen sich mit ein paar Handgriffen erstaunlich wirkungsvoll garnieren. Mit ein wenig Geschick, Phantasie und den zum Gericht passenden Garnituren (den Bei- oder Umlagen eines Gerichtes) wird Ihre Kochkunst noch besser zur Geltung kommen.

GEMÜSE FORMEN

Mit Ausstechförmchen
Um geschnittenes Gemüse zu servieren, einen runden Teigausstecher auf jeden Teller legen, und das gegarte Gemüse hineinfüllen und festdrücken. Die Form vorsichtig hochnehmen.

ARRANGIEREN

- **Anhäufen** Die Fleischstücke von Ragouts in der Tellermitte aufhäufen, und die Beilagen rundum arrangieren.
- **Fächern** In Scheiben geschnittene Speisen, z. B. Avocados oder Hähnchenbrust fächerförmig auf den Teller legen. Oder die Scheiben einschneiden und auffächern.
- **Bündeln** Lange Schnittlauchstengel oder dünne Streifen von grünem Lauch 30 Sekunden blanchieren, und damit Gemüsestangen oder Babymöhren zu kleinen Bündeln zusammenbinden.

SCHOKOLADE FORMEN

Schokoladenkörbchen
Geschmolzene Schokolade gleichmäßig auf Pergamentpapierkreise (fingerbreiten Rand lassen) streichen. Über eine umgedrehte Tasse legen, hart werden lassen. Das Papier abziehen.

CREMES UND SAUCEN SERVIEREN

Sahne mit Schweif
Auf Schokoladensauce oder Fruchtpüree in regelmäßigen Abständen vorsichtig Sahnetropfen verteilen. Mit einem Zahnstocher jeden Tropfen so ausziehen, daß ein langer Schweif entsteht.

Sauce mit Muster
Zwei Saucen mit ähnlicher Konsistenz, aber in Kontrastfarben verwenden. Zum Marmorieren vorsichtig die eine teilweise unter die andere ziehen. Oder die zweite Sauce mit einem Löffel in eine hübsche Form „gießen“.

- **Muster** Etwas Sauce in einen kleinen Spritzbeutel geben, und den Umriß der gewünschten Form auf einen Teller spritzen. Mit einem Löffel vorsichtig die Fläche mit der Sauce auffüllen.
- **Gelierter Boden** Einen Teelöffel Gelatine in 200 Milliliter heißem Fruchtpüree auflösen, dann das Püree noch heiß auf eine Servierplatte gießen. Nach dem Abkühlen darauf ein Dessert arrangieren.
- **Marmorieren** Dunkle und weiße Schokoladensauce kurz vor dem Servieren vorsichtig mit einer Gabel verrühren.
- **Bratensauce** Feine, mit dem Zestenschäler abgeschälte Streifen von Zitrusschalen über Bratensauce geben, die zu gegrilltem Fleisch gereicht wird.

Den letzten Schliff geben

Garnituren geben einer Speise den letzten repräsentativen Schliff. Denken Sie jedoch daran, daß die Speise das wichtige ist: Garnituren sollten die Zutaten ergänzen, aber keine Konkurrenz sein. Kunstvoll gestaltete Garnituren im voraus vorbereiten.

Verschönern

● **Gurken** Bevor eine Gurke als Garnitur verwendet wird, mit einem Spar- oder Zestenschäler in Abständen an der Gurke entlangfahren. Die Scheiben haben dann eingekerbte Ränder.

● **Tomaten** Geviertelte Tomaten bekommen Farbe, wenn man die Schnittflächen in sehr fein gehackte Petersilie oder in fein geriebenen Parmesankäse taucht.

● **Petersilie** Damit Petersiliensträußchen nicht schlaff werden, sie in heißem Öl fritieren, bis sie leuchtendgrün und knackig sind. Auf Küchenpapier abtropfen lassen.

Fruchtgarnituren

● **Erdbeerfächer** Die Kelchblätter an frischen Erdbeeren belassen, und mit einem scharfen Messer die Frucht in dünne Scheiben schneiden, wobei sie am Stielende miteinander verbunden bleiben. Die Scheiben mit leichtem Druck auffächern.

Apfelblätter

Lange, V-förmige Kerben in die Seite eines Apfels schneiden, wobei jede Kerbe etwas größer als die vorherige sein soll. Die Stücke aus dem Apfel nehmen und so aufeinanderstecken, daß sich eine Blattform ergibt.

Gemüsegarnituren vorbereiten

Möhrenherzen

Eine gerade, geschälte Möhre in Längsrichtung einkerben. Die gegenüberliegende Seite so im Winkel schneiden, daß die dünn abgeschnittenen Scheiben Herzform haben.

Zwiebelquasten

Von einer Frühlingszwiebel den weißen Teil abschneiden. Das Grün bis auf halbe Höhe in feine Streifen schneiden. In Eiswasser legen, bis sich die geschlitzten Blätter aufrollen.

Schnell verzieren

● **Mit Blättern** Die mittleren Blätter eines Staudenselleries aufheben und über pikante Gerichte verteilen.

● **Mit Nüssen** Geröstete Mandelblättchen in einem Glas aufbewahren, um sie über heiße und kalte Speisen oder Süßspeisen als schnelle Garnitur zu streuen.

● **Mit Zucker** Auf heiße oder kalte Desserts dünn Puderzucker sieben.

● **Mit Zitrusschalen** Mit einem Zestenschneider feine Streifen von unbehandelten Zitrusschalen abschälen und kurz vor dem Servieren über süße oder pikante Speise verteilen.

● **Mit Kokosnuß** Mit einem Kartoffelschäler Locken von frischer Kokosnuß für pikante Gerichte oder Desserts abraspeln. Das Fruchtfleisch von der Schale lösen, die braune Haut belassen. Entlang der Kante schneiden, damit die Haut an den Locken bleibt.

Zeit sparen

● **Vorbereiten** Garnituren wie Zitronenspiralen, Tomatenstücke und Quasten aus Frühlingszwiebeln im voraus zubereiten. Auf einen Teller legen und später den Speisen zufügen. Mit Frischhaltefolie abgedeckt bleiben sie bis zu vier Stunden frisch.

Essbare Blüten

Eßbare Blüten sind als Dekoration gut geeignet. Wenn Sie eine Blüte nicht sicher bestimmen können, nicht verzehren. Eßbar sind die Blüten von:

Apfel	Borretsch
Brunnenkresse	Gänseblümchen
Geranium	Holunder
Lavendel	Löwenzahn
Orangen	Primel
Rose	Schnittlauch
Stiefmütterchen	Tagetes
Zitronen	Veilchen
	Zucchini

Wein servieren

Alkoholische Getränke regen den Appetit an und verstärken das Aroma der Speisen, daher können sie zum Genuß einer Mahlzeit beitragen. Wenn Sie bei der Auswahl der Weine unsicher sind, gehen Sie zu einem Weinhändler, bei dem Sie vor dem Kauf Weine probieren können.

Passende Weine

Es gibt keine strengen Regeln, welcher Wein zu welcher Speise serviert werden soll, aber die folgenden Richtlinien sind nützlich.

- **Rangordnung** Weißwein wird rotem vorgezogen. Junger Wein ist beliebter als reifer, trockener wird häufiger getrunken als süßer.
- **Knabbereien** Diese zu Weißwein, Sekt oder trockenem Sherry reichen.
- **Fisch** Dazu trockenen Weißwein oder jungen, leichten Rotwein servieren.
- **Nudel- und Käsegerichte** Kräftige Weine wie Bardolino (rot) servieren.
- **Cremige Speisen** Leicht säuerliche Weine wie einen Sauvignon Blanc servieren.

Wein vorbereiten

- **Kühlen** Weißweine maximal zwei Stunden in den Kühlschrank legen oder 30 Minuten vor dem Servieren in zerstoßenes Eis legen.
- **Schnell kühlen** Den Wein für höchstens fünf Minuten ins Gefrierfach legen. Küchenwecker stellen, damit man nicht vergißt, ihn herauszunehmen. Für teure oder sehr empfindliche Weine allerdings nicht zu empfehlen.
- **Anwärmen** Rotwein in einen leicht angewärmten Glaskrug geben, um den Wein schnell zu temperieren, anstatt ihn direkt zu erhitzen.
- **Entkorken** Jungen Rotwein etwa eine Stunde vor dem Servieren entkorken, damit sich das Aroma entwickelt.

Bewährter Tip

Wein dekantieren
In Flaschen gelagerte Weine dekantieren, um Ablagerungen zu entfernen. Dafür eine Kaffeefiltertüte auf einen Glaskrug setzen und den Wein langsam hineingießen.

Alkoholfreie Getränke

Bei jedem Anlaß sollten ausreichend alkoholfreie Getränke vorhanden sein. Mineralwasser und Fruchtsäfte dürfen nie fehlen. Doch man kann seinen Gästen auch weitaus schmackhaftere und phantasievollere Getränke ohne Alkohol anbieten.

Aromatisches

- **Appetitanregend** In das Glas mit Mineralwasser eine dünne Scheibe Zitrone oder Limette geben. Nur unbehandelte Früchte verwenden.
- **Würzige Gerichte** Dazu schmeckt ein erfrischender Joghurttrunk: 300 Milliliter Naturjoghurt, 600 Milliliter Wasser, etwas Salz und einen Zweig frischer Minze in den Mixer geben. Zu einer glatten Masse vermixen und in schlanken, gut gekühlten Gläsern servieren.
- **Mit Sellerie** Ein Stück Stangensellerie zum Umrühren von Tomaten- oder Gemüsesaft verwenden.

Milchshakes

Im Schraubglas
Wenn Sie keinen Mixer haben, um Milchshakes zuzubereiten, den Fruchtmus mit der Milch in ein großes Glas mit Schraubverschluß geben, dann schütteln, bis sich Schaum bildet.

Alkoholfreie Cocktails

- **Preiselbeerspritzer** Gleiche Teile Preiselbeersaft, weißen Traubensaft und kaltes Mineralwasser vermischen.
- **Himbeer-Minze-Fizz** In ein hohes Glas 50 Milliliter Himbeersirup, eine Handvoll zerkleinerter Minzeblätter und Eiswürfel geben. Mit Sodawasser auffüllen.
- **Shirley Temple** Zwei Teile Ananassaft mit einem Teil Maracujasaft mischen. Mit Limonade auffüllen.
- **Pfefferminzsahne** Pfefferminzkonzentrat, Sahne und zerstoßenes Eis mischen.

Besondere Anlässe

Hochzeit, Geburtstag oder andere große Feiern sind Anlässe, um besonders kunstvoll garnierte Speisen zu servieren. Lassen Sie Ihre Phantasie spielen, um dem Thema des Anlasses sowohl in der Tischdekoration als auch bei den Speisen gerecht zu werden.

Kuchenberg

Mit Windbeuteln
Kleine Windbeutel mit Sahne oder Creme füllen und zu einer möglichst hohen Pyramide aufschichten. Rosen oder Minzeblätter in die Lücken stecken. Alles mit Puderzucker bestäuben.

Farben der Speisen abstimmen

Speisen in Gold
Ist Gold das Motto der Feier, dann gelbe und orangefarbene Speisen wie Möhren, gelbe Paprika, Safranreis, Orangen und Pfirsiche servieren.

- **Dreifarbig** Rote, grüne und weiße Speisen für ein Essen unter italienischem Motto kombinieren. Beispielsweise rote und grüne Paprika oder Tomaten und Basilikum mit weißem Käse.
- **In Dunkel** Für ein extravagantes Abendessen schwarze Teller und dunkle Lebensmittel wie Rote Beete, Purpurbasilikum, schwarzer Reis, blaue Trauben und Brombeeren verwenden.

Mit Blüten

- **Kuchenständer** Für eine Hochzeits- oder Weihnachtstorte eine stabile Holzkiste nehmen, die etwas größer als der Tortenboden ist, und mit einer Spitzendecke bedecken. Seiden- oder frische Blumen und Bänder zur Dekoration feststecken.
- **Aromatisieren** Einige Tropfen Orangenblüten- oder Rosenwasser zu frischer Schlagsahne geben und vorsichtig unterrühren. In Schalen füllen, dann mit frischen Orangenblüten oder Rosenblütenblättern garnieren.
- **Schwimmkerzen** Eine Glasschüssel halbvoll mit Wasser füllen. Kleine Kerzen und edle Blüten (Kamelien, Gardenien) auf dem Wasser schwimmen lassen. Eventuell ein paar mit Goldspray gefärbte Steine ins Wasser legen.

Dekorationen aus Eis herstellen

- **Skulpturen** Eine kunstvolle Puddingform zum Herstellen von Eisskulpturen für ein festliches Buffet verwenden. Mit frischen Früchten als Tafelaufsatz verwenden.
- **Abgekocht** Beim Herstellen von Eisskulpturen, erst das Wasser abkochen. So erhält man ein klareres Eis als mit ungekochtem Wasser. Vor dem Einfrieren abkühlen lassen.

Geformte Eisdekorationen

1 Für eine Eisschüssel zum Servieren von Eiswürfeln eine kleine, frostfeste Schüssel in eine größere stellen. Mit Klebeband fixieren. Zwischenraum mit Wasser füllen.

2 Eßbare Blüten in das Wasser geben. Einfrieren. Zum Herausheben die kleine Schüssel mit warmem Wasser füllen. Die äußere in warmes Wasser tauchen.

PARTYS ORGANISIEREN

GUTE ORGANISATION IST der beste Weg zu einer reibungslos ablaufenden Party. Denken Sie dabei auch an sich! Sorgen Sie dafür, daß Sie sich noch etwas entspannen können, bevor die ersten Gäste eintreffen.

DIE GÄSTE VERSORGEN

Kümmern Sie sich von Anfang an intensiv um Ihre Gäste. Verschwinden Sie nicht andauernd hektisch in der Küche, das verdirbt die beste Stimmung im Nu. Überlegen Sie sich bereits einige Zeit vor dem Fest, ob es nicht besser ist, eine Hilfe zu engagieren.

FINGERSCHALEN AUFSTELLEN

Saubere Hände
Wenn Speisen gereicht werden, die mit den Fingern gegessen werden, z. B. Austern, sollte jeder Gast eine Fingerschale an seinem Platz vorfinden. Bei einem Buffet werden Fingerschälchen im ganzen Zimmer verteilt.

- **Duftwasser** In die Fingerschalen einige Tropfen Rosen- oder Orangenblütenwasser bzw. Zitronensaft ins Wasser geben oder Blütenblätter von Rosen oder Jasmin dazugeben.
- **Anwärmen** Beim Servieren von klebrigen oder fettigen Speisen (Spareribs) das Wasser für die Fingerschalen anwärmen, und die Schalen erst hinstellen, wenn serviert wird.

AKTIONSPLAN

Denken Sie an diese Punkte:

- **Versicherung** Ihren Versicherungsvertreter fragen, ob Sie für ein großes Fest eine zusätzliche Versicherung benötigen.
- **Vorausplanen** Soviel wie möglich vorbereiten, damit Sie Zeit haben, die Gäste willkommen zu heißen.
- **Kümmern** Die Gäste gegenseitig vorstellen, und alle Mauerblümchen „retten".
- **Alkohol** Keinen Gast dazu animieren, große Mengen Alkohol zu trinken.

WILLKOMMEN HEISSEN

- **Atmosphäre** Je nach Anlaß eine Girlande aus frischen Blumen, eine Laterne oder einen Strauß Luftballons am Gartenzaun oder an der Tür befestigen.
- **Licht** Bevor die Gäste erscheinen, das Licht in den Räumen dämpfen und einige Kerzen anzünden. Das Licht darf aber nicht zu trübe sein.
- **Toilette** Badezimmer und Gäste-WC kontrollieren, ob alles sauber ist und Seife sowie genügend Handtücher für die Gäste bereitliegen. Das Licht anlassen, wenn die Toilette schwer zu finden ist. Manchmal lohnt es sich sogar, einen lustigen WC-Wegweiser zu malen.

EINE DUFTENDE ATMOSPHÄRE SCHAFFEN

Kräuterpotpourri
Eine intensiv duftende Mischung aus Lorbeerblättern, dünn abgeschälter oder getrockneter Zitronenschale, Zimtstangen, Rosmarinzweigen, Wacholder- oder Pimentbeeren und Sternanis herstellen. Mit Vanille- oder Mandelessenz beträufeln.

- **Auffrischen** Eine Duftmischung, die ihren Duft verloren hat, auf einem Backblech verteilen und mit Wasser oder Duftöl beträufeln. Für fünf Minuten in den heißen Backofen schieben.
- **Verteilen** Schalen mit Duftmischungen in den wärmsten Bereichen des Zimmers wie auf einem Kamin, einem Regal, unter einer Lampe oder neben Kerzen aufstellen. Die Wärme verstärkt den Duft.

Pannen bewerkstelligen

Wie sorgfältig Sie auch planen und vorbereiten, es ist immer gut, auf Notfälle und Pannen vorbereitet zu sein. Ob jemand ein gesundheitliches Problem bekommt oder einfach nur etwas verschuttet, bleiben Sie ruhig, damit Sie die Situation schnell meistern können.

Flecken

- **Rotwein** Wenn Rotwein auf einem Teppich verschüttet wird, mit Sodawasser bespritzen. Mit Küchenpapier gut abtupfen, dann mit Teppichschaum behandeln.

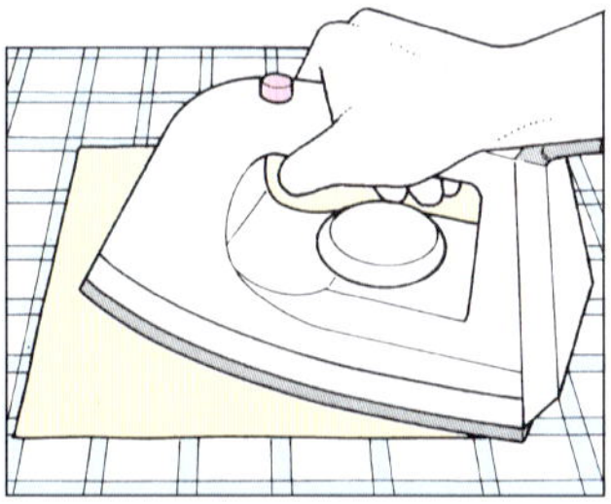

Kerzenwachs entfernen
Wenn Kerzenwachs auf ein Tischtuch tropft, mit einem Eiswürfel abreiben und das abblätternde Wachs sofort entfernen. Mit Löschpapier bedecken, dann ein warmes Bügeleisen daraufstellen.

Probleme vermeiden

- **Nachbarn** Wenn Sie eine Party geben, die Nachbarn in Kenntnis setzen oder auch einladen, damit der Lärm keinen Anlaß zu Ärger gibt.
- **Flecken** Fleckenentferner zur Hand haben, um kleinere Flecken sofort zu behandeln.
- **Telefonnummern** Bei einem Kinderfest vergewissern, daß Sie die Telefonnummern aller Eltern haben. Notrufnummer und die des nächstgelegenen Krankenhauses neben das Telefon legen.
- **Verdorbenes** Leicht verderbliche Speisen, z.B. Soufflés, erst kurz bevor sie gegessen werden, fertigstellen.
- **Allergien** Sie sollten über spezielle Diäten von Gästen Bescheid wissen. Fragen Sie die Eltern, ob ihre Kinder Nahrungsmittelallergien haben.

Zuviel Alkohol

- **Autofahrer** Wenn ein Gast zuviel getrunken hat, bestehen Sie darauf, daß ein nüchterner Gast ihn nach Hause fährt, oder rufen Sie ein Taxi. Oder ein Nachtquartier anbieten.

Sicherheit

Wenn jemand einen Erstickungsanfall erleidet:

1 Speisen oder ein Gebiß aus dem Mund nehmen. Die Person zum Husten bringen.

2 Den Kopf nach vorn beugen, kräftig zwischen die Schulterblätter klopfen.

3 Hinter die Person stellen, die eigenen Handgelenke umfassen – mit den Daumen nach innen – unter dem Brustbein positionieren, dann kräftig nach oben und innen ziehen.

Aufräumen

Das Aufräumen nach einer Party muß Ihnen nicht den Spaß verderben. Wenn Sie organisiert arbeiten, sind die Aufgaben schnell und perfekt erledigt. Gute Freunde und andere liebe Gäste kann man heutzutage bitten, beim Abwaschen und Aufräumen zu helfen.

Organisieren

In logischer Reihenfolge arbeiten, damit das Aufräumen reibungslos klappt.

- **Abräumen** Gläser, Besteck, Geschirr, Aschenbecher und andere Gegenstände auf Tabletts stellen und in die Küche tragen.
- **Entfernen** Speisereste von Tellern und Servierplatten entfernen.
- **Einweichen** Verkrustetes in Spülmittellösung einweichen.
- **Zeit sparen** Geschirr nach dem Spülen erst abtropfen lassen, dann nachtrocknen.

Gläser abwaschen

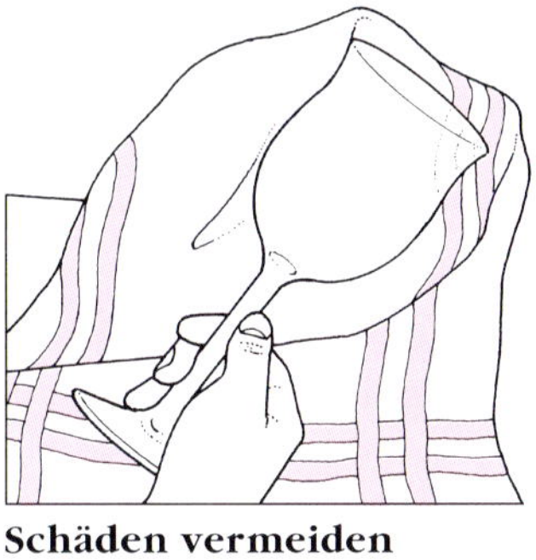

Schäden vermeiden
Den Kelch eines Stielglases beim Abtrocknen im Geschirrtuch halten, dabei das Glas vorsichtig drehen. Oder mit klarem Wasser ausspülen und abtropfen lassen.

Zeit sparen

- **Leerräumen** Die Spüle oder der Geschirrspüler sollten leer sein, bevor mit dem Aufräumen begonnen wird.
- **Einweichen** Eimer mit heißem Spülwasser vorbereiten, und Geschirr beim Abräumen hineingeben.
- **Vorrat** Kontrollieren, ob genügend Müllbeutel, Spülmittel und Küchenpapier vorhanden sind.
- **Ausleeren** Den Inhalt von Aschenbechern in eine alte Keksdose oder ein Stück Alufolie füllen, um sie sicher zu entsorgen.

KINDERFESTE

GUTE PLANUNG IST nicht nur für die Feste Erwachsener das Erfolgsgeheimnis, sondern erst recht für ein Kinderfest, das den jungen Gästen Spaß macht. Damit alles perfekt klappt, bitten Sie die anderen Eltern um Hilfe.

LUSTIGE SPEISEN

Das Essen für ein Kinderfest sollte bunt, lustig und ohne Umstände zu essen sein. Gestalten Sie es einfach und gesund. Verführen Sie die Kinder dazu, nicht nur Süßigkeiten zu essen, indem Sie pikante Speisen in fröhlichen Formen und Farben anbieten.

WITZIGE KUCHEN

- **Biskuitrollen** Eine fertige Biskuitrolle mit buntem, fertig auszurollendem Zuckerüberzug bedecken, der länger als die Rolle ist. Die Enden so zusammendrücken, daß die Rolle wie ein Knallbonbon aussieht. Mit Süßigkeiten verzieren.
- **Klötzchen** Einen Rührkuchen in Quadrate schneiden und mit Zuckerguß überziehen. Die Kuchen wie Bauklötze aufstapeln.
- **Uhrkuchen** Auf Geburtstagskuchen eine Uhr spritzen, die als Zeit das Alter des Kindes anzeigt.

PLÄTZCHEN

Mit Fenster
Plätzchenteig ausrollen und ausstechen. Die Mitte mit einem kleineren Ausstecher herausschneiden. Die Löcher mit zerkleinerten Bonbons füllen.

FRÜCHTE

Mit Eiscreme füllen
Einen Deckel von Satsumas abschneiden, das Fruchtfleisch herauslöffeln, und Gesichter in die Schale schneiden. Füllen und den Deckel wieder aufsetzen.

FÜR KLEINKINDER

- **Ampel** Schichtweise grüne, orangefarbene und rote Götterspeise in schlanke Gläser einfüllen.

Baisermäuse
Ovale Baisers im Ofen backen. Halbierte Schokoladentaler als Ohren in die Baisers stecken. Das Gesicht und den Schwanz mit Schokolade aufspritzen.

HEISSE SPEISEN

- **Zeit sparen** Um schnell einzelne Pizzas zuzubereiten, kleine Pfannkuchen pikant belegen und grillen.

Wigwam bauen
Kartoffelpüree zu einem spitzen Kegel auf einem Teller formen. Würstchen außen herum zu einem dekorativen Wigwam anordnen.

TEENAGER

- **Thema** Dem Fest ein Thema geben, z. B. texanisch-mexikanische Fiesta. Dann Chilli con carne, gefüllte Tacos, Salsas, und als Dip Guacamole servieren.
- **Mini-Kebabs** Salami- und Käsewürfel, Kirschtomaten und Champignons auf Bambusspieße stecken und mit Dips servieren.
- **Pitta** Mit Hackfleisch füllen, dann sind sie so einfach zu essen wie Hamburger.
- **Bananeneis** Hölzerne Lutscherstiele in geschälte Bananen stecken und für 30 Minuten ins Gefriergerät legen. In geschmolzene Schokolade tauchen und schnell in Kokosraspeln wenden. Leicht gefroren servieren.

KINDER-DRINKS

Getränke für Kinderfeste zu erfinden macht Spaß. Bei den Verzierungen können Sie besonders kreativ sein. Sie sollten möglichst wenig zuckerhaltige Zutaten verwenden, sondern besser frische Fruchtsäfte wählen. Zum Verzieren frische Früchte verwenden.

DEKORATIVE GETRÄNKE

- **Mit Eiscreme** Eiscremekugeln in Fruchtsäfte oder Sprudel geben. Das Glas nur halbvoll füllen, damit das Getränk nicht überläuft.
- **Lutscher** Fruchtsaft mit Lutscherstielen einfrieren.
- **Milchshakes** Fruchtige Milchshakes mit Schokoladenlocken verzieren.
- **Saftwürfel** Mehrere Eiswürfelschalen mit Apfel-, Kirsch- und Orangensaft füllen und über Nacht einfrieren. Verschiedenfarbige Würfel in hohe Gläser, mit Mineralwasser auffüllen Mit frischen Früchten und Namensfähnchen verzieren.

DEKORIERTE GLÄSER

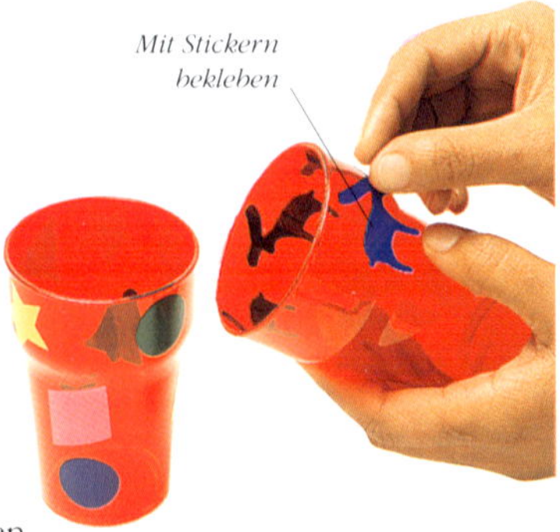

Aufkleber verwenden
Auf die Außenseite von einfachen Gläsern oder Kunststofftassen bunte Aufkleber anbringen. Vor dem Abwaschen alle Aufkleber wieder entfernen.

ÜBERRASCHUNG

Zaubertrank
Schokoladenchips 30 Minuten einfrieren, dann je eine Handvoll in Gläser mit sprudelnder Limonade geben. Die Chips hüpfen dann wie wild auf und ab.

ESSEN FÜR PARTYSPIELE

Anstrengende Spiele, besonders draußen, sollten vor dem Essen stattfinden. Jagen nach eßbaren Schätzen ist beliebt. Hierfür lustige, ausgefallene Speisen verwenden. Wenn das Wetter schlecht ist, Eier mit Lebensmittelfarbe bemalen lassen.

ESSBARES SPIELZEUG

- **Dominosteine** Punkte aus weißem Zuckerguß oder Frischkäse auf rechteckige Schokoladenkekse spritzen, um Dominosteine zu erhalten. Die Kinder können damit spielen und nach dem Spiel die Steine aufessen.

Kekspuzzle
Plätzchenteig ausrollen und in Puzzleteile schneiden. Backen, abkühlen lassen. Mit Zuckerguß verzieren. Die Kinder sollen die Formen zusammensetzen, bevor sie die Plätzchen essen.

OBSTBÄUMCHEN

Mit kleinen Früchten
Einen Blumentopf mit Steinen füllen, und einen kleinen Ast hineinstellen. Kirschen an die Äste hängen oder andere Früchte anbinden, die dann abgepflückt werden können.

FÜR DRAUSSEN

- **Apfelschnappen** Äpfel in einer großen Schüssel mit Wasser schwimmen lassen. Jeder muß versuchen, in einen Apfel zu beißen, ohne die Hände zu benutzen. Wem es zuerst gelingt, hat gewonnen.
- **Eierlaufen** Einen Wettlauf veranstalten, bei dem jeder ein hartgekochtes Ei auf einem Löffel balancieren muß. Gewinner ist, wer als erster durchs Ziel geht, ohne das Ei fallen zu lassen.
- **Orangenpost** Zwei Teams bilden. Jeder Teamführer klemmt sich eine Orange unter das Kinn. Gewinner ist das Team, das die Orange von einem Spieler zum anderen weitergegeben hat, ohne die Hände zu benutzen.

GRILLFESTE

GRILLFESTE MACHEN oft mehr Spaß und es schmeckt häufig besser, als wenn im Haus gefeiert und gekocht wird. Die richtige Planung befreit Sie aus der Küche, und die frische Luft regt den Appetit Ihrer Gäste an.

EINEN GRILL AUFSTELLEN

Grills für die Verwendung im Freien gibt es heute in vielen durchdachten Ausführungen. Es ist jedoch nicht notwendig, viel Geld für einen Grill auszugeben. Schon mit einer Grundausstattung können Sie improvisieren. Das Ergebnis läßt nichts zu wünschen übrig.

EINEN EINFACHEN GRILL BAUEN

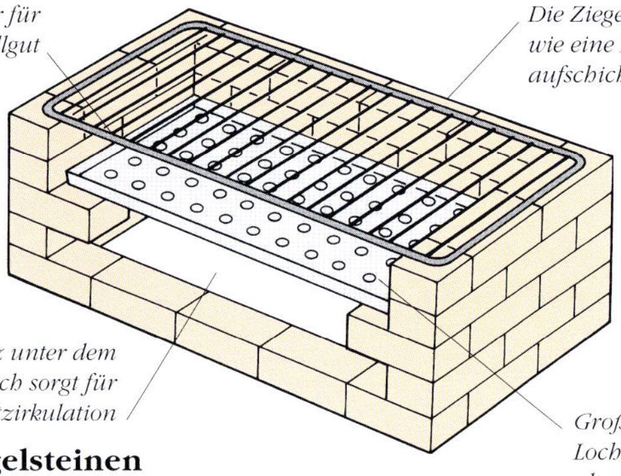

Mit Ziegelsteinen
Einen kleinen, einfachen Grill mit Ziegelsteinen bauen, wie man sie auch für den Hausbau verwendet. Mit einem Metallgitter für das Grillgut und einem Blech für die Holzkohle ausstatten.

FEUER ANZÜNDEN

- **Alufolie** Den Boden eines Grills mit Alufolie auslegen, bevor die Grillkohle eingefüllt wird, um die Hitze zu reflektieren und das Reinigen zu vereinfachen.
- **Grillkohle** Einen Beutel mit spezieller Grillkohle kaufen. Sie ist sauber und sicher zu verwenden, da man die Kohle nicht anfassen muß. Den Beutel auf das Blech legen und anzünden.
- **Holz** Hölzer wie Apfelbaum, Eiche oder Kirschbaum brennen langsam, ohne zu spritzen oder zu qualmen.

GELDSPARTIP

Kuchenform verwenden
Um einen Mini-Picknickgrill zu improvisieren, Löcher in die Wände einer alten Kuchenform bohren. Die Form mit Grillkohle füllen, und ein Metallgitter oder ein Stück Hasendraht darüberlegen, worauf gegrillt wird.

VORBEREITEN

- **Mehr Aroma** Um einen aromatischen Rauchgeschmack zu erzielen, Zweige von Rosmarin, Wacholder, Thymian oder Fenchel kurz vor dem Grillen auf dem Feuer verteilen. Werden sie vorher gewässert, brennen sie länger.
- **Einfetten** Mit einem Stück Speck über das Gitter reiben, bevor das Grillgut daraufgelegt wird, damit es nicht festklebt. Oder das Gitter mit Öl einreiben.
- **Erhitzen** Warten, bis die Flammen ausgegangen sind, bevor mit dem Grillen begonnen wird. Grillkohle braucht 25 bis 30 Minuten zum Aufheizen. Die Kohle sollte eine aschgraue Farbe angenommen haben.

PROBLEME VERMEIDEN

- **Aufflackern verhindern** Nicht zu viel Öl an Marinaden geben und überschüssiges Fett vom Fleisch abschneiden.
- **Schutz** Einen Eimer Sand oder einen Feuerlöscher neben das Feuer stellen, falls es außer Kontrolle gerät.

SICHERHEIT

- **Standort** Eine feste, ebene, windgeschützte Fläche entfernt von Gebäuden wählen.
- **Vorsicht** Kinder und Haustiere vom Feuer fernhalten.
- **Schutz** Langstieliges Grillbesteck und isolierende Handschuhe verwenden.
- **Notfall** Einen Erste-Hilfe-Kasten in die Nähe des Grills stellen.

Gegrillte Speisen

Wenn Speisen auf einem offenen Grill gegrillt werden, bekommen sie ein einzigartiges, rauchiges Aroma. Kräftige Marinaden, Kräuter und Gewürze verleihen ihnen zusätzlich Geschmack. Auf die Garzeit achten, damit das Grillgut auch richtig durchgegart wird.

Richtig garen

- **Vorgaren** Damit Fleisch und Geflügel auch gut durch ist, kann es im Mikrowellengerät vorgegart werden. Dann sofort auf den Grill legen.
- **Kartoffeln** Neue Kartoffeln fünf Minuten vorkochen, dann auf Metallspieße stecken. Mit Öl bepinseln und acht bis zehn Minuten grillen.
- **Hitzezonen** Die kühleren, äußeren Bereiche für Speisen nutzen, die nur mäßige Hitze brauchen, z. B. Gemüse.
- **Wärme regulieren** Wenn der Grill nicht regelbar ist, das Grillgitter höher oder tiefer setzen, um die Wärme zu regeln. Steaks etwa fünf Zentimeter über der Glut anbraten, dann das Gitter höher setzen, um das Fleisch zu Ende zu garen.

Mehr Aroma

- **Würzen** Gemüse wie Maiskolben oder Sellerie mit Butter oder Öl bestreichen und mit Curry bestreuen.

Mit Pesto
Fettarmes Fleisch wie Truthahn oder Hähnchenbrust mit Pesto bestreichen, damit es Aroma bekommt und beim Garen saftig bleibt. Pesto verleiht den Speisen auch ein mediterranes Aroma.

Vegetarische Gerichte

- **Gemüse** Halbe Auberginen, Paprika, Zucchini und Zwiebeln mit Öl bepinseln und grillen, bis sie goldgelb und weich sind.
- **Auberginenrollen** Eine Aubergine längs aufschneiden, mit Öl bepinseln und grillen, bis sie weich ist. Feta-Käse und Basilikumblätter darin einwickeln und kurz grillen.
- **Knoblauch** Ganze Knoblauchknollen grillen, bis sie weich sind. Brotscheiben mit Olivenöl bepinseln und grillen. Den Knoblauch auf dem Brot zerdrücken und mit Basilikum bestreuen.
- **Tofu-Kebabs** Tofu-Stückchen, Kirschtomaten, Pilze und Zucchini auf Spieße stecken. Mit Öl bepinseln.

Grillgut einwickeln

Einige Speisen brauchen etwas Schutz, damit sie nicht austrocknen oder durch die Grillhitze zerbrechen. Die Speisen bleiben sehr saftig, wenn man Weinblätter, Maisblätter verwendet Man kann das Grillgut aber auch in Alufolie wickeln und darin vorsichtig garen.

Weinblätter

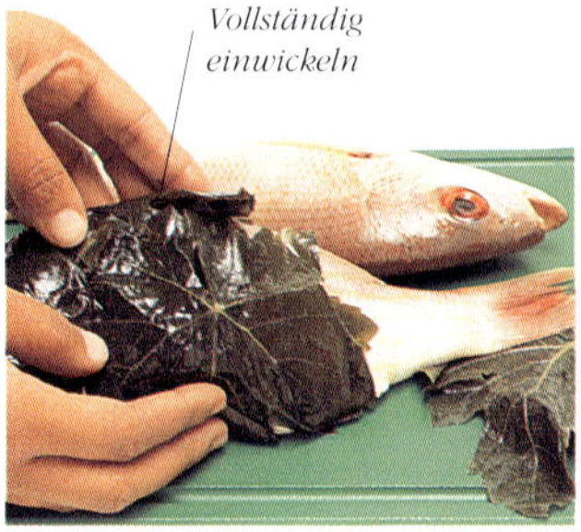

Fisch einhüllen
Mit Weinblättern zarte Speisen (Fisch) einwickeln, damit sie nicht austrocknen und beim Garen zerbrechen. Frische Weinblätter erst eine Minute blanchieren, damit sie weich werden.

Maisblätter

Hähnchen einwickeln
Mit den Hüllblättern von Maiskolben Hähnchenbrust, die mit getrockneten Aprikosen gefüllt ist, umwickeln. Mehrere Schichten der Blätter verwenden, damit das Hähnchen saftig bleibt.

Grill-Ideen

- **Mit Speck** Große Würstchen längs aufschneiden und mit Senf oder Essigsauce bestreichen. In Speckstreifen einwickeln, mit einem Zahnstocher zusammenstecken.
- **Calzone** Pizzateig wie eine Pizza belegen. Den Teig in der Hälfte falten, die Ränder andrücken. Mit Öl bepinseln.
- **Obstpäckchen** Frische Früchte mit einem Spritzer Likör und etwas Butter in Folie einwickeln.
- **Ungeschält** Ganze Bananen grillen, zwischendurch umdrehen. Die Schale einritzen. Mit Ahornsirup servieren.

PICKNICKS

PICKNICK IST EINE IDEALE Möglichkeit, gutes Essen und nette Gesellschaft zwanglos an frischer Luft zu genießen. Bei welcher Gelegenheit auch immer, ein Picknick macht viel Spaß und wenig Arbeit.

SPEISEN VORBEREITEN

Die Art des Picknicks bestimmt die Auswahl der Speisen. Für eine Wanderung muß die Mahlzeit auf kleinstem Raum verstaut und aus der Hand gegessen werden können. Im Auto kann man erlesenere Speisen und allerlei nützliche Gerätschaften mitnehmen.

SANDWICHES

- **Einfrieren** Sandwiches im voraus zubereiten und einfrieren. Hartgekochte Eier, Mayonnaise oder Salat sind nicht zum Einfrieren geeignet.
- **Häppchen** Für mundgerechte Sandwiches Brot mit einem Plätzchenausstecher ausstanzen. Mit Frischkäse bestreichen und mit Krabbenstücken belegen. Zusammengeklappt in Dosen verpacken.
- **Brot** Sandwiches werden schmackhafter, indem man jeweils eine Scheibe Vollkorn- und Weizenbrot kombiniert.
- **Kühltasche** Darin leicht Verderbliches transportieren.

PIKANTES

Windrädchen rollen
Dünne Brotscheiben ohne Kruste mit Butter bestreichen. Auf ein feuchtes Tuch legen, belegen und in dem Tuch aufrollen. Aufschneiden, um die Windrädchenform zu erhalten.

GANZE LAIBE

Baguette füllen
Ein Baguette der Länge nach durchschneiden. Die Oberfläche mit Olivenöl beträufeln, pikant belegen, und das Brot in Alufolie einwickeln. Beim Picknick in Portionen schneiden.

DESSERT

Fruchtdip
Frische Früchte, z. B. Erdbeeren oder Mangos, pürieren.Mit Honig abschmecken. In eine kleine Dose füllen und in eine größere stellen. Geschnittene Früchte, die später in das Püree getaucht werden, rundum legen.

LEICHTE KOST

- **Rohkost** Einen Korb mit Rohkost und einem Becher Knoblauchmayonnaise packen, damit man ohne Teller essen kann. Gemüse wählen, das nicht viel vorbereitet werden muß, z. B. Babymöhren, kleine Maiskolben, Radieschen, Pilze und gekochte, neue Kartoffeln.
- **Portionieren** Kleine Quiches oder Kuchen mitnehmen, damit man sie einfach aus der Hand essen kann und nicht erst Portionen schneiden muß.
- **Kartoffeln** Für ein Picknick bei kaltem Wetter gebackene Folienkartoffeln einpacken. In mehrere Lagen Zeitungspapier oder in eine Isoliertasche packen, damit sie während des Transports heiß bleiben.

GUTE IDEE

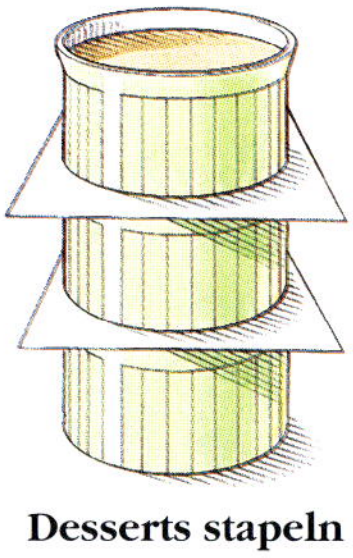

Desserts stapeln
Das Dessert fürs Picknick in Förmchen füllen. Mit je einem Stück Karton dazwischen aufeinanderstapeln. Zum Transport das Ganze fest in Frischhaltefolie wickeln.

Ausrüstung

Man muß nicht eine Menge Zubehör für ein Picknick kaufen, aber eine Kühltasche mit Kühlelementen ist wichtig, um die Speisen kühl und frisch zu halten. Einwegteller und -becher sind leichter und sicherer zu transportieren als Geschirr und ersparen den Abwasch.

Transportgefässe

- **Einpacken** Rechteckige Gefäße wählen, da sie einfacher zu stapeln sind als runde und deshalb weniger Platz brauchen.
- **Thermosflaschen** Weithalsige Thermosflaschen verwenden, um Speisen wie Obstsalat kühl zu halten. Man kann sie auch gut zum Warmhalten von Suppen und Eintöpfen verwenden.
- **Kartons** Wenn Sie keinen Picknickkorb besitzen, benutzen Sie einfach einen großen, stabilen Pappkarton. Er faßt sogar mehr und ist oft besser zu packen als ein traditioneller Picknickkorb.

Campingkocher

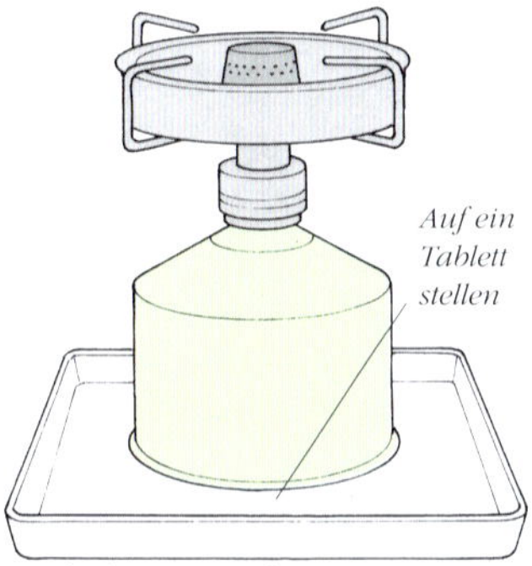

Stabiler Stand
Wenn ein Campingkocher mitgenommen wird, muß er auf einer sicheren Unterlage stehen. Vor der Inbetriebnahme entfernt von Bäumen und anderen entflammbaren Pflanzen aufstellen.

Checkliste

Nützliche Gegenstände für ein Picknick sind:

- Salz und Pfeffer
- Papierservietten
- Korkenzieher
- Scharfes Messer zum Schneiden von Brot und anderen Speisen
- Plastik- oder Pappteller, Gläser und Besteck
- Getränke
- Tischtuch
- Großer Schirm
- Angefeuchtete Einwegtücher in einem Plastikbeutel
- Erste-Hilfe-Kasten
- Müllbeutel

Speisen einpacken

Das Einpacken von Speisen für ein Picknick ist nicht schwer. Mit etwas Planung kommen die Speisen am Picknickplatz kühl, unbeschädigt und verzehrfertig an. Allgemein gilt, schwere oder nicht zerdrückbare Dinge werden erst eingepackt und empfindlichere oben darauf.

Salate transportieren

- **Platz lassen** Salate locker in feste Gefäße packen, damit sie nicht zerdrückt werden und die Zutaten atmen können.

Dressing verpacken
Damit Blattsalat knackig bleibt, das Dressing erst am Picknickplatz darübergeben. Das Dressing in einem Glas mit Schraubverschluß transportieren.

Kleine Gegenstände

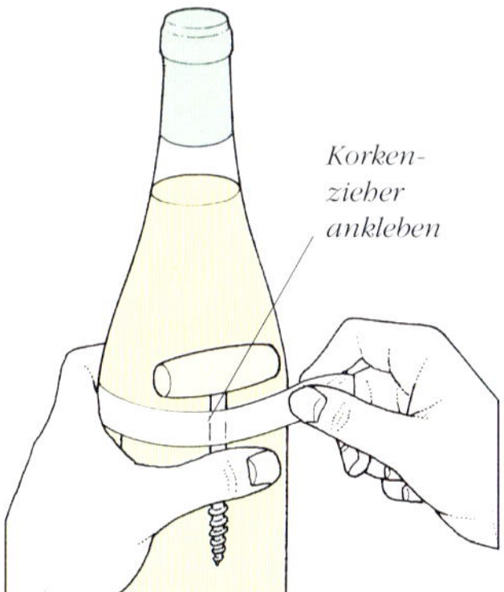

Korkenzieher verpacken
Um sicherzugehen, daß der Korkenzieher nicht vergessen wird und beim Picknick zur Hand ist, ihn mit Klebeband an eine Weinflasche kleben.

Probleme vermeiden

- **Küchenpapier** Törtchen mit empfindlichen Rändern in feste Schachteln geben und mit zerknülltem Küchenpapier umgeben.
- **Gläser und Geschirr** Trinkgläser und Porzellanteller in Luftpolsterfolie einwickeln, damit sie nicht zerbrechen.
- **Reihenfolge** Speisen möglichst in der Reihenfolge verpacken, in der sie benötigt werden, mit den Desserts als unterstes.
- **Flecken** Getränke mit Kohlensäure nach dem Transport eine Weile stehen lassen, damit sie beim Öffnen nicht überschäumen.
- **Müllbeutel** Ausreichend davon mitnehmen, damit man den Platz sauber hinterläßt.

ÜBERRASCHUNGSGÄSTE BEWIRTEN

MAHLZEITEN MIT ÜBERRASCHEND auftauchenden Gästen machen oft mehr Spaß als eine perfekt ablaufende Party. Wenn Sie Ihre Vorräte pflegen und kreativ verwenden, kommen Sie mit solchen Situationen leicht zurecht.

SCHNELLE SPEISEN

Der Vorratsschrank sollte immer gut bestückt sein, damit man für eine kurzfristige Bewirtung gut gerüstet ist. Einfache Speisen können mit etwas Phantasie schnell zu eindrucksvollen Gerichten umgewandelt werden. Erlesene Zutaten leisten dabei gute Dienste.

AUS DEM GEFRIERGERÄT

- **Portionen** Beim Einfrieren von Hauptspeisen oder Desserts, einzelne Portionen einfrieren, damit man bei Bedarf so viele herausnehmen kann, wie benötigt.
- **Füllungen** Gehaltvolle Frucht- oder Kräuterfüllungen für Fleisch und Geflügel zubereiten und einfrieren.
- **Feines Brot** Baguette in Scheiben schneiden und zum Einfrieren wieder zusammensetzen. Wenn Gäste kommen, die gefrorenen Scheiben mit Pesto bestreichen, mit Reibkäse bestreuen und überbacken. Salat dazu reichen.

SAHNE EINFRIEREN

Gespritzte Rosetten
Zum Einfrieren Sahnerosetten auf ein mit Pergamentpapier belegtes Backblech spritzen. Einfrieren, bis sie fest sind, dann zum Aufbewahren in eine feste Schachtel geben.

PFANNKUCHEN

Mit Papierlagen
Überzählige Pfannkuchen einfrieren. Zwischen jeden eine Lage Pergamentpapier legen, einwickeln und einfrieren. So kann man so viele wie benötigt herausnehmen.

SÜSSPEISEN AUF VORRAT

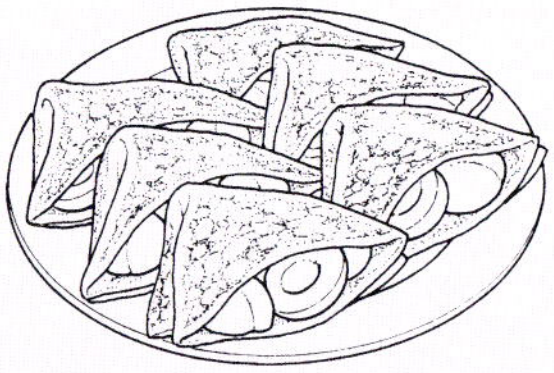

Pfannkuchen
Gefrorene Pfannkuchen im Mikrowellengerät auftauen, zu Tüten falten und mit Dosenfrüchten füllen. Erhitzen, bis sich Blasen bilden, und mit Sahne oder Eiscreme servieren.

- **Gefüllte Pfirsiche** Die Höhlung von Pfirsichhälften aus der Dose mit Dörrobst oder zerkrümelten Makronen füllen. Die Pfirsiche mit Baisermasse umhüllen und goldgelb backen.
- **Apfelspeise** Apfelmus mit Vanillesauce mischen. In Dessertschalen füllen und mit gerösteten Nüssen bestreuen.
- **Himbeereis** Gefrorene Himbeeren in kalten Reispudding einrühren und zum Servieren in Dessertgläser füllen.
- **Pfirsiche** Pfirsichhälften aus der Dose abtropfen lassen, und die Früchte in eine flache Schale legen. Mit Portwein auffüllen, bis sie bedeckt sind. Gekühlt servieren.
- **Ananas** Ananasringe aus der Dose abtropfen lassen und in Butter goldgelb braten. Mit braunem Zucker und etwas Weinbrand beträufeln. Heiß mit Schlagsahne oder Vanilleeiscreme servieren.

VORRÄTE VERWENDEN

- **Zum Knabbern** Oliven, Nüsse und pikante Knabbereien vorrätig haben, um sie zu Getränken zu reichen, während das Essen für unerwartete Gäste zubereitet wird.
- **Vorspeisen** Aus Zutaten aus der Dose oder dem Glas, z. B. Artischockenherzen, Tomaten, Cannelibohnen, Sardinen und Paprika, eine Vorspeise zubereiten. Mit knusprigem Brot und einem leichten Wein servieren.
- **Reisgerichte** Gekochten Langkornreis mit Lachs- oder Thunfischstücken und Erbsen oder Mais mischen. Das Ganze erhitzen (darf nicht kochen). Als Hauptspeise oder abgekühlt als Salat servieren.

Zusätzliche Gäste

Wenn plötzlich ein Esser mehr am Tisch sitzt und es zu spät zum Einkaufen ist, muß man schnell reagieren und zu dem schon Zubereiteten noch etwas Leckeres hinzufügen, z. B. Schmorgerichte mit Dosengemüse oder gefrorenem Gemüse verlängern,

Mehr Belag

- **Überbacken** Um Gemüsegerichte zu verlängern, Käsesauce und Mandelblättchen darübergeben und grillen.

Mit Plätzchen
Pikanten Brötchenteig ausrollen und Förmchen ausstechen. Die Teigformen über einen Gemüseeintopf verteilen und im heißen Ofen 12 bis 15 Minuten backen.

Verlängern

- **Mit Brühe** Einer Suppe pikante Brühe zugeben. Aufkochen und mit Sahne abschmecken. Statt Brühe kann man auch ein Glas trockenen Weißwein nehmen.
- **Mit Bohnen** Um gekochten Reis zu verlängern, eine Dose Kidneybohnen oder Kichererbsen einrühren und gehackte Kräuter zufügen.
- **Mit Haferflocken** Mit einer Handvoll Haferflocken und einer Dose pürierter Tomaten eine Bolognesesauce verlängern.
- **Vorspeise** Tomatenscheiben mit Kräutern und knusprigem Brot servieren.
- **Beilagen** Füllung oder zusätzliche Saucen zu gebratenem Fleisch servieren.

Desserts verlängern

Sahneschichten
Um ein Fruchtpüree zu verlängern, Sahne steif schlagen, und das Püree abwechselnd mit Sahne in schlanke Gläser einschichten.

Hauptgerichte verfeinern

Wenn Sie eine alltägliche Mahlzeit für Besucher in etwas Besonderes verwandeln wollen, kombinieren Sie die Zutaten auf unkonventionelle Weise. Schmorgerichte können Sie mit knusprigen Kräutercroutons verfeinern oder Desserts mit Früchten.

Suppen servieren

Farben kombinieren
Dosensuppen in Kontrastfarben zusammenrühren. Cremige Suppen sind dafür am besten geeignet. Tomatensuppe paßt besonders gut zu Spargelsuppe oder Sellerie zu grünen Erbsen.

Desserts verschönern

Zutaten einschichten
Dosenfrüchte mit Sherry oder Weinbrand beträufeln und mit einem Fertigdessert wie Zitronencreme servieren. Oder zwischen jede Schicht zerkrümelte Plätzchen geben.

Gute Idee

Schlagsahne
Das typische Aroma von haltbarer Schlagsahne kann überlagert werden, indem man vor dem Servieren einige Tropfen Vanilleessenz zugibt

Gewichte, Mengen ...

Erfolgreiches Kochen hängt häufig vom präzisen Abmessen der Zutaten ab. Wenn Sie nicht die Erfahrung besitzen, Mengen genau abzuschätzen, sollten Sie eine zuverlässige Küchenwaage oder einen Meßbecher benutzen.

Faustregeln

Küchenwaagen gibt es, die jedes Gramm anzeigen. Doch wer will schon bei gängigen Zutaten, die zudem in den Rezepten meist löffelweise und nicht grammweise angegeben sind, mit der Waage hantieren. Keine Sorge, das Problem haben Sie bald im Griff.

Man nehme 1 EL ...

● **Standard** Die Mengenangaben in Rezepten gehen von einem Standardlöffel (TL = Teelöffel; EL = Eßlöffel). Um Probleme zu vermeiden, sollten Sie einen Löffel testen und zum Abmessen reservieren. Die folgende Tabelle und eine Küchenwaage helfen dabei.

Milliliter ...

● **Umrechnen** Flüssigkeitsmengen werden in Rezepten ganz unterschiedlich angegeben. Zum einfachen Umrechnen: 1 Deziliter (dl) = 100 Milliliter (ml); 1 Zentiliter (cl) = 10 ml. Als Anhaltspunkt: ⅛ Liter (l) = 125 ml, das entspricht auch 8 EL (Eßlöffel).

Portionen

● **Ohne Rezept** Vieles kocht man ohne Rezept, daher ist es wichtig zu wissen, wieviel Gramm der häufig verwendeten Lebensmittel man pro Person rechnet. In der untenstehenden Übersicht finden Sie Durchschnittswerte als Orientierungshilfe.

Was wieviel wiegt			
Zutat	Teelöffel/Esslöffel		Geputzt/geschält
Standardware	gestrichen	voll	pro 1000 Gramm
Backpulver (1 Päckchen = 18 g)	3 g	10 g	● Artischocken: 500 g
Brühe (Instant)	3 g	8 g	● Auberginen: 800 g
Butter	4 g	10 g	● Blumenkohl: 700 g
Crème fraîche	5 g	15 g	● Grüne Bohnen: 950 g
Frischkäse	7 g	20 g	● Brokkoli: 600 g
Getreidekörner	5 g	15 g	● Chicorée: 900 g
Haferflocken, kernig	8 g	20 g	● Grüne Erbsen (in Schoten): 400 g
Haselnüsse, gemahlen	2 g	5 g	● Fenchel: 900 g
Honig	10 g	20 g	● Kartoffel: 800 g
Joghurt	6 g	17 g	● Kohlrabi: 600–700 g
Käse, gerieben	3 g	8 g	● Kopfsalat: 700 g
Kräuter, gehackt	2 g	4 g	● Knollensellerie: 650 g
Kümmel	5 g	12 g	● Lauch(Porree): 700 g
Maiskörner (Dose)	10 g	25 g	● Möhren: 850 g
Margarine	4 g	10 g	● Paprikaschoten: 750 g
Mayonnaise	4 g	12 g	● Rosenkohl: 800 g
Mehl	3 g	10 g	● Rote Bete: 800 g
Milch	5 g	15 g	● Rot- und Weißkohl, Wirsing: 750 g
Puderzucker	3 g	10 g	● Schwarzwurzeln: 600 g
Reis	5 g	15 g	● Stangensellerie: 650 g
Salz	5 g	15 g	● Spargel, weiß: 700 g
Semmelbrösel	3 g	8 g	● Spargel, grün: 850 g
Senf	5 g	15 g	● Spinat: 900 g
Tomatenmark	5 g	15 g	● Zucchini: 900 g
Zucker	5 g	15 g	

Temperaturen

Sie finden in vielen Rezepten die Angabe der Temperatur, bei der ein Gericht gebacken oder gegart werden soll. Meist werden die Werte für Elektroöfen und Gasherde angegeben, immer häufiger auch die für Umluftherde. Wichtig: Das ersetzt die eigene Kontrolle nicht!

Ofentemperaturen			
Temperatur	**Herd**	**Umluft**	**Gas**
Niedrig	100°C 120°C	80°C 100°C	1 Tür etwas öffnen
Warm	140°C 150°C	120°C 125°C	1 1
Mässig	175°C 180°C	150°C 160°C	2 2–3
Heiss	190°C 200°C	170°C 180°C	3 3–4
Sehr heiss	220°C 230°C	200°C 210°C	4 4–5
Höchsttem.	250°C	225°C	5

Ofentips

Backen Das Material der Kuchenformen und -bleche hat Einfluß auf die Backdauer. Probieren Sie daher neue Formen mit einem Kuchen aus, den Sie häufig backen, und von dem Sie die bisherige Backdauer genau kennen.

Umluftofen

Zeit und Temperatur Die Garzeit verringert sich in einem Umluftofen fünf bis zehn Minuten pro Stunde Garzeit. Auch die Temperatur muß niedriger eingestellt werden, und zwar um 10 bis 25 °C. Beachten Sie unbedingt die ausführlichen Angaben des Herstellers.

Brattemperaturen

Nicht nur von der Garzeit, sondern auch von der Temperatur hängt das Gelingen beim Braten von Fleisch und Geflügel ab. Geflügel muß solange im Ofen bleiben, bis der herauslaufende Fleischsaft ganz klar ist. Bei Steaks hat jeder seine eigenen Vorlieben.

Brattemperatur und Garzeit					
Fleischart		**°C**	**Umluft**	**Gas**	**Durchschnittliche Garzeit**
Steak	blutig	200°C	180°C	6	20 Minuten pro 500 g
	medium	200°C	180°C	6	25 Minuten pro 500 g
	durch	200°C	180°C	6	30 Minuten pro 500 g
Lamm		180°C	160°C	4	30 Minuten pro 500 g
Schwein		180°C	160°C	4	35 Minuten pro 500 g
Huhn		180°C	160°C	4	25 Minuten pro 500 g
Pute		190°C	170°C	5	20 Minuten pro 500 g
Ente		190°C	170°C	5	30 Minuten pro 500 g
Gans		180°C	160°C	4	30 Minuten pro 500 g

Ernährungstips

Eine gesunde Ernährung ist wichtig für jeden, ob jung oder alt, und hilft nicht nur, Herzerkrankungen, Zahnverfall und Fettleibigkeit vorzubeugen, sondern schützt auch vor anderen ernsten Krankheiten.

Ausgewogen ernähren

Wie wertvoll die Ernährung ist, hängt vom ausgewogenen Verhältnis der lebensnotwendigen Nährstoffe ab. Am besten erreicht man dies, indem man eine große Vielfalt an Nahrungsmitteln zu sich nimmt. Essen Sie täglich mindestens eine ausgewogene Mahlzeit.

Mehr Ballaststoffe

- **Vollkornbrot** Von Weißbrot zu Vollkornbrot wechseln. Weniger Belag, mehr Brot essen.
- **Salate** Bohnen, Reis oder Nudeln unter Blattsalat mischen.
- **Imbiss** Weniger süßes Gebäck essen, dafür mehr Vollkorntoast mit magerem Belag und ein wenig Butter.

Weniger Zucker

- **Einschränken** Wenn Getränke gezuckert werden, die Menge allmählich reduzieren, damit man den Unterschied nicht merkt.
- **Früchte** Süßigkeiten durch Obst ersetzen.
- **Mineralwasser** Gezuckerte Obstsäfte damit verdünnen.

Weniger Fett

- **Ersatz** Hackfleisch vom Rind oder Lamm durch Truthahnfleisch ersetzen, da dieses viel weniger Fett enthält.
- **Butter** Wer Butter aufs Brot streicht, sollte sie erst einige Sekunden im Mikrowellengerät erwärmen, damit sie sich dünn aufstreichen läßt.

Empfohlene tägliche Menge von wichtigen Lebensmitteln

Für eine ausgewogene Ernährung
Man sollte jeden Tag die richtigen Mengen an Lebensmitteln verzehren, die Proteine, Vitamine, Kohlenhydrate, Ballast- und Mineralstoffe enthalten. Diese Pyramide zeigt die Menge jedes Lebensmitteltyps, die man essen sollte. Sie listet einige nachahmenswerte Beispiele auf.

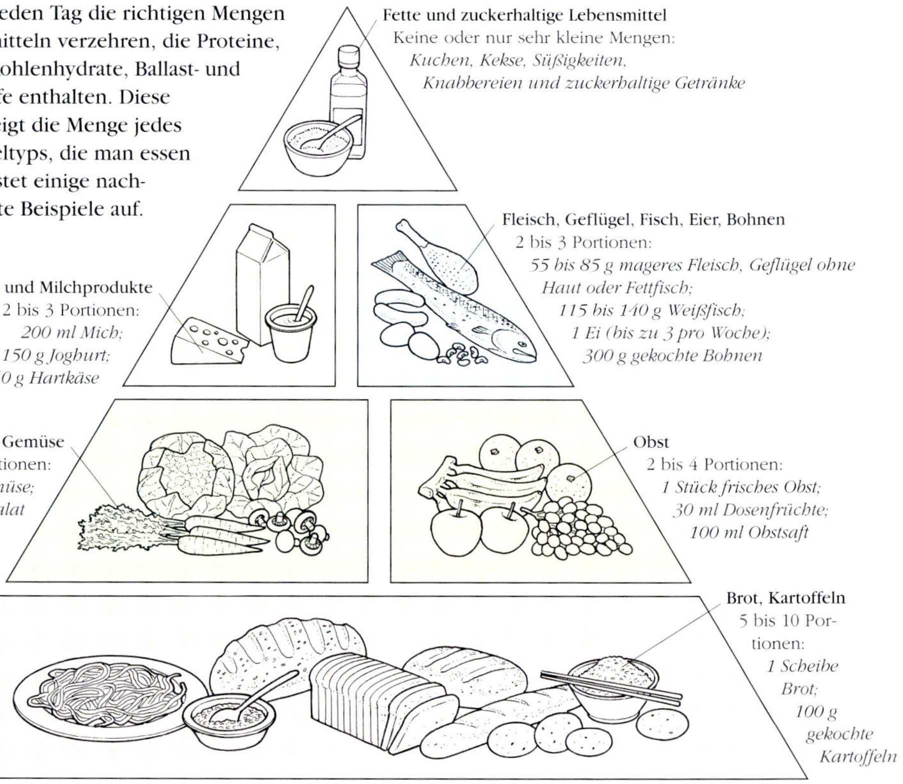

Die richtigen Nährstoffe

Zu einer ausgewogenen Ernährung gehören alle unten aufgelisteten Vitamine und Mineralstoffe. Viele davon kann der Körper nicht speichern, daher müssen sie täglich mit der Nahrung aufgenommen werden. Die Liste bietet eine Orientierungshilfe.

Wichtige Vitamine und Mineralstoffe		
Nährstoff	Nährstoffquelle	Aufgaben im Körper
Vitamin A	Milch und Milchprodukte, Fettfisch und Fischöl, Leber, Butter, Margarine, Spinat, Möhren, getrocknete Aprikosen und gelbe Früchte, Nüsse und Samen.	Verbessert das Dämmerungssehen; wichtig fürs Wachstum von gesunder Haut und gesunden Geweben, besonders den schleimabsondernden.
Vitamin-B-Gruppe	Angereicherte Frühstücksflocken, Fleisch, Innereien, Fisch, Käse, Brot, Hefeextrakt, Eier, Vollkorngetreide.	Fördert das Wachstum; regeneriert und erhält das Nervensystem; unterstützt Muskel- und Herzfunktion; fördert gesunde Haut und Haare.
Vitamin C	Zitrusfrüchte, kurz gekochte, grüne Gemüse wie Rosenkohl und Weißkohl, Kartoffeln, alle frischen Früchte, besonders Schwarze Johannisbeeren.	Erhält Haut, Zahnfleisch, Zähne und Blutgefäße gesund; wichtig für die Eisenaufnahme. Starkes Rauchen und Trinken erhöht den Vitamin-C-Bedarf.
Vitamin D	Fettfisch, Margarine, Eier, angereicherte Frühstücksflocken.	Kontrolliert Kalzium- und Phosphorgehalt im Blut.
Vitamin E	Pflanzenöle, Vollkorngetreide, Butter, Eier, tierische Fette, grüne Gemüse.	Unterstützt die richtige Funktion der Körperzellen.
Eisen	Fleisch, Leber und Niere, Brot, Mehl und anderes Getreide; Gemüse.	Lebenswichtiger Bestandteil für die roten Blutkörperchen.
Kalzium	Milch, Käse, Brot und Mehl, grüne Gemüse, Lachs.	Wichtig für die Entwicklung der Knochen und Muskeln.
Phosphor	Milch und Milchprodukte, Brot und anderes Getreide, Fleisch.	Entwicklung gesunder Knochen und Zähne.
Magnesium	Milch, Brot und andere Getreideprodukte, Kartoffeln und Gemüse.	Wichtiger Bestandteil aller Körperzellen.
Natrium	Salz, Hefeextrakt, Speck, Würstchen und Brot.	Wichtig für den Wasserhaushalt und die Muskel- und Nervenaktivität.
Kalium	Gemüse, Fleisch und Milch, Früchte und Fruchtsäfte.	Zusammen mit Natrium wichtig für die Muskel- und Nervenzellen.
Zink	Fleisch und Fleischprodukte, Milch, Brot und andere Getreideprodukte.	Wichtig für Fortpflanzungsorgane und das Immunsystem.
Spuren-elemente	Kupfer: Fleisch,Gemüse; Jod: Meeresfrüchte, Milch; Fluor: Wasser, Meeresfrüchte; Selen: Fisch, Fleisch,Getreide.	Alle sind lebenswichtig. Fehlen sie in der Nahrung, können Mangelerscheinungen auftreten.

Küchenlexikon

Dieses kleine Glossar erklärt die häufigsten Fachbegriffe, die in der Küche gebraucht werden. In dieser Auflistung finden sich Geräte, Zutaten, Zubereitungsmethoden, Speisen und allgemeine Kochbegriffe.

- **Abschöpfen** Die Schicht aus Schaum oder Fett von Brühen oder Gelees während des Kochens entfernen.
- **Abschrecken** Heiße Speisen in kaltes Wasser tauchen, um die Temperatur rasch abzusenken und so die Konsistenz zu erhalten.
- **Al dente** Italienischer Begriff für bißfest. Teigwaren werden nur so weit gegart, daß sie noch bißfest sind.
- **Anschwitzen** Lebensmittel, vor allem Mehl und Gemüse, in Fett garen, ohne daß sie braun werden.
- **Antipasti** Ein italienischer Begriff für heiße oder kalte Vorspeisen.
- **Au gratin** Ein französischer Begriff für Speisen, die man mit Sauce übergießt, mit Semmelbröseln oder Käse bestreut und dann goldgelb überbackt.
- **Auffrischen** Schlaffen Salat beleben, indem er in kaltes Wasser gestellt wird.
- **Aufgehen** Das Ausdehnen von Teig oder Hefemischung aufgrund der Hefeaktivität.
- **Auslassen** Feste Fette wie Speck schmelzen.
- **Bainmarie** Ein französischer Begriff für das Garen im Wasserbad. Im Wasserbad werden z. B. empfindliche Saucen hergestellt. Das Wasser wird bis kurz unter den Siedepunkt erhitzt.
- **Bardieren** Speckstreifen oder Speckschwarte vor dem Braten über mageres Fleisch oder Geflügel legen, damit es saftig bleibt und nicht mit Öl bestrichen werden muß.
- **Beignet** Ein französischer Begriff für kleines, in Fett ausgebackenes Gebäck.
- **Beurre manié** Ein französischer Begriff für eine Paste aus gleichen Teilen Butter und Mehl. Diese Mehlbutter wird zum Andicken von Saucen und Eintöpfen verwendet.
- **Blanchieren** Lebensmittel für kurze Zeit in kochendes Wasser tauchen, um strenges Aroma zu vermindern, damit sie weiß werden oder Farbe erhalten bleibt, Bakterien zu zerstören oder zum Vorgaren.
- **Blindbacken** Backen eines Teigbodens ohne Füllung, damit der Teigrand nicht hochgeht. Dafür wird der Boden mit Erbsen oder Bohnen beschwert.
- **Bouquet garni** Ein französischer Begriff für einen kleinen Strauß aus Kräutern, Gewürzen oder Suppengrün, der zusammengebunden oder in Musselin eingewickelt zum Aromatisieren an Eintöpfe oder Suppen gegeben wird.
- **Brühen** Obst oder Gemüse ins siedendes Wasser geben, um die Haut abziehen zu können.
- **Brûlée** Ein französischer Begriff für eine Speise, die mit Zucker bestreut und gegrillt wird, bis sich eine karamelisierte Oberfläche gebildet hat.
- **Canapés** Ein französischer Begriff für pikant belegte Schnittchen, die zu Getränken gereicht werden.
- **Coulis** Ein französischer Begriff für ein Püree von flüssiger Konsistenz, das als Sauce verwendet wird.
- **Cremig rühren** Fett und Zucker zusammen cremig rühren. Dient gewöhnlich als Basis für Kuchenteig.
- **Crêpe** Ein großer, dünner Pfannkuchen nach französischer Art, der süß oder pikant gefüllt sein kann.
- **Croûte** Ein französischer Begriff für getoastetes Brot, auf dem Speisen serviert werden; en Croûte beschreibt in Teig eingebackene Speisen.
- **Croûtons** Ein französischer Begriff für Würfel aus fritiertem oder getoastetem Brot als Garnitur für Suppen oder Salate. während ein
- **Dekantieren** Das Abgießen einer Flüssigkeit wie Wein oder Essig aus der Flasche durch einen Filter in ein sauberes Gefäß, wobei Ablagerungen zurückbleiben.
- **Dressieren** Fleisch oder Geflügel vor dem Garen mit Bindfaden oder Spießen in Form bringen.
- **Entstielen** Die Blätter von Beerenfrüchten wie Erdbeeren oder Brombeeren entfernen.
- **Feuerfest** Beschreibt hitzebeständiges Geschirr, das auf dem Herd, unter dem Grill und im Ofen verwendet werden kann.
- **Flambé** Ein französischer Begriff für eine Speise, die mit Alkohol beträufelt angezündet wird. Der Alkohol verbrennt, sein Aroma bleibt erhalten.
- **Fond angießen** Das Lösen von konzentriertem Bratensaft, der nach dem Garen von Fleisch im Topf bleibt, indem Flüssigkeit wie Wasser, Brühe oder Wein angegossen wird.

● **Gefrierbrand** Ausgetrocknete und verfärbte Flecken auf Lebensmitteln, weil sie lange Zeit im Gefriergerät Luft ausgesetzt waren.
● **Gehen lassen** Eine Teig- oder Hefemischung aufgehen lassen, wodurch sich das Volumen vergrößert und eine lockere Struktur erzielt wird.
● **Glasieren** Überziehen von Speisen mit Zuckerguß, eigenem Saft oder Gelee oder auch mit verschlagenem Ei, Milch oder Honig, damit sie saftig bleiben oder eine glänzende Oberfläche erhalten.
● **Hitzebeständig** Beschreibt Geschirr, das nur für Ofenhitze, nicht aber direkte Hitze wie Feuer geeignet ist.
● **Julienne** Gemüse, das in sehr feine, streichholzgroße Stücke geschnitten wurde.
● **Karamel** Eine dunkle Substanz, die aus Zucker oder Zuckersirup hergestellt wird, der so lange erhitzt wird, bis er goldbraun ist.
● **Kasserolle** Ein Deckeltopf zur Zubereitung von Schmorgerichten und Eintöpfen im Ofen; der Name wird in der Umgangssprache auch für die darin zubereiteten Speisen verwendet.
● **Klären** Aus Butter oder Bratensaft werden alle trübenden Bestandteile entfernt, indem man die Flüssigkeit erhitzt, dann abschöpft oder durchsiebt.
● **Kneten** Einen Teig kräftig durch Drücken, Ziehen und Falten mit den Händen bearbeiten.
● **Kompott** Dafür werden Früchte gedünstet.
● **Kristallisieren** Zu Kristallen formen. Kommt bei Sirup auf Zucker- oder Honigbasis vor.
● **Liaison** Substanzen wie Mehl, Eigelb, Sahne oder Mehlbutter, die zum Andicken oder Binden von Saucen oder Suppen verwendet werden.
● **Mandelbögen** Dünnes, süßes Gebäck, das in seiner Form an gewölbte Dachziegel erinnert.
● **Marinieren** Einlegen von Speisen in gewürzte Flüssigkeit – meist in eine Mischung aus Öl, Wein und Essig –, um das Fleisch aromatischer und zarter zu machen.
● **Mazerieren** Speisen, die mit Flüssigkeit getränkt werden, damit sie weicher werden.
● **Mehlieren** Speisen leicht mit Mehl, Zucker oder pulverigen Gewürzen bepudern.
● **Mehlschwitze** Mischung aus gleichen Teilen Fett und Mehl, die zusammen als Grundlage zum Andicken von Saucen gekocht werden.
● **Mousse** Ein französischer Begriff für cremig-schaumige Speisen, die süß oder pikant mit Hilfe von geschlagenen Eiern oder Eischnee bereitet werden.
● **Pektin** Pflanzlicher Gelierstoff, der vor allem in unreifem Obst vorkommt und wichtig zum Gelieren von Gelees und Marmeladen ist. Künstlich hergestelltes Pektin gibt es in Flaschen zu kaufen.
● **Petit fours** Ein französischer Begriff für mundgerechtes, feines Backwerk, das häufig zu Kaffee serviert wird.
● **Pikant** Begriff für angenehm scharf, würzig oder sauer im Geschmack.
● **Pilaw** Ein sehr pikantes Reisgericht, meist aus Fleisch, Geflügel oder Fisch zubereitet.
● **Püree** Ein französischer Begriff für Speisen, die zerdrückt, verflüssigt oder durchgesiebt wurden, bis sie eine glatte Masse ergeben haben.
● **Putzen** Schälen oder Zurechtschneiden von Nahrungsmitteln wie Gemüse und Obst.
● **Reduzieren** Eine Flüssigkeit wie Suppe oder Sauce einkochen, um überschüssige Flüssigkeit zu verdampfen.
● **Sautieren** Das ständige Wenden von Speisen in wenig heißem Fett, damit sie schnell und gleichmäßig bräunen.
● **Schmoren** Fleisch, Geflügel oder Gemüse werden in heißem Fett angebraten, dann wird wenig Flüssigkeit aufgefüllt, in der die Speise gart.
● **Sirup** Eine konzentrierte Lösung aus Zucker und Wasser.
● **Sole** Salzwasser, in das Lebensmittel zum Konservieren eingelegt werden.
● **Spitzen** Beschreibt die spitzen Formen, die bei einer Masse wie Eischnee entstehen. Sie können weich sein, wenn sie sich umbiegen, oder steif sein, wenn sie aufrecht stehen bleiben.
● **Terrine** Eine feuerfeste Schüssel aus Steingut oder Porzellan, die zum Backen oder Dämpfen von Pasteten verwendet wird; auch der Name für Speisen, die auf diese Weise zubereitet wurden. Terrinen werden immer kalt serviert.
● **Übergießen** Flüssiges Fett oder Saft beim Braten über Fleisch oder Geflügel gießen, damit es nicht austrocknet.
● **Unterziehen** Einarbeiten einer leichten Masse in eine schwerere – wie Eischnee in einen Kuchenteig – durch vorsichtiges Unterheben, so daß möglichst viel Luft in der Masse erhalten bleibt.
● **Wok** Gewölbte Pfanne aus Eisen, die aus der chinesischen Küche stammt und für das schnelle, schonende Garen von feingeschnittenen Gemüsen, Fleisch, Geflügel und Fisch verwendet wird.
● **Zitronengelb** Begriff für abgeriebene Zitronenschale.
● **Zitrusschale** Der äußere, farbige Schalenteil der Zitrusfrüchte. Die Schalen enthalten ätherische Öle und werden zum Aromatisieren verwendet.

Register

H

I

Q

R

S

T

U

V

W

Z

Wir bedanken uns

Dank der Autorin

Ich möchte Jo Richardson, Judy Garlick und Sarah Hall für ihre Anregungen, Geduld und Sorgfalt während der Arbeit an diesem Buch danken. Mein herzlicher Dank gebührt auch dem übrigen Dorling-Kindersley-Team, besonders Helen Benfield, Colette Connolly, Adèle Hayward und Samantha Gray für ihren unermüdlichen Einsatz. Schließlich möchte ich auch meinem Mann Don Last für seine ständige und zuverlässige Unterstützung herzlichst danken.

Dank des Verlages

Dorling Kindersley dankt den folgenden Mitarbeitern:

Leihgaben Elizabeth David Cookshop, Covent Garden, und MFI Furniture Centres Ltd.

Redaktion und Design Samantha Gray und Adèle Hayward, Redaktionsassistenz; Austin Barlow, Grafikdesign; Chris Bernstein, Erstellung des Registers; Debbi Scholes, Korrekturlesen

Bildmaterial Kuo Kang Chen und John Woodcock sowie zusätzliches Bildmaterial von Geoff Denney auf den Seiten 10–11, 12–13, 60–61, 77, 128 und 138

Fotografen Andy Crawford, John Elliot, und Steve Gorton
Fotoassistenz Sarah Ashun und Gary Ombler
Handmodelle Penelope Cream, Toby Heran, und Audrey Speitel